Zwangslizenzerteilung gemäß Artikel 31 TRIPS-Übereinkommen
im Hinblick auf den Zugang zu essentiellen Medikamenten

T0316436

Europäische Hochschulschriften
Publications Universitaires Européennes
European University Studies

Reihe II
Rechtswissenschaft

Série II Series II
Droit
Law

Bd./Vol. 4086

PETER LANG
Frankfurt am Main · Berlin · Bern · Bruxelles · New York · Oxford · Wien

Antje Heinen

Zwangslizenzerteilung gemäß Artikel 31 TRIPS-Übereinkommen im Hinblick auf den Zugang zu essentiellen Medikamenten

PETER LANG
Europäischer Verlag der Wissenschaften

Bibliografische Information Der Deutschen Bibliothek
Die Deutsche Bibliothek verzeichnet diese Publikation in der
Deutschen Nationalbibliografie; detaillierte bibliografische
Daten sind im Internet über <http://dnb.ddb.de> abrufbar.

Zugl.: Gießen, Univ., Fachbereich Rechtswissenschaft, Diss.,
2004

Gedruckt auf alterungsbeständigem,
säurefreiem Papier.

D 26
ISSN 0531-7312
ISBN 3-631-53239-3

© Peter Lang GmbH
Europäischer Verlag der Wissenschaften
Frankfurt am Main 2004
Alle Rechte vorbehalten.

Printed in Germany 1 2 3 4 5   7

www.peterlang.de

Danksagung

Die vorliegende Arbeit wurde im Sommersemester 2004 vom Fachbereich Rechtswissenschaft der Justus-Liebig-Universität Gießen als Dissertation angenommen.

Herzlich danke ich Herrn Prof. Dr. Brun-Otto Bryde für die Betreuung der Arbeit und die Erstellung des Erstgutachtens. Für die Erstellung des Zweitgutachtens bedanke ich mich bei Frau Prof. Dr. Gabriele Britz.

Meiner Freundin Brit Kerfien danke ich herzlich für das rasche Korrekturlesen in verschiedenen Stadien der Bearbeitung.

Ich danke meinen Eltern Dr. Franz und Renate Hild und meinen Geschwistern Daniela und Florian sehr für den Rückhalt, den sie liebevoll gewähren.
Mein Bruder Sven hat mich bei der Arbeit durch seinen Zuspruch immer wieder unterstützt. Den Abschluss des Promotionsverfahrens hat er nicht mehr erlebt.

Besonderer Dank gilt meinem Mann André.

Düsseldorf, im August 2004   Antje Heinen

5

Inhaltsverzeichnis

9

Einleitung

Patentrechte und das Recht auf Gesundheit können in Teilbereichen in Interessenkonflikten aufeinandertreffen. Im Folgenden wird untersucht werden, welche Wege bestehen, einen Ausgleich zu finden im Zielkonflikt zwischen dem Zugang zu essentiellen Medikamenten, als einem Aspekt des Rechts auf Gesundheit, einerseits, und durch das TRIPS-Übereinkommen (Agreement on Trade-Related Aspects of Intellectual Property Rights, Übereinkommen über handelsbezogene Aspekte der Rechte des geistigen Eigentums) geschützten Patentrechten andererseits.

A. Aktueller Hintergrund und Problemstellung

Dass es zu Konflikten zwischen beiden Bereichen kommen kann, zeigt sich bei der Betrachtung des aktuellen Hintergrunds. Jüngere Konflikte zeigten sich in Südafrika, in Brasilien, in den Vereinigten Staaten und Kanada. Darüber hinaus besteht die Problematik des „TRIPS plus".

Am 19.04.2001 zog der Verband der südafrikanischen Pharmahersteller (South African Pharmaceutical Manufacturers Association) seine Klage gegen die Südafrikanische Regierung vor dem Pretoria High Court zurück.[1] Der Verband der südafrikanischen Pharmahersteller hatte der südafrikanischen Regierung vorgeworfen, durch die Regelung des Artikels 15 c South African Medicines and Related Substances Control Amendment Act No. 90 von 1997, der die Herstellung und den Import von Nachahmermedikamenten zulässt, gegen das TRIPS-Übereinkommen zu verstoßen.[2] Der Konflikt wurde durch eine außergerichtliche Einigung beigelegt.[3] Es wurde eine Absichtserklärung unterzeichnet, in der die Zusammenarbeit zur Verbesserung des Zugangs zu Therapien gegen Aids, Malaria und Tuberkulose geplant ist. Im Gegenzug soll die südafrikanische Regierung das TRIPS-Übereinkommen respektieren.[4] Mithin wurde dieser Konflikt politisch, nicht aber rechtlich gelöst.

---

[1] South African Pharmaceutical Manufacturers Association v. the President of South Africa, case no. 188/98. Siehe hierzu Fedtke, Verfassung und Recht in Übersee 2001, 489 (489). Die South African Pharmaceutical Manufacturers Association repräsentiert 39 Pharma-Konzerne, darunter zum Beispiel Boehringer Ingelheim, Merck, Roche und Bristol Myers-Squib.

[2] Artikel 15 c des Medicines Act lautet:
> The Minister may prescribe conditions for the supply of more affordable medicines in certain circumstances so as to protect the health of the public, and in particular may –
> (a) notwithstanding anything to the contrary contained in the Patents Act 1978 [...], determine that the rights with regard to any medicine under a patent granted in the Republic shall not extend to acts in respect of such medicine which has been put onto the market by the owner of the medicine, or with his or her consent;
> (b) prescribe the conditions on which any medicine which is identical in composition, meets the same quality standard and is intended to have the same proprietary name as of another medicine already registered in the Republic, but which is imported by a person other than the person who is the holder of the registration certificate of the medicine already registered and which originates from any site of manufacture of the original manufacturer as approved by the council in the prescribed manner, may be imported;
> (c) prescribe the registration procedure for, as well as the use of, the medicine referred to in paragraph (b).

[3] Fedtke, Verfassung und Recht in Übersee 2001, 489 (489).

[4] ire/ Reuters, Handelsblatt vom 20.04.2001, S. 17.

1993 begann Brasilien als Teil eines Aktionsprogramms gegen AIDS, antiretrovirale Substanzen selbst zu produzieren und kostenlos an die Bevölkerung zu verteilen.[5] Momentan werden 8 der 12 Substanzen der Kombinationstherapie in Brasilien produziert.[6] Die Todesfälle aufgrund des HI-Virus sind seit 1996 in Brasilien halbiert worden.[7] Im Mittelpunkt des Panelverfahrens Vereinigte Staaten von Amerika v. Brasilien[8] stand Artikel 68 des brasilianischen Gesetzes zum gewerblichen Rechtsschutz (Brazilian 1996 Industrial Property Law, Law No. 9.279 of 14 May 1996; effective May 1997).[9] Gemäß der Regelungen des Gesetzes zum gewerblichen Rechtsschutz werden exklusive Patentrechte nur dann gewährt, wenn sie ausgeübt werden durch Produktion vor Ort, nicht aber dann, wenn die Ware lediglich importiert wird.[10] Die Vereinigten Staaten von Amerika bemängelten, dass ein Patent zum Gegenstand einer Zwangslizenz werden könne, wenn von dem Patent inhaltlich kein Gebrauch durch Produktion in Brasilien gemacht werde.[11] Nach ihrer Ansicht entspricht diese Regelung nicht der Verpflichtung Brasiliens gemäß Artikel 27 und 28 TRIPS-Übereinkommen sowie Artikel III GATT 1947. Nachdem die USA am 08.01.2001 einen Antrag auf Einsetzung eines Panels gemäß Artikel 4 Absatz 7 Satz 1 DSU (Understanding on Rules and Procedures Governing the Settlement of Disputes, Vereinbarung über Regeln und Verfahren zur Beilegung von Streitigkeiten) gestellt hatten, war am 01.02.2001 ein Panel eingesetzt worden.[12] Am 05.07.2001 meldeten die Streitparteien dem Streitbeilegungsorgan die gegenseitige einvernehm-

---

[5] United Nations Development Programme, Human Development Report 2001, S. 107.
Die AIDS-Therapie setzt sich zusammen aus folgenden Komponenten: gesunde Lebensführung und Vermeidung resistenzmindernder Faktoren, antiretrovirale Therapie, Vorbeugung und Therapie opportunistischer Infektionen und anderer Komplikationen, sowie psychosoziale Hilfe. Ziel der antiretroviralen Therapie ist die Reduktion der Viren unter die Nachweisgrenze. HI-Viren in ruhenden T-Lymphozyten werden durch diese Therapie nicht eliminiert. Daher ist eine HIV-Eridikation bisher nicht möglich. Um Resistenzentwicklungen zu verhindern beziehungsweise zu verzögern und die Virusvermehrung so weit wie möglich zu unterdrücken, wird bereits bei Behandlungsbeginn eine Kombinationstherapie mit drei antiretroviralen Substanzen gewählt (Herold, Innere Medizin, S. 733 f.).
[6] United Nations Foundation, UN Wire vom 06.02.2001, Section: Health.
[7] United Nations Development Programme, Human Development Report 2001, S. 107.
[8] WT/DS199/1.
[9] World Trade Organization, "Overview of the state-of-play of WTO disputes", <http://www.wto.org/english/tratop_e/dispu_e/dispu_e.htm> (16.07.2001); Pilling/ Williams/ Dyer, Financial Times vom 26.06.2001.
Artikel 68 des Brazilian 1996 Industrial Property Law lautet folgendermaßen:
The patent owner shall be subject to compulsory licensing of his patent if he exercises his rights therein in an abusive manner or if he uses it to abuse economic power according to the law in force, under the terms of an administrative or judicial decision.
Paragraph 1 - The following may also be grounds for a compulsory licensing:
I - failure to exploit the object of the patent within the Brazilian territory for failure to manufacture the product or failure to fully use a patented process, except in case of economic unfeasibility, in which case importing shall be admitted [...].
[10] World Trade Organization, "Overview of the state-of-play of WTO disputes", <www.wto.org/english/ tratop_e/dispu_e/dispu_e.htm> (16.07.2001).
[11] World Trade Organization, "Overview of the state-of-play of WTO disputes", <www.wto.org/english/ tratop_e/dispu_e/dispu_e.htm> (16.07.2001).
[12] Kuba, die Dominikanische Republik, Honduras, Indien und Japan zeigten dem Streitbeilegungsorgan ihr Interesse als Dritte im Sinne von Artikel 10 DSU an.

12

liche Lösung des Falls.[13] Es wurde vereinbart, dass vor einer Zwangslizenzierung gemäß Artikel 68 des brasilianischen Gesetzes zum gewerblichen Rechtsschutz in Zukunft Gespräche im Rahmen eines Beratungsverfahrens (US-Brazil Consultative Mechanism) zu führen sind.[14] Auch in diesem Fall kam es folglich zu einer politischen, keiner rechtlichen Lösung.[15]

Im Oktober 2001 wurden in den Vereinigten von Amerika Staaten Milzbranderreger per Post versandt. Die Vereinigten Staaten und Kanada zogen daraufhin die Erteilung von Zwangslizenzen für das Antibiotikum Ciprobay in Erwägung.[16] Davon wurde abgesehen, als es zu erheblichen Preissenkungen kam.[17]

Schließlich wird der Konflikt deutlich bei der Problematik des „TRIPS plus". Als „TRIPS plus" werden Aspekte bezeichnet, die zu einem Schutz von Patentrechten über den durch das TRIPS-Übereinkommen geforderten Minimalstandard führen. Diese umfassen zum Beispiel eine Erstreckung der Schutzdauer über 20 Jahre und Einschränkungen der Erteilung von Zwangslizenzen, die keine Grundlage im TRIPS-Übereinkommen finden.[18] *Chapman* stellt hierzu fest:

> "To further its foreign policy interests of promoting strict intellectual property regimes, the U.S. government has exercised considerable diplomatic pressure and threatened trade sanctions on a number of occasions. In 1997, for example, the U.S. government unilaterally imposed import duties on $ 260 million of Argentine exports in retaliation for Argentina's refusal to revise its patent legislation to conform with U.S. standards. In April 1997, the U.S. State Department advised the Thai Government that draft legislation allowing Thai healers to register traditional medicines so as to retain them the public domain would constitute a possible violation of TRIPS. The U.S. has also attempted to influence the development of patent laws and policies to suit U.S. interests in other countries, including Ecuador, India, Pakistan, South Africa, and Brazil.[19]

An anderer Stelle erwähnt sie:

> "Supported by their own governments, multinational corporations have also sought to block governments in poor countries from exercising their legal rights to undertake parallel importing of drugs from cheaper sources of origin or to engage in compulsory licensing so that their people can have access to

---

[13] World Trade Organization, "Overview of the state-of-play of WTO disputes", <www.wto.org/english/ tratop_e/dispu_e/dispu_e.htm> (16.07.2001).

[14] World Trade Organization, IP/D/23/Add.1.

[15] Für weitere Informationen zum HIV-Programm und den Regelungen Brasiliens siehe United Nations High Commissioner for Human Rights, E/CN.4/Sub.2/2001/13, Rn. 51 ff.

[16] AFP/ dpa, Süddeutsche Zeitung vom 29.10.2001, S. 1. Inhaber des Patents für das Antibiotikum Ciprobay ist Bayer (AFP/ dpa, Süddeutsche Zeitung vom 29.10.2001, S. 1).

[17] Beise, Süddeutsche Zeitung vom 13.11.2001, S. 27; Remarque, de Volkskrant vom 30.10.2001, S. 15.

[18] High Commissioner on Human Rights, E/CN.4/Sub.2/2001/13, Rn. 27.

[19] Chapman, E/C.12/2000/12, Rn. 71.

modern essential treatments. For example, when Thailand sought to produce or import low cost AIDS drugs, the U.S. government threatened it with the imposition of trade sanctions."[20]

Die Dimension des Konfliktes zwischen Patentrechten und dem Recht auf Gesundheit, insbesondere dem Zugang zu Medikamenten, lässt sich durch die folgenden Statistiken verdeutlichen. 2001 hatte die Weltbevölkerung die Zahl von 6 148 100 000 Menschen erreicht.[21] 4 863 800 000 Menschen lebten davon in Entwicklungsländern, 409 800 000 in Osteuropa und in Ländern der Gemeinschaft Unabhängiger Staaten, 1 140 800 000 Menschen in OECD-Staaten.[22] 2001 waren 1,2 % der erwachsenen Weltbevölkerung im Alter zwischen 15 und 49 Jahren HIV-infiziert, 1,3 % der Bevölkerung der Entwicklungsländer (9 % der Bevölkerung Schwarzafrikas), 0,5 % der Bevölkerung Osteuropas und der Gemeinschaft unabhängiger Staaten, 0,3 % der OECD-Bevölkerung.[23] Weltweit sind ca. 42 Millionen Menschen HIV-infiziert, ca. 70 % davon leben in Schwarzafrika.[24] In den sieben der am meisten betroffenen Ländern im Süden Afrikas beträgt die Quote der HIV-infizierten Erwachsenen mehr als 20 %.[25] Die Prävalenz der Tuberkulose betrug 2001 weltweit 119 von 100 000 Menschen, davon 144 von 100 000 in Entwicklungsländern, 66 von 100 000 in Osteuropa und in der Gemeinschaft unabhängiger Staaten, 11 von 100 000 in OECD-Staaten.[26] 17 Millionen Menschen sind in den vergangenen Jahren an AIDS gestorben.[27] Jährlich sterben weltweit 6 Millionen Menschen an Malaria, Tuberkulose oder AIDS.[28]

1994 wurden weltweit 56 Milliarden US$ (entspricht 56,2 Milliarden €)[29] für Forschung und Entwicklung von Medikamenten ausgegeben, lediglich 0,2 % davon für die Forschung im Bereich Lungenentzündung, Durchfallerkrankungen und Tuberkulose.[30] Diese Krankheiten stellen allerdings 18 % der weltweit verbreiteten Krankheiten dar.[31] Die 20 Pharmaunternehmen mit den weltweit größten Forschungs- und

---

[20] Chapman, E/C.12/2000/12, Rn. 62.

[21] United Nations Development Programme, Human Development Report 2003, S. 253.

[22] United Nations Development Programme, Human Development Report 2003, S. 253. Bei dieser Unterteilung kommt es zu Überschneidungen der Gruppen.

[23] United Nations Development Programme, Human Development Report 2003, S. 261.

[24] United Nations Development Programme, Human Development Report 2003, S. 97; United Nations Development Programme, Human Development Report 2001, S. 106.

[25] Südafrika 20,10 %, Namibia 22,50 %, Swasiland 33,44 %, Botwana 38,80 %, Simbabwe 33,73 %, Lesotho 31,00 %, Sambia 21,52 % (United Nations Development Programme, Human Development Report 2003, S. 260 f).

[26] United Nations Development Programme, Human Development Report 2003, S. 261.

[27] Sartorius, Süddeutsche Zeitung vom 13./14.06.2001, S. 3.

[28] World Trade Organization, "WTO members to press on, following 'rich debate' on medicines", <www.wto.org/english/news_e/pres01_e/pr233_e.htm> (25.06.2001).

[29] Umrechnungskurs vom 25.11.2002: 1 US$ = 1,00338 €.

[30] Weltgesundheitsorganisation, Investing in Health Research and Development: Report of the Ad Hoc Committee on Health Research Relating to Future Intervention Options, Genf 1996; zitiert nach: Maskus, "Intelectual Property Issues for the New Round", S. 153.

[31] United Nations Development Programme, Human Development Report 1999, S. 69.

Entwicklungsbudgets wendeten 1997 16,5 % ihres Umsatzes, mithin 46,3 Milliarden DM (entspricht 23,7 Milliarden €)[32], für Investitionen in Forschung und Entwicklung auf.[33] Im Jahr 2000 investierten schätzungsweise allein Pharmaunternehmen 26,4 Milliarden US$ (26,5 Milliarden €) in Forschung und Entwicklung im pharmazeutischen Sektor.[34] Im Zeitraum 1990 bis 2000 haben auf Forschung basierende Pharmaunternehmen ihre Aufwendungen für Forschung und Entwicklung mehr als verdreifacht.[35]

Die Entwicklung eines neuen Medikamentes dauert 12 bis 15 Jahre.[36] Die Angaben über die Kosten für Forschung und Entwicklung eines neuen Medikaments schwanken. Nach Angaben der Weltbank belaufen sich für die Pharmaindustrie die Kosten für die Entwicklung, Prüfung und Vermarktung eines neuen Medikaments Schätzungen zufolge auf durchschnittlich 200 Millionen US$ (200,7 Millionen €).[37] *Mager* zufolge betragen die Forschungs- und Entwicklungskosten eines neuen Produktes 400 Millionen DM (204,5 Millionen €).[38] Nach Angaben des Entwicklungsprogramms der Vereinten Nationen können die Kosten, die durch Forschung und Entwicklung eines neuen Medikamentes entstehen, zwischen 230 und 500 Millionen US$ (230,8 bis 501,7 Millionen €) betragen.[39] Pharmaceutical Research and Manufacturers of America beziffert die Kosten der Entwicklung eines neuen Medikaments auf 500 Millionen US$ (501,7 Millionen €).[40]

Zusammenfassend lässt sich feststellen, dass diese Daten einerseits den hohen Bedarf an der Entwicklung neuer Medikamente und des Zugangs zu Medikamenten widerspiegeln. Andererseits verdeutlichen sie die finanziellen Interessen der Pharmaindustrie. Es ist offensichtlich, dass in Hinblick auf diesen Interessenkonflikt sich dann Rechtskonflikte entwickeln, wenn das Vorgehen der Beteiligten an den Maßstäben des TRIPS-Übereinkommens gemessen wird. Meinungsverschiedenheiten können dann vor allem in Hinblick auf die Auslegung der unbestimmten Rechtsbegriffe des TRIPS-Übereinkommens entstehen, zum Beispiel des „nationalen Notstands", „sonstiger Umstände äußerster Dringlichkeit" und „öffentlicher nicht gewerblicher Nutzung". Ein Großteil der Probleme in Bezug auf die Auslegung der Vorschriften, die Zwangslizenzen betreffen, wurde durch die Erklärung der Ministerkonferenz von Doha (09. bis 13. November 2001) zum TRIPS-

---

[32] Umrechnungskurs: 1 DM = 0,51129 €.

[33] Scrip 2349,6; zitiert nach: Mager, GRUR 1999, 637 (644).

[34] Pharmaceutical Research and Manufacturers of America, Pharmaceutical Industry Profile 2000, S. 20.

[35] Pharmaceutical Research and Manufacturers of America, Pharmaceutical Industry Profile 2000, S. 20.

[36] United Nations Development Programme, Human Development Report 2001, S. 108.

[37] Weltbank, Weltentwicklungsbericht 1998/99, S. 42.

[38] Mager, GRUR 1999, 637 (644).

[39] United Nations Development Programme, Human Development Report 2001, S. 108.

[40] Pharmaceutical Research and Manufacturers of America, Pharmaceutical Industry Profile 2000, S. 25.

Doha (09. bis 13. November 2001) zum TRIPS-Übereinkommen und der öffentlichen Gesundheit[41] gelöst.

Es ergibt sich mithin folgende Problemstellung: Die Rechte auf Schutz des Patentrechts und auf Zugang zu essentiellen Medikamenten stoßen dann zusammen, wenn essentielle Medikamente durch Patentrechte zu schützen sind. Es ist fraglich, welches dieser Rechte sich in einem solchen Konflikt durchsetzen sollte.

B. Aufbau der Arbeit

Vor diesem Hintergrund wird im Anschluss eine Darstellung der rechtlichen Probleme folgen, die sich im Bereich der Zwangslizenzen unter dem TRIPS-Übereinkommen in Hinblick auf den Zugang zu essentiellen Medikamenten stellen. In dieser Arbeit werden die beiden Rechte des Zugangs zu essentiellen Medikamenten als Teilaspekt des Rechts auf Gesundheit einerseits und des Schutzes der Patentrechte andererseits zunächst jeweils für sich betrachtet. Dabei werden Inhalt und Umfang dieser Rechte verdeutlicht. Es folgt zunächst eine Darstellung des Rechts auf Gesundheit, insbesondere der Fallgruppe des Rechts auf Zugang zu essentiellen Medikamenten. Hier wird zum einen Artikel 12 Internationaler Pakt über wirtschaftliche, soziale und kulturelle Rechte ausgelegt, und zum anderen wird gefragt, ob dem Recht auf Gesundheit völkergewohnheitsrechtlicher Schutz zukommt (erster Teil). Es schließt sich an die Betrachtung der Patentrechte in ihrem Schutz gemäß Artikel 27 und 28 TRIPS-Übereinkommen und als Menschenrecht gemäß Artikel 15 Absatz 1 c) Internationaler Pakt über wirtschaftliche, soziale und kulturelle Rechte (zweiter Teil). Auch bezüglich des Patentrechts ist zu untersuchen, ob ihm völkergewohnheitsrechtlicher Schutz als Menschenrecht zukommt. In beiden Teilen wird die Rechtsnatur der Verpflichtungen der Staaten erläutert, und damit die theoretische Möglichkeit der Kollision der beiden Rechte.

Im dritten Teil wird dann ein konkreter Konflikt, nämlich der Fall der Zwangslizenzerteilung, im Mittelpunkt stehen. Es wird dargestellt werden, wie die unterschiedlichen Interessen zu einer ausgeglichenen Verwirklichung geführt werden können. Unter diesem Gesichtspunkt erfolgt die Auslegung der Vorschrift des TRIPS-Übereinkommens zu Zwangslizenzen, Artikel 31. Es wird untersucht werden, unter welchen Voraussetzungen Zwangslizenzen mit dem Ziel des Schutzes der öffentlichen Gesundheit erteilt werden können, um Zugang zu essentiellen Medikamenten zu ermöglichen. Unterschieden werden dabei sechs Fallgruppen: der nationale Notstand, sonstige Umstände von äußerster Dringlichkeit, öffentliche nicht gewerbliche Nutzung, unterlassene beziehungsweise ungenügende Ausübung, das öffentliche Interesse und die Notstandshilfe. Die Notstandshilfe wird behandelt im Zusammenhang des Problems der nicht vorhandenen beziehungsweise nicht ausreichenden Produktionsmöglichkeiten in einem Mitgliedstaat. Hier werden zudem verschiedene Lösungsansätze erläutert. Im vierten Teil wird schließlich dargestellt, dass und mit welchen Maßstäben der Grundsatz der Verhältnismäßigkeit bei der Zwangslizenzerteilung Anwendung findet.

---

[41] World Trade Organization, Ministerial Conference, Declaration on the TRIPS Agreement and Public Health, WT/MIN(01)/DEC/W/2, 14.11.2001.

Erster Teil: Recht auf Gesundheit

Das Recht auf Zugang zu essentiellen Medikamenten stellt einen Aspekt des Rechts auf Gesundheit dar. Es folgt zunächst eine kurze Aufstellung der Normen auf internationaler und regionaler Ebene zum Recht auf Gesundheit. Anschließend wird eine dieser Regelungen, Artikel 12 des Internationalen Pakts über wirtschaftliche, soziale und kulturelle Rechte, ausgelegt, und die Bildung der Fallgruppe des Zugangs zu essentiellen Medikamenten erläutert. Zuletzt wird erläutert, dass das Recht auf Gesundheit den Status von Völkergewohnheitsrecht erlangt hat.

A. Vertragliche Regelungen zum Recht auf Gesundheit

Das Recht auf Gesundheit ist umfassend vertraglich, sowohl auf internationaler wie auch auf regionaler Ebene, als Menschenrecht geschützt. Mit Unterzeichnung der UN-Charta erfolgte eine allgemeine Verpflichtung zum Schutz der Menschenrechte. Die Vereinten Nationen setzen sich gemäß Artikel 1 Nr. 3 der Charta der Vereinten Nationen das Ziel, die Achtung vor den Menschenrechten und Grundfreiheiten für alle ohne Unterschied der Rasse, des Geschlechts, der Sprache oder der Religion zu fördern und zu festigen. Gemäß Artikel 56 UN-Charta verpflichten sich alle Mitgliedstaaten, gemeinsam und jeder für sich mit der Organisation zusammenzuarbeiten, um unter anderem das in Artikel 55 c) UN-Charta dargelegte Ziel der Achtung und Verwirklichung der Menschenrechte und Grundfreiheiten zu erreichen. Diese allgemeine Verpflichtung wurde unter anderem konkret ausgefüllt durch Unterzeichnung der Allgemeinen Erklärung der Menschenrechte sowie der beiden Menschenrechtspakte, des Internationalen Pakts über bürgerliche und politische Rechte und des Internationalen Pakts über wirtschaftliche, soziale und kulturelle Rechte.
Eines der Menschenrechte stellt das Recht auf Gesundheit dar. Es wird auf internationaler Ebene geschützt zum einen gemäß Artikel 25 Absatz 1 der Allgemeinen Erklärung der Menschenrechte vom 10.12.1948, zum anderen vertraglich gemäß Artikel 12 Absätze 1 und 2 des Internationalen Pakts über wirtschaftliche, soziale und kulturelle Rechte vom 19.12.1966, in Kraft getreten am 03.01.1976. Des Weiteren ist das Recht auf Gesundheit zu schützen gemäß der Bestimmungen einiger Konventionen der Vereinten Nationen, die sich auf verschiedene Gruppen beziehen, so gemäß:

- Artikel 11 Absatz 1 (f) und Artikel 12 Absätze 1 und 2 des Übereinkommens zur Beseitigung jeder Form von Diskriminierung der Frau vom 18.12.1979, in Kraft getreten am 03.09.1981,
- Artikel 24 des Übereinkommens über die Rechte des Kindes vom 20.11.1989, in Kraft getreten am 02.09.1990,
- Artikel 5 (e) (iv) des Internationalen Übereinkommens zur Beseitigung jeder Form von Rassendiskriminierung vom 07.03.1966, in Kraft getreten am 04.01.1969,
- Artikel 28 der Internationalen Konvention zum Schutz der Rechte aller Wanderarbeitnehmer und ihrer Familienangehörigen vom 18.12.1990, in Kraft getreten am 01.07.2003,

- Artikel 25 des ILO-Übereinkommens Nr. 169 über eingeborene und in Stämmen lebende Völker in unabhängigen Ländern vom 27.06.1989, in Kraft getreten am 05.09.1991.

Schließlich ist das Recht auf Gesundheit auf regionaler Ebene zu schützen gemäß Artikel 11 der Europäischen Sozialcharta vom 18.10.1961, in Kraft getreten am 26.02.1965, gemäß Artikel 10 des Protokolls von San Salvador (Zusatzprotokoll zu der Amerikanischen Menschenrechtskonvention auf dem Gebiet der wirtschaftlichen, sozialen und kulturellen Rechte) vom 14.11.1988, in Kraft getreten am 16.11.1999 und gemäß Artikel 16 der Afrikanischen Menschenrechtscharta vom 27.06.1981, in Kraft getreten am 21.10.1986.

Das Recht auf Gesundheit hat mithin zu einer umfassenden vertraglichen Regelung gefunden. Die folgende Darstellung wird sich jedoch auf die Auslegung des Artikels 12 des Internationalen Pakts über wirtschaftliche, soziale und kulturelle Rechte beschränken. Dies geschieht aus drei Gründen:

Zum einen richtet sich der Internationale Pakt an einen größeren Adressatenkreis als die regionalen Regelungen. Dem Internationalen Pakt über wirtschaftliche, soziale und kulturelle Rechte sind 147 Mitgliedstaaten beigetreten.[42]

Zum anderen sind die Regelungen im Gegensatz zur allgemeinen Erklärung der Menschenrechte rechtlich verbindlich. Die Allgemeine Erklärung der Menschenrechte wurde als Empfehlung der Generalversammlung verabschiedet. Empfehlungen im Sinne von Artikel 10 f., 13 f. UN-Charta sind nicht den Völkerrechtsquellen zuzuordnen, aus ihnen lässt sich keine Rechtsverbindlichkeit herleiten.[43] In Hinblick auf Artikel 2 Absatz 1 des Internationalen Pakts über wirtschaftliche, soziale und kulturelle Rechte ist der Pakt im Gegensatz hierzu rechtlich verbindlich.[44]

Schließlich ist der Kreis der Berechtigten bei der Regelung des Internationalen Pakts über wirtschaftliche, soziale und kulturelle Rechte größer als bei solchen Regelungen, die sich lediglich auf bestimmte Gruppen beziehen.

B. Artikel 12 des Internationalen Pakts über wirtschaftliche, soziale und kulturelle Rechte

Artikel 12 des Internationalen Pakts über wirtschaftliche, soziale und kulturelle Rechte lautet:

(1) Die Vertragsstaaten erkennen das Recht eines jeden auf das für ihn erreichbare Höchstmaß an körperlicher und geistiger Gesundheit an.

(2) Die von den Vertragsstaaten zu unternehmenden Schritte zur vollen Verwirklichung dieses Rechts umfassen die erforderlichen Maßnahmen

a) zur Senkung der Zahl der Totgeburten und der Kindersterblichkeit sowie zur gesunden Entwicklung des Kindes;

b) zur Verbesserung aller Aspekte der Umwelt- und Arbeitshygiene,

---

[42] Stand: 07.07.2003, <www.unhchr.ch/pdf/report.pdf> (04.08.2003).

[43] Ipsen, Völkerrecht, § 16 Rn. 23 und § 18 Rn. 21; Buck, Geistiges Eigentum und Völkerrecht, S. 212.

[44] Siehe hierzu die Ausführungen im Abschnitt B. IV. im Anschluss an die Auslegung des Rechts auf Gesundheit.

c) zur Vorbeugung, Behandlung und Bekämpfung epidemischer, endemischer, Berufs- und sonstiger Krankheiten;

d) zur Schaffung der Voraussetzungen, die für jedermann im Krankheitsfall den Genuss medizinischer Einrichtungen und ärztlicher Betreuung sicherstellen.

Der in diesem Artikel verwendete Terminus der Gesundheit ist ein unbestimmter Rechtsbegriff. Im Folgenden wird dargestellt, dass das Recht auf Zugang zu essentiellen Medikamenten einen Teilaspekt des Rechts auf Gesundheit darstellt. Nach der allgemeinen Erläuterung des Begriffs der Gesundheit wird sich die detailliertere Auslegung beschränken auf die Fallgruppe des Rechts auf Zugang zu essentiellen Medikamenten.

I. Gesundheit

„Gesundheit" im Sinne des Artikels 12 Absatz 1 Internationaler Pakt über wirtschaftliche, soziale und kulturelle Rechte lässt sich mit der Formulierung der Weltgesundheitsorganisation folgendermaßen definieren:

> „Die Gesundheit ist ein Zustand des vollständigen körperlichen, geistigen und sozialen Wohlergehens und nicht nur das Fehlen von Krankheit oder Gebrechen."[45]

Dass der Begriff der Gesundheit im Rahmen des Internationalen Pakts über wirtschaftliche, soziale und kulturelle Rechte demjenigen der Weltgesundheitsorganisation entspricht, ist im Folgenden darzulegen.

Die wörtliche Auslegung ist der Ausgangspunkt jeglicher Auslegung internationaler Verträge, mithin der Vertragstext und die normale und gebräuchliche Bedeutung seiner Begriffe.[46] Im Wortlaut von Artikel 12 Absatz 1 Internationaler Pakt über wirtschaftliche, soziale und kulturelle Rechte sind beide Alternativen dieser Definition enthalten, sowohl die negative enge als auch die positive weitere. Gesundheit lässt sich negativ definieren als das „normale" beziehungsweise nicht „krankhafte" Befinden, Aussehen und Verhalten sowie das Fehlen von ärztlichen Befunden, die von der Norm abweichen.[47] Die Gewährleistung des Rechts auf Gesundheit bedeutet allerdings keine Gewährleistung eines Rechts, gesund zu sein.[48] Dies wäre absurd,[49] und erklärt sich bereits im Hinblick auf die Rechtsregel „impossibilium nulla est obligatio", zur Erfüllung von Unmöglichem ist man nicht

---

[45] 1. Grundsatz der Präambel der Verfassung der Weltgesundheitsorganisation vom 22.07.1947, in Kraft getreten am 07.04.1948.

[46] Bernhardt, "Interpretation in International Law", in: Bernhardt (Hrsg.), Encyclopedia of Public International Law, Volume II, S. 1420.

[47] Brockhaus, Die Enzyklopädie in vierundzwanzig Bänden, Achter Band, FRIT-GOTI, S. 477.

[48] United Nations Committee on Economic, Social and Cultural Rights, E/C.12/2000/4, Rn. 8.

[49] Leary, "Implications of a Right to Health", in: Mahoney/ Mahoney, Human Rights in the Twenty-First Century: A Global Challenge, S. 485.

verpflichtet. Gestützt wird dies durch den Einschub „erreichbar" beziehungsweise "attainable" in der englischen Fassung.[50] Eine positive Definition, so diejenige der Weltgesundheitsorganisation, definiert Gesundheit weiter als einen Zustand des vollständigen körperlichen, geistigen und sozialen Wohlergehens. *Toebes* stellt fest, dass diese Definition der Ausgangspunkt sei, auf dem die meisten der Regelungen zum Recht der Gesundheit ihre Grundlage finden.[51] *Toebes* und *Hendriks* sowie *Hunt* sind der Ansicht, dass auch Artikel 12 des Internationalen Pakts über wirtschaftliche, soziale und kulturelle Rechte darauf Bezug nehme.[52]

Diese These wird gestützt durch die systematische und historische Auslegung. Gemäß Artikel 31 Absatz 1 Wiener Vertragsrechtskonvention ist ein Vertrag mit der gewöhnlichen, seinen Bestimmungen in ihrem Zusammenhang zukommenden Bedeutung auszulegen. Der Begriff „Zusammenhang" ("context") meint den Vertragstext als Ganzes in seiner Beziehung zu einer Vorschrift im Besonderen.[53] In Hinblick auf Artikel 12 Absatz 2 lässt sich feststellen, dass das Recht auf Gesundheit gemäß Artikel 12 Absatz 1 des Internationalen Pakts über wirtschaftliche, soziale und kulturelle Rechte sehr weite sozioökonomische Faktoren einschließt.[54] Die Aufzählung des Artikels 12 Absatz 2 ist nicht abschließend.[55] Dies lässt sich auch aus der englischen Formulierung "include" folgern.[56] Artikel 12 Absatz 2 nennt zum einen den Spezialfall der Gesundheit des Kindes (a)) und widmet sich damit einer besonders schutzbedürftigen Zielgruppe. Zum anderen aber werden auch verschiedene Zielrichtungen von Maßnahmen zur Verwirklichung des Rechts auf Gesundheit aufgelistet. Dies schließt Rahmenbedingungen wie die Verbesserung der Umwelt- und Arbeitshygiene ein (Artikel 12 Absatz 2 b)), aber auch die Vorbeugung und Behandlung von Krankheiten (Artikel 12 Absatz 2 c)) und die Schaffung der Voraussetzungen, die für jedermann im Krankheitsfall den Genuss medizinischer Einrichtungen und ärztlicher Betreuung sicherstellen (Artikel 12 Absatz 2 d)). Die beispielhafte Auflistung in Artikel 12 Absatz 2 spricht dafür, dass das Recht auf Gesundheit gemäß Artikel 12 Absatz 1 Internationaler Pakt über wirtschaftliche, soziale und kulturelle Rechte nicht beschränkt ist auf das Recht auf Gesundheitspflege (health care).[57] Die systematische Auslegung spricht also dafür, dass der Begriff der Gesundheit recht weit gefasst sein muss.

Gemäß Artikel 32 Wiener Vertragsrechtskonvention können ergänzende Auslegungsmittel herangezogen werden, insbesondere die vorbereitenden Arbeiten und die Umstände des Vertragsabschlusses, um die sich unter Anwendung des Artikels

---

[50] Leary, "Implications of a Right to Health", in: Mahoney/ Mahoney, Human Rights in the Twenty-First Century: A Global Challenge, S. 485.

[51] Toebes, Human Rights Quarterly 21 (1999), 661 (663).

[52] Hendriks/ Toebes, Medicine and Law 1998, 319 (324); Hunt, Reclaiming Social Rights – International and Comparative Perspectives, S. 115.

[53] Reuter, Yearbook of the International Law Commission 1966, Volume I, S. 188.

[54] United Nations Committee on Economic, Social and Cultural Rights, E/C.12/2000/4, Rn. 4.

[55] United Nations Committee on Economic, Social and Cultural Rights, E/C.12/2000/4, Rn. 13.

[56] Hunt, Reclaiming Social Rights – International and Comparative Perspectives, S. 116, Fn. 51.

[57] United Nations Committee on Economic, Social and Cultural Rights, E/C.12/2000/4, Rn. 4.

31 ergebende Bedeutung zu bestätigen oder die Bedeutung zu bestimmen, wenn die Auslegung nach Artikel 31 die Bedeutung mehrdeutig oder dunkel lässt (a)) oder zu einem offensichtlich sinnwidrigen oder unvernünftigen Ergebnis führt (b)). Die Verhandlungen bezüglich eines Artikels, der sich mit dem Recht auf Gesundheit befasst, fanden statt in der siebten und achten Sitzungsperiode der Menschenrechtskommission (April bis Mai 1951 beziehungsweise April bis Juni 1952) sowie in der elften Sitzungsperiode des Ausschusses für soziale, humanitäre und kulturelle Fragen (Dritter Ausschuss, November 1956 bis Februar 1957).[58] Zum Zeitpunkt der Verhandlungen bezüglich des Internationalen Pakts über wirtschaftliche, soziale und kulturelle Rechte hatte bereits die oben erwähnte Definition von Gesundheit der Weltgesundheitsorganisation Geltung erlangt. Es wurde vom Generaldirektor der Weltgesundheitsorganisation, *Chisholm,* vorgeschlagen, diese Definition in den Pakt zu übernehmen.[59] Bereits bei der Abstimmung während der siebten Sitzungsperiode der Menschenrechtskommission wurde dies abgelehnt, unter anderem vor dem Hintergrund, dass die Vertreterin des Vereinigten Königreichs, *Bowie,* feststellte:

"The fact that so many governments had accepted the WHO definition of health seemed to suggest that the Commission did not need to elaborate that definition in the article under discussion."[60]

Ähnlich äußerte sich der Vertreter Dänemarks, *Sörensen.*[61] Außerdem vertrat *Bowie* die Ansicht, dass es in Hinblick auf andere Regelungen im Pakt unverhältnismäßig sei, allein hier eine solche Definition aufzunehmen.[62] Auch diejenigen Parteien, die sich in der elften Sitzungsperiode des Ausschusses für soziale, humanitäre und kulturelle Fragen gegen die Aufnahme der Definition aussprachen, fanden sie überflüssig.[63] Hieraus lässt sich schließen, dass die beteiligten Parteien davon ausgingen, dass zur Auslegung des Begriffs der Gesundheit auf die Definition der Weltgesundheitsorganisation zurückzugreifen sei.

Zusammenfassend festgestellt lässt sich Gesundheit im Sinne des Artikels 12 Absatz 1 Internationaler Pakt über wirtschaftliche, soziale und kulturelle Rechte als vollständiges körperliches, geistiges und soziales Wohlergehen definieren.

---

[58] Toebes, The Right to Health as a Human Right in International Law, S. 41. Toebes stellt auf S. 41-52 die Verhandlungen ausführlich dar.

[59] United Nations Commission on Human Rights, "Draft International Covenant on Human Rigths and Measures of Implementation – Suggestions submitted by the Director-General of the World Health Organization", E/CN.4/544, 18.04.1951, S. 2.

[60] United Nations Commission on Human Rights, "Summary Record of the Two Hundred and Twenty-third Meeting", E/CN.4/SR.223, 13.06.1951, S. 11.

[61] United Nations Commission on Human Rights, "Summary Record of the Two Hundred and Twenty-third Meeting", E/CN.4/SR.223, 13.06.1951, S. 14.

[62] United Nations Commission on Human Rights, "Summary Record of the Two Hundred and Twenty-third Meeting", E/CN.4/SR.223, 13.06.1951, S. 11.

[63] United Nations General Assembly, Third Committee, "Draft International Covenants on Human Rights, Report of the Third Committee", A/3525, 09.02.1957, S. 53.

II. Fallgruppe des Rechts auf Zugang zu essentiellen Medikamenten

Darzustellen ist, wie das Recht auf Gesundheit ausgestaltet wurde. Eine breite Schilderung mehrerer Fallgruppen dieses Rechts würde den Rahmen dieser Arbeit sprengen. Erörtert wird deshalb allein die Fallgruppe des Rechts auf Zugang zu Medikamenten.[64]

Um Gesundheit zu schützen ist es wichtig, den Zugang zu essentiellen Medikamenten zu ermöglichen. Die Medikamente dienen dabei vor allem der Wiederherstellung und Erhaltung des körperlichen Wohlergehens. Zu beachten ist aber, dass die drei Aspekte des körperlichen, geistigen und sozialen Wohlergehens eine Einheit bilden, sie sind jeweils füreinander Voraussetzung und Folge. Insofern dient der Zugang zu essentiellen Medikamenten dem Schutz des körperlichen, geistigen und sozialen Wohlergehens insgesamt.

1. Begriff der essentiellen Medikamente

Der Begriff der essentiellen Medikamente wurde von der Weltgesundheitsorganisation geprägt. Die Weltgesundheitsorganisation legt ihren Ausführungen folgende Definition essentieller Medikamente zugrunde:

"Essential drugs are those drugs that satisfy the health care needs of the majority of the population; they should therefore be available at all times in adequate amounts and in the appropriate dosage forms, and at a price that individuals and the community can afford."[65]

Seit 1977 erstellt ein Expertenkomitee der Weltgesundheitsorganisation für essentielle Medikamente (WHO Expert Committee Essential Drugs) alle zwei Jahre eine Modell-Liste essentieller Medikamente.[66] Die aktuelle 13. Modell-Liste vom April 2003 beinhaltet über 300 Medikamente.[67] Von Bedeutung ist hier, wie viele der essentiellen Medikamente durch Patentrechte geschützt sind. Dadurch wird bereits Konfliktpotential verdeutlicht. Noch im Jahr 1996 standen lediglich 8 Medikamente der Modell-Liste in einigen Ländern unter Patentschutz.[68] Dies betraf Medikamente

---

[64] Als weitere Beispiele für Fallgruppen sind unter anderem zu nennen medizinische Betreuung, Zugang zu essentieller Nahrung, zu Trinkwasser, Zugang zu grundlegenden sanitären Einrichtungen, Erziehung und Zugang zu Informationen bezüglich vorwiegender Gesundheitsprobleme. Als Anhaltspunkt kann hier die Aufzählung der Hauptpflichten und Pflichten von vergleichbarem Vorrang der Staaten gemäß Artikel 12 durch den Ausschuss für wirtschaftliche, soziale und kulturelle Rechte dienen; United Nations Committee on Economic, Social and Cultural Rights, E/C.12/2000/4, Rn. 43 und 44.

[65] WHO Expert Committee on Essential Drugs, November 1999, zitiert von Hogerzeil, "The definition and selection process for an EDL", <www.who.int/medicines/organization/par/edl/infedltechbrief.htm> (17.08.2001).

[66] Hogerzeil, "The definition and selection process for an EDL", <http://www.who.int/medicines/organization/par/edl/infedltechbrief.htm> (17.08.2001).

[67] World Health Organization, "Essential Medicines – WHO Model List (revised April 2003)", <http://www.who.int/medicines/organization/par/edl/expcom13/eml13_en.doc> (04.08.2003).

[68] Lanjouw, Economic Growth Center Discussion Paper No. 775, S. 10.

für die Therapie der resistenten Tuberkulose.[69] Antivirale Substanzen für die AIDS-Therapie wurden erst ab der zwölften Liste der essentiellen Medikamente aufgenommen.[70] Auch im Jahr 2003 stehen die meisten der essentiellen Medikamente nicht unter Patentschutz. Mittlerweile sind in der 13. Modell-Liste 13 antivirale Therapeutika enthalten sowie über 60 andere essentielle Medikamente für die Therapie von HIV-Erkrankungen.[71] Der Patentschutz dieser Medikamente unterscheidet sich wegen des Territorialitätsprinzips von Mitgliedstaat zu Mitgliedstaat.[72] In Südafrika stehen beispielsweise 13 von 15 antiviralen Therapeutika unter Patentschutz.[73] Viele der unter Patentschutz stehenden Medikamente der Modell-Liste betreffen Tuberkulose und Aids, und damit zwei der Krankheiten, die bei der Problematik der Zwangslizenzerteilung im dritten Teil dieser Arbeit im Mittelpunkt stehen werden.

Zusammenfassend kann festgestellt werden, dass zwar nur einige der Medikamente der Modell-Liste unter Patentschutz stehen. Diejenigen aber, bei denen dies der Fall ist, bieten Potential für Interessenkonflikte zwischen dem Patentrechtsschutz und dem Recht auf Zugang zu Medikamenten.

2. Historische Auslegung

Der Zugang zu Medikamenten wurde auch einbezogen durch die Mitglieder der Menschenrechtskommission bei den Verhandlungen zum Internationalen Pakt über wirtschaftliche, soziale und kulturelle Rechte. *Morozow*, der Vertreter der Union der Sozialistischen Sowjetrepubliken, stellte in Hinblick auf einen dänischen Vorschlag fest:

"[...H]is delegation felt that the expression "medical care" was too narrow. He would suggest in its place the expression "a medical service and medical attention", because, quite apart from the importance of an accurate diagnosis,

---

[69] World Health Organization and World Trade Organization Secretariats, Report of the Workshop on Differential Pricing and Financing of Essential Drugs, S. 9.

[70] UNAIDS/ WHO, Patent situation of HIV/AIDS-related drugs in 80 countries, S. 8 ff. Antiretrovirale Substanzen waren in der elften Modell-Liste deshalb nicht enthalten, weil bis zu diesem Zeitpunkt nicht davon ausgegangen werden konnte, dass sie auch in ressourcenarmen Gesundheitsschutzsituationen sicher und effektiv eingesetzt werden konnten. Ziduvin und Nevirapin zur Verhinderung der Mutter-Kind-Übertragung des HI-Virus waren allerdings aufgelistet (Hogerzeil, "The definition and selection process for an EDL", <http://www.who.int/medicines/organization/par/edl/infedltechbrief.htm> (17.08.2001)).

[71] World Health Organization, "Essential Medicines – WHO Model List (revised April 2003)", <http://www.who.int/medicines/organization/par/edl/expcom13/eml13_en.doc> (04.08.2003); World Health Oranization, "Essential Drugs and Medicines Policy", <http://www.who.int/medicines/organization/par/edl/expertcomm.shtml> (29.07.2002).

[72] Zur Patentsituation von 13 antiretroviralen Substanzen in 80 Ländern siehe Boulet/ Perriens/ Renaud-Théry, Patent situation of HIV/AIDS-related drugs in 80 countries, <www.unaids.org/acc_access/_drugs/index.html> (17.08.2001).

[73] European Commission, IP/C/W/339, Rn. 9.

assistance in the form of drugs, hospitalization etc. was often necessary, and in many countries drugs and hospital treatment were very expensive."[74]

Sein Gegenvorschlag wurde angenommen.[75]

3. Allgemeine Bemerkung Nr. 14

Vor allem aber findet das Recht auf Zugang zu essentiellen Medikamenten als Fallgruppe des Rechts auf Gesundheit eine Grundlage und Ausformung in der allgemeinen Bemerkung Nr. 14 des Ausschusses für wirtschaftliche, soziale und kulturelle Rechte. Der Ausschuss für wirtschaftliche, soziale und kulturelle Rechte, ein Hilfsorgan des Wirtschafts- und Sozialrats auf der Grundlage von Artikel 68 UN-Charta, hat unter anderem die Funktion, maßgebende Auslegungen der Artikel des Pakts zu verfassen, vor allem in Form seiner allgemeinen Bemerkungen (general comments).[76] Den Auslegungsvorschlägen kommt großes Gewicht zu. Sie sind zwar eine Form des völkerrechtlichen "soft law"[77] und an sich nicht rechtsverbindlich. Aber die Meinungsäußerungen des Expertengremiums wirken kraft ihrer immanenten Autorität auf die Vertragsauslegung der Mitgliedstaaten ein.[78] Diese Bedeutung erhalten sie unter anderem dadurch, dass der Ausschuss für wirtschaftliche, soziale und kulturelle Rechte seit 1987 mit der Prüfung periodischer Berichte der Vertragsstaaten befasst ist.[79] Er beurteilt also bereits über einen langen Zeitraum die Anwendung des Pakts in den Mitgliedstaaten, und diese Erfahrung floss in die bisher insgesamt vierzehn allgemeinen Bemerkungen ein.[80] Diese Auslegungen bilden wiederum eine entscheidende Grundlage für die nachfolgende Beurteilung von Staatenberichten durch den Ausschuss. Die allgemeinen Bemerkungen werden im Anschluss an eine allgemeine Aussprache ("day of general discussion") verfasst. In

---

[74] United Nations Commission on Human Rights, "Summary Record of the Two Hundred and Twenty-third Meeting", E/CN.4/SR.223, 13.06.1951, S. 11; eigene Hervorhebung.

[75] United Nations Commission on Human Rights, "Summary Record of the Two Hundred and Twenty-third Meeting", E/CN.4/SR.223, 13.06.1951, S. 18.

[76] Steiner/ Alston, International Human Rights in Context – Law, Politics, Morals, S. 275; Simma, Vereinte Nationen 1989, 191 (194).

[77] Simma/ Bennigsen, „Wirtschaftliche, soziale und kulturelle Rechte im Völkerrecht – Der Internationale Pakt von 1966 und sein Kontrollverfahren", in: Baur/ Hopt/ Mailänder, Festschrift für Ernst Steindorff zum 70 Geburtstag, S. 1497.

[78] Simma/ Bennigsen, „Wirtschaftliche, soziale und kulturelle Rechte im Völkerrecht – Der Internationale Pakt von 1966 und sein Kontrollverfahren", in: Baur/ Hopt/ Mailänder, Festschrift für Ernst Steindorff zum 70 Geburtstag, S. 1497.

[79] Simma, Verfassung und Recht aus Übersee 1992, 382 (387).

[80] Bisher wurden folgende Allgemeine Bemerkungen erstellt:
United Nations Committee on Economic, Social and Cultural Rights, "Reporting by State parties", "International technical assistance (Article 22)", "The nature of States parties obligations (Article 2, paragraph 1", "The right to adequate housing (Article 11, paragraph 1", "Persons with disabilities", "The economic, social and cultural rights of older persons", "The right to adequate housing (Article 11, paragraph 1): forced evictions", "The relationship between economic sanctions and respect for economic, social and cultural rights", "The domestic application of the Covenant", "The role of national human rights institutions in the protection of economic, social and cultural rights", "Plans of action for primary education (Article 14)", "The right to adequate food (Article 11)", "The right to education (Article 13)", "The right to the highest attainable standard of health (Article 12)", "The right to water (Articles 11 and 12)".

ihnen werden Ziele formuliert, abstrakte Rechte und Pflichten konkretisiert und einzelne Handlung als zulässig oder unzulässig bewertet.[81] *Simma* stellt fest, dass der Ausschuss für wirtschaftliche, soziale und kulturelle Rechte das einzige Gremium der Vereinten Nationen ist,

> „das sich ausschließlich mit internationalen wirtschaftlichen, sozialen und kulturellen Rechten befasst, und das deshalb auch wie kein anderes dazu berufen ist, eine, wenn man so will, ‚Jurisprudenz' dieser Rechte zu entwickeln."[82]

Der Ausschuss behandelte in seiner allgemeinen Bemerkung Nr. 14 das Recht auf das erreichbare Höchstmaß an körperlicher und geistiger Gesundheit.[83] In einem ersten Teil befasst er sich mit dem normativen Inhalt des Artikels 12 des Internationalen Pakts über wirtschaftliche, soziale und kulturelle Rechte, in einem zweiten Teil mit den Verpflichtungen der Mitgliedstaaten.

Der Ausschuss für wirtschaftliche, soziale und kulturelle Rechte unterscheidet die Erhältlichkeit, Zugänglichkeit, ethische Akzeptierbarkeit und Qualität aller Aspekte des Rechts auf Gesundheit.[84] Bezüglich der Erhältlichkeit stellt der Ausschuss fest, dass in Hinblick auf die öffentliche Gesundheit funktionierende Einrichtungen, Waren, Dienstleistungen und Programme in ausreichender Menge in den Mitgliedstaaten erhältlich sein müssen.[85] Dies ist abhängig von verschiedenen Faktoren, wie zum Beispiel dem Entwicklungsstand des Staates. Aufgelistet werden jedoch einige Basisfaktoren, die in jedem Fall erhältlich sein müssen. Einer dieser Basisfaktoren sind die essentiellen Medikamente der Modell-Liste der Weltgesundheitsorganisation.[86] Die Zugänglichkeit enthält wiederum vier Einzelaspekte, zum einen ein Diskriminierungsverbot, zum anderen physische Zugänglichkeit, des Weiteren finanzielle Zugänglichkeit und schließlich Zugang zu Informationen.[87] Gerade der Aspekt der finanziellen Zugänglichkeit ist im Rahmen dieser Untersuchung von Bedeutung, da sie durch Zwangslizenzerteilung erreicht werden könnte.

Der Ausschuss für wirtschaftliche, soziale und kulturelle Rechte listet die folgenden Hauptpflichten (core obligations) auf, die Mitgliedstaaten gemäß Artikel 12 zu erfüllen haben:

> "(a) To ensure the right of access to health facilities, goods and services on a non-discriminatory basis, especially for vulnerable or marginalized groups;
> (b) To ensure access to the minimum essential food which is nutritionally adequate and safe, to ensure freedom from hunger to everyone;

---

[81] Simma, Vereinte Nationen 1989, 191 (195).

[82] Simma, Vereinte Nationen 1989, 191 (195).

[83] United Nations Committee on Economic, Social and Cultural Rights, E/C.12/2000/4.

[84] United Nations Committee on Economic, Social and Cultural Rights, E/C.12/2000/4, Rn. 12. Eine ähnliche Struktur findet sich in der Allgemeinen Bemerkung Nr. 13 bezüglich Artikel 13 Absatz 2; United Nations Committee on Economic, Social and Cultural Rights, E/C.12/1999/10, Rn. 6.

[85] United Nations Committee on Economic, Social and Cultural Rights, E/C.12/2000/4, Rn. 12.

[86] United Nations Committee on Economic, Social and Cultural Rights, E/C.12/2000/4, Rn. 12.

[87] United Nations Committee on Economic, Social and Cultural Rights, E/C.12/2000/4, Rn. 12.

(c) To ensure access to basic shelter, housing and sanitation, and an adequate supply of safe and potable water;
(d) *To provide essential drugs, as from time to time defined under the WHO Action Programme on Essential Drugs*;
(e) To ensure equitable distribution of all health facilities, goods and services;
(f) To adopt and implement a national public health strategy and plan of action, on the basis of epidemiological evidence, addressing the health concerns of the whole population [...]."[88]

Als weitere wichtige Pflichten von vergleichbarem Vorrang werden aufgezählt:

"(a) To ensure reproductive, maternal (pre-natal as well as post-natal) and child health care;
(b) *To provide immunization against the major infectious diseases occuring in the community*;
(c) *To take measures to prevent, treat and control epidemic and endemic diseases*;
(d) To provide education and access to information concerning the main health problems in the community, including the methods of preventing and controlling them;
(e) To provide appropriate training for health personnel, including education on health and human rights."[89]

Besonders wichtig ist im Zusammenhang dieser Arbeit, dass die Bereitstellung von essentiellen Medikamenten zu den Hauptpflichten der Mitgliedstaaten zählt (core obligation (d)); und die Impfung gegen die am häufigsten vorkommenden Infektionskrankheiten einer Gemeinschaft, sowie die Maßnahmen zur Vorbeugung, Behandlung und Kontrolle von Epidemien und Endemien zu den weiteren wichtigen Pflichten zählen (obligations of comparable priority (b), (c)). Der Ausschuss betont im Anschluss, dass die Hauptpflichten nicht einschränkbar beziehungsweise aufhebbar sind.[90] Hauptpflichten müssen unmittelbar erfüllt werden.[91] Damit stehen sie im Gegensatz zu den Pflichten, die „nach und nach" erfüllt werden müssen, wie es Artikel 2 Absatz 1 des Internationalen Pakts über wirtschaftliche, soziale und kulturelle Rechte fordert.[92] Der Ausschuss über wirtschaftliche, soziale und kulturelle Rechte stellt fest:

"[T]he Committee is of the view that a minimum core obligation to ensure the satisfaction of, at the very least, minimum essential levels of each of the rights is incumbent upon every State party. *Thus, for example, a State party in which any significant number of individuals is deprived of [...] essential primary health*

---

[88] United Nations Committee on Economic, Social and Cultural Rights, E/C.12/2000/4, Rn. 43; eigene Hervorhebung.
[89] United Nations Committee on Economic, Social and Cultural Rights, E/C.12/2000/4, Rn. 44; eigene Hervorhebung.
[90] United Nations Committee on Economic, Social and Cultural Rights, E/C.12/2000/4, Rn. 47.
[91] Toebes, Human Rights Quarterly 1999, 661 (676).
[92] Toebes, Human Rights Quarterly 1999, 661 (676).

care [...] is, prima facie, failing to discharge its obligations under the Covenant. If the Covenant were to be read in such a way as not to establish such a minimum core obligation, it would be largely deprived of its raison d'être. [...] In order for a State party to be able to attribute its failure to meet at least its minimum core obligations to a lack of available resources it must demonstrate that every effort has been made to use all resources that are at its disposition in an effort to satisfy, as a matter of priority, those minimum obligations."[93]

Mithin kommt dem Recht auf Zugang zu essentiellen Medikamenten eine besonders gesicherte Stellung zu.

Zu Artikel 12 Absatz 2 c) stellt der Ausschuss fest:

"The right to treatment includes the creation of a system of urgent medical care in cases of accidents, epidemics and similar health hazards, and the provision of disaster relief and humanitarian assistance in emergency situations."[94]

Die Schaffung der Voraussetzungen, die für jedermann im Krankheitsfall den Genuss medizinischer Einrichtungen und ärztlicher Betreuung sicherstellen (Artikel 12 Absatz 2 d)) wiederum beinhaltet unter anderem die Bereitstellung von essentiellen Medikamenten.[95]

Zusammenfassend lässt sich feststellen, dass der Ausschuss für wirtschaftliche, soziale und kulturelle Rechte das Recht auf Zugang zu essentiellen Medikamenten ausdrücklich als eine der Fallgruppen des Rechts auf Gesundheit anerkennt, zudem als eine sehr wichtige.

4. Anerkennung durch Internationale Organisationen

Das Recht auf Zugang zu essentiellen Medikamenten als Fallgruppe des Rechts auf Gesundheit findet breite Anerkennung durch Organe der Vereinten Nationen und weitere Internationale Organisationen. Bereits die Internationale Konferenz zur grundlegenden Gesundheitsfürsorge (International Conference on Primary Health Care), stellte 1978 in Alma-Ata fest:

> *"Primary health care [...] includes at least [...] immunization against the major infectious diseases; prevention and control of locally endemic diseases; appropriate treatment of common diseases and injuries; and provision of essential drugs."*[96]

Die Menschenrechtskommission stellte in ihrer Resolution "Access to medication in the context of pandemics such as HIV/ AIDS" fest:

---

[93] United Nations Committee on Economic, Social and Cultural Rights, E/1991/23, Annex III, Rn. 10; eigene Hervorhebung.

[94] United Nations Committee on Economic, Social and Cultural Rights, E/C.12/2000/4, Rn. 16

[95] United Nations Committee on Economic, Social and Cultural Rights, E/C.12/2000/4, Rn. 17.

[96] International Conference on Primary Health Care, Declaration of Alma-Ata, Absatz 7; eigene Hervorhebung.

"The Commission on Human Rights [... r]ecognizes that access to medication in the context of pandemics such as HIV/ AIDS is one fundamental element for achieving progressively the full realization of the right of everyone to the enjoyment of the highest attainable standard of physical and mental health [...]."[97]

Erwähnung fand das Recht auf Zugang zu essentiellen Medikamenten ebenfalls in Absatz 4 Satz 2 der Erklärung der Welthandelsorganisations-Ministerkonferenz zum TRIPS-Übereinkommen und zur öffentlichen Gesundheit:

"Accordingly, while reiterating our commitment to the TRIPS Agreement, we affirm that the Agreement can and should be interpreted and implemented in a manner supportive of WTO Members' right to protect public health and, in particular, *to promote access to medicines for all.*"[98]

III. Erreichbares Höchstmaß

Das Recht auf Gesundheit ist zu gewährleisten zu dem für eine Person erreichbaren Höchstmaß. Dieses Höchstmaß bezieht sich zum einen auf die individuellen biologischen und sozioökonomischen Bedingungen, zum anderen auf die dem Mitgliedstaat zur Verfügung stehenden Mittel.[99] Hinsichtlich des zweiten Aspekts ist auch Artikel 2 Absatz 1 des Internationalen Pakts über wirtschaftliche, soziale und kulturelle Aspekte zu berücksichtigen.[100] Folglich ist bei der Beurteilung, ob es zu einer Verletzung des Rechts auf Gesundheit gekommen ist, zu unterscheiden zwischen Unfähigkeit und mangelnder Bereitschaft zur Erfüllung der Pflichten gemäß Artikel 12 Absatz 1.[101]

IV. Rechtsnatur der Verpflichtungen der Staaten und Konsequenz

Im Internationalen Pakt über wirtschaftliche, soziale und kulturelle Rechte werden verbindliche Rechtspflichten festgelegt.[102] Deshalb wird auch gefordert, „mit der Verharmlosung des Sozialpakts [aufzuhören]".[103] Zwar werden die Normen teilweise als „weitgefasste Programmsätze" bezeichnet.[104] Zu beachten ist aber, dass sich

---

[97] United Nations Commission on Human Rights, Resolution 2001/33, Rn. 1.

[98] World Trade Organization, Ministerial Conference, WT/MIN(01)/DEC/W/2; eigene Hervorhebung.

[99] United Nations Committee on Economic, Social and Cultural Rights, E/C.12/2000/4, Rn. 9.

[100] Artikel 2 Absatz 1 des Internationalen Pakts über wirtschaftliche, soziale und kulturelle Rechte lautet:

> Jeder Vertragsstaat verpflichtet sich, [...] unter Ausschöpfung aller seiner Möglichkeiten Maßnahmen zu treffen, um nach und nach mit allen geeigneten Mitteln, vor allem durch gesetzgeberische Maßnahmen, die volle Verwirklichung der in diesem Pakt anerkannten Rechte zu erreichen.

[101] United Nations Committee on Economic, Social and Cultural Rights, E/C.12/2000/4, Rn. 47.

[102] Simma, Vereinte Nationen 1989, 191 (193).

[103] Bryde, „Menschenrechte und Entwicklung", in: Stein/ Faber, Auf einem Dritten Weg, Festschrift für Helmut Ridder zum siebzigsten Geburtstag, S. 79.

[104] Ipsen, Völkerrecht, § 48 Rn. 46; Malanczuk, Akehurst's Modern Introduction to International Law, S. 216.

inzwischen eine Auslegung des Artikels 2 Absatz 1 des Internationalen Pakts über wirtschaftliche, soziale und kulturelle Rechte etablierte, die den Normen des Pakts rechtliche Verbindlichkeit zukommen lässt.[105] Artikel 2 Absatz 1 lautet folgendermaßen:

> Jeder Vertragsstaat verpflichtet sich, einzeln und durch internationale Hilfe und Zusammenarbeit, insbesondere wirtschaftlicher und technischer Art, unter Ausschöpfung aller seiner Möglichkeiten Maßnahmen zu treffen, um nach und nach mit allen geeigneten Mitteln, vor allem durch gesetzgeberische Maßnahmen, die volle Verwirklichung der in diesem Pakt anerkannten Rechte zu erreichen.

1990 verfasste der Ausschuss für wirtschaftliche, soziale und kulturelle Rechte seine Allgemeine Bemerkung Nr. 3.[106] Er betonte, dass neben der zugestandenen progressiven Verwirklichung der Rechte auch mehrere Verpflichtungen unmittelbare Wirkung entfalten. Eine dieser Verpflichtungen ist die Verpflichtung, Maßnahmen zu treffen ("to take steps").[107] Wie bereits erwähnt, betont der Ausschuss die Bedeutung von Mindesthauptpflichten ("minimum core obligations").[108] Der Ausschuss stellt mit Nachdruck fest:

> "[E]ven where the available resources are demonstrably inadequate, the obligation remains for a State party to strive to ensure the widest possible enjoyment of the relevant rights under the prevailing circumstances."[109]

„Programmatisch" sind die Bestimmungen dann zwar in der Tat, aber

> „nicht in einem Sinn, der diese Eigenschaft als Verneinung des verpflichtenden Elements auffaßt, sondern – als Ziel- und Ergebnisverpflichtungen – dergestalt, daß die Vertragsparteien völkerrechtlich verpflichtet werden, im Sinn von Art. 2 (1) Programme zu konzipieren und durchzuführen, um die Paktrechte schrittweise zu verwirklichen."[110]

Es ist einzugestehen, dass der Charakter der rechtlichen Verbindlichkeit zwar insofern in einem gewissen Maße geschwächt war, als die Normen durch die Verwendung unbestimmter Rechtsbegriffe recht unscharfe Formulierungen der Verpflichtungen enthalten. Aber dieses Manko wurde inzwischen ausgeglichen durch den Gewinn an Konturen durch Auslegungserklärungen des Ausschusses für

---

[105] Buergenthal, "International Human Rights Law and Institutions", in: Fuenzalida-Puelma/ Scholle Connor, The Right to Health in the Americas, S. 8.

[106] United Nations Committee on Economic, Social and Cultural Rights, E/1991/23, Annex III.

[107] United Nations Committee on Economic, Social and Cultural Rights, E/1991/23, Annex III, Rn. 2.

[108] Vergleiche die obige Darstellung im Unterabschnitt zur Fallgruppe des Zugangs zu essentiellen Medikamenten in der Allgemeinen Bemerkung Nr. 14, erster Teil, B. II. 3.

[109] United Nations Committee on Economic, Social and Cultural Rights, E/1991/23, Annex III, Rn. 11.

[110] Simma/ Bennigsen, „Wirtschaftliche, soziale und kulturelle Rechte im Völkerrecht – Der Internationale Pakt von 1966 und sein Kontrollverfahren", in: Baur/ Hopt/ Mailänder, Festschrift für Ernst Steindorff zum 70. Geburtstag am 13. März 1990, S. 1489.

wirtschaftliche, soziale und kulturelle Rechte. Als Beispiel kann hier die Allgemeine Bemerkung Nr. 14 zum Recht auf Gesundheit genannt werden. Des Weiteren wurden die Konturen schärfer durch eine allgemein anerkannte Anwendung eines „Rasters" für wirtschaftliche, soziale und kulturelle Rechte. Die Pflichten der Mitgliedstaaten gliedern sich danach auf in solche zu respektieren (to respect), zu schützen (to protect) und zu erfüllen (to fulfil).[111] Der allgemeinen Frage nach der Rechtsnatur der Verpflichtungen der Mitgliedstaaten entspricht die spezielle Betrachtung des Aspekts der „Gesundheit" als „Recht". Auch diesem Aspekt wurde anfangs wenig Beachtung geschenkt.[112] Aber hier ist ebenfalls inzwischen allgemein anerkannt, dass der Bereich der Gesundheit unter Gesichtspunkten von Rechten zu betrachten ist.[113]

Zusammenfassend bleibt festzustellen, dass die Vertragsparteien des Internationalen Pakts über wirtschaftliche, soziale und kulturelle Rechte rechtlich bindend verpflichtet sind, das Recht auf Gesundheit gemäß Artikel 12 anzuerkennen, und damit auch das Recht auf Zugang zu essentiellen Medikamenten.

V. Berechtigte und Verpflichtete

Zu untersuchen ist, wer durch den Internationalen Pakt über wirtschaftliche, soziale und kulturelle Rechte berechtigt und verpflichtet wird.

Verpflichtet sind zum einen hauptsächlich die Vertragsstaaten gegenüber ihren Staatsangehörigen. Dies ist eine Verpflichtung der Staaten „nach innen".[114] Aus Artikel 2 Absatz 1 des Internationalen Pakts über wirtschaftliche, soziale und kulturelle Rechte ergibt sich jedoch, dass der Pakt grundsätzlich keine subjektiven Rechtsansprüche begründet, die vom Einzelnen innerstaatlich eingeklagt werden könnten.[115]

Fraglich ist, ob die Vertragsparteien zum anderen aber auch zur Vertragserfüllung gegenüber anderen Mitgliedstaaten verpflichtet sind, das heißt „nach außen". In der Literatur befürworten dies *Bryde*, *Simma* und *Bennigsen* und *Alston* und *Quinn*, zweifelnd sind *Hilf* und *Craven*.[116] Abgelehnt wurde dies vor allem im Aus-

---

[111] Eide, Human Rights Law Journal 1989, 35 (37); Gruskin/ Tarantola, "Health and Human Rights", François-Xavier Bagnoud Center Working Paper No. 10, S. 17.

[112] Hunt, Reclaiming Social Rights – International and Comparative Perspectives, S. 108.

[113] Toebes, The Right to Health as a Human Right in International Law, S. 4; Leary, "Implications of a Right to Health", in: Mahoney/ Mahoney, Human Rights in the Twenty-First Century: A Global Challenge, S. 482.

[114] Simma/ Bennigsen, „Wirtschaftliche, soziale und kulturelle Rechte im Völkerrecht – Der Internationale Pakt von 1966 und sein Kontrollverfahren", in: Baur/ Hopt/ Mailänder, Festschrift für Ernst Steindorff zum 70. Geburtstag am 13. März 1990, S. 1489.

[115] Simma/ Bennigsen, „Wirtschaftliche, soziale und kulturelle Rechte im Völkerrecht – Der Internationale Pakt von 1966 und sein Kontrollverfahren", in: Baur/ Hopt/ Mailänder, Festschrift für Ernst Steindorff zum 70. Geburtstag am 13. März 1990, S. 1488.

[116] Bryde, „Menschenrechte und Entwicklung", in: Stein/ Faber, Auf einem Dritten Weg, Festschrift für Helmut Ridder zum siebzigsten Geburtstag, S. 79; Simma/ Bennigsen, „Wirtschaftliche, soziale und kulturelle Rechte im Völkerrecht – Der Internationale Pakt von 1966 und sein Kontrollverfahren", in:

schuss für soziale, humanitäre und kulturelle Fragen während der Vertragsverhandlungen bezüglich Artikel 2 des Internationalen Pakts über wirtschaftliche, soziale und kulturelle Rechte.[117]

Die mögliche Grundlage für diese zweite Verpflichtung findet sich in Artikel 2 Absatz 1 Internationaler Pakt über wirtschaftliche, soziale und kulturelle Rechte, der festlegt, dass sich jeder Vertragsstaat verpflichtet, *„durch internationale Hilfe und Zusammenarbeit*, insbesondere wirtschaftlicher und technischer Art, [...] die volle Verwirklichung der in diesem Pakt anerkannten Rechte zu erreichen"[118]. Der Wortlaut entspricht der Verpflichtung der Mitgliedstaaten der Vereinten Nationen gemäß Artikel 56 UN-Charta, *„gemeinsam* und jeder für sich *mit der Organisation zusammenzuarbeiten*, um die in Artikel 55 dargelegten Ziele zu erreichen"[119]. Diese Verpflichtung wurde in der Erklärung über völkerrechtliche Grundsätze für freundschaftliche Beziehungen und Zusammenarbeit zwischen den Staaten im Sinne der Charta der Vereinten Nationen (Friendly Relations Declaration)[120] in Grundsatz 4 aufgegriffen:

Die Staaten haben die Pflicht, [...] in den verschiedenen Bereichen der internationalen Beziehungen zusammenzuarbeiten [...]. Zu diesem Zweck [...] b) arbeiten die Staaten bei der Förderung der allgemeinen Achtung und Wahrung der Menschenrechte und Grundfreiheiten für alle [...] zusammen [...].

Die Erklärung dient allerdings nicht wirklich einer Annäherung an den konkreten Inhalt der Verpflichtung der Mitgliedstaaten.[121]

Während der Vertragsverhandlungen bezüglich Artikel 2 des Internationalen Pakts über wirtschaftliche, soziale und kulturelle Rechte wurde 1962 im Ausschuss für soziale, humanitäre und kulturelle Fragen der Generalversammlung der Vereinten Nationen lebhaft diskutiert, ob die Mitgliedstaaten bindend verpflichtet sein sollten,

---

Baur/ Hopt/ Mailänder, Festschrift für Ernst Steindorff zum 70. Geburtstag am 13. März 1990, S. 1489; Simma, Verfassung und Recht aus Übersee 1992, 382 (387); Alston/ Quinn, Human Rights Quarterly 1987, 156 (191 f.); Alston, "International Law and the Human Right to Food", in: Alston/ Tomaševski, The Right to Food, S. 41; Hilf, „Zum Recht auf Nahrung im Staats- und Völkerrecht", in: Brandt/ Gollwitzer/ Henschel, Festschrift für Helmut Simon, S. 884; Craven, The International Covenant on Economic, Social and Cultural Rights, S. 145.

[117] Siehe sogleich unten.

[118] Eigene Hervorhebung; in englischer Fassung:
Each State Party to the present Covenant undertakes to take steps, individually and through international assistance and co-operation, especially economic and technical, to the maximum of its available resources, with a view to achieving progressively the full realization of the rights recognized in the present Covenant by all appropriate means, including particularly the adoption of legislative measures.

[119] Eigene Hervorhebung; in englischer Fassung:
All Members pledge themselves to take joint and separate action in co-operation with the Organization for the achievement of the purposes set forth in Article 55.

[120] United Nations General Assembly, Resolution 2625 (XXV) (24.10.1970).

[121] Alston/ Quinn, Human Rights Quarterly 1987, 156 (188); Craven, The International Covenant on Economic, Social, and Cultural Rights, S. 145.

anderen Vertragsparteien Hilfe zu gewähren bei der Erfüllung der Menschenrechte. Bejaht wurde dies von den Vertretern Chiles und Kolumbiens.[122] Abgelehnt wurde eine bindende Verpflichtung nach außen hingegen von den Vertretern Saudi-Arabiens, der Union der Sozialistischen Sowjetrepubliken, Griechenlands, Neuseelands, Brasiliens, Österreichs und Frankreichs.[123] Die Vertreterin der Vereinigten Staaten von Amerika betonte ihre ablehnende Haltung gegenüber einer Auslegung im Sinne bindender Verpflichtung nach der Abstimmung über den Internationalen Pakt über wirtschaftliche, soziale und kulturelle Rechte im Jahr 1966.[124]

Im historischen Kontext sind zwar mehr Stimmen laut geworden, die sich gegen eine bindende Verpflichtung der Mitgliedstaaten zur internationalen Zusammenarbeit aussprachen. Während der Diskussionen wurde jedoch keine Übereinstimmung erzielt. Die Umstände der Vertragsverhandlungen können deshalb nicht herangezogen werden, um zu begründen oder abzulehnen, dass die Vertragsstaaten nach außen rechtlich bindendend verpflichtet sind.[125]

Betont wird diese Verpflichtung gegenüber den Mitgliedstaaten allerdings inzwischen vom Ausschuss für wirtschaftliche, soziale und kulturelle Rechte. Er stellt in der Allgemeinen Bemerkung Nr. 3 fest:

"The Committee wishes to emphasize that in accordance with Articles 55 and 56 of the Charter of the United Nations, with well-established principles of international law, and with the provisions of the Covenant itself, international cooperation for development and thus for the realization of economic, social and cultural rights *is an obligation of all States. It is particularly incumbent upon those States which are in position to assist others in this regard.*"[126]

Auf diese Verpflichtung nach außen wird in den darauffolgenden Allgemeinen Bemerkungen wiederholt hingewiesen.[127]

---

[122] United Nations General Assembly, Third Committee, A/C.3/SR.1203, 05.12.1962, Rn. 10 (Stellungnahme Diaz Casanueva, Vertreter Chiles); United Nations General Assembly, Third Committee, A/C.3/SR.1204, 06.12.1962, Rn. 43 (Pantoja, Vertreter Kolumbiens).

[123] United Nations General Assembly, Third Committee, A/C.3/SR.1203, 05.12.1962, Rn. 5 (Stellungnahme Baroody, Vertreter Saudi-Arabiens); Rn. 14 (Ostrovsky, Vertreter der Union der Sozialistischen Sowjetrepubliken); United Nations General Assembly, Third Committee, A/C.3/SR.1204, 06.12.1962, Rn. 14 (Mantzoulinos, Vertreterin Griechenlands); Rn. 19 (Sharp, Vertreter Neuseelands); Rn. 40 (Albuquerque Mello, Vertreter Brasiliens); United Nations General Assembly, Third Committee, A/C.3/SR.1205, 07.12.1962, Rn. 6 (Herndl, Vertreter Österreichs); Rn. 12 (Bouquin, Vertreter Frankreichs).

[124] United Nations General Assembly, Third Committee, A/C.3/SR. 1455, 12.12.1966, Rn. 31.

[125] Alston/ Quinn, Human Rights Quarterly 1987, 156 (191).

[126] United Nations Committee on Economic, Social and Cultural Rights, E/1991/23, Annex III, Rn. 14; eigene Hervorhebung.

[127] United Nations Committee on Economic, Social and Cultural Rights, E/C.12/1997/8, Rn. 14 bezüglich wirtschaftlicher Sanktionen; E/C.12/1999/5, Rn. 36 hinsichtlich des Rechts auf Nahrung; E/C.12/1999/4, Rn. 9 mit Blick auf einen Aktionsplan zur Grundschulerziehung; E/C.12/1999/10, Rn. 56 in Bezug auf das Recht auf Bildung; E/C.12/2002/11, Rn. 30 ff. hinsichtlich des Rechts auf Wasser.

Konkretisiert wird sie inzwischen durch die Allgemeinen Bemerkungen Nr. 14 hinsichtlich des Rechts auf Gesundheit und Nr. 15 hinsichtlich des Rechts auf Wasser. Der Ausschuss für wirtschaftliche, soziale und kulturelle Rechte unterscheidet hierbei auch bezüglich der Verpflichtung gegenüber anderen Mitgliedstaaten zwischen den erwähnten drei Facetten der Pflichten (to respect, to protect, to fulfil).[128] Der Ausschuss stellt bezüglich des Rechts auf Gesundheit fest:

"To comply with their international obligations in relation to article 12, States parties have to respect the enjoyment of the right to health in other countries,

and to prevent third parties from violating the right in other countries [...].

Depending on the availability of resources, States should facilitate access to essential health facilities, goods and services in other countries, wherever possible and provide the necessary aid when required.

[...] States parties have a [...] responsibility [...] to cooperate in providing disaster relief and humanitarian assistance in times of emergency [...]. Each State should contribute to this task to the maximum of its capacities."[129]

Zusätzlich wird betont:

"For the avoidance of any doubt, the Committee wishes to emphasize that it is *particularly incumbent on States parties and other actors in a position to assist*, to provide "international assistance and cooperation, especially economic and technical" [...] which enable developing countries to fulfil their core and other obligations [...]."[130]

Der Ausschuss für wirtschaftliche, soziale und kulturelle Rechte spricht sich damit ausdrücklich für rechtlich bindende Verpflichtungen der Mitgliedstaaten gegenüber anderen Vertragsparteien aus.

Festzuhalten bleibt, dass diese Verpflichtung gegenüber anderen Mitgliedstaaten sehr konkret besteht.

Grundsätzlich beruht das Tätigwerden nach außen auf der freien Zustimmung der Staaten.[131] Es handelt sich um eine Verpflichtung, die einen weiten außenpolitischen Ermessensspielraum zulässt.[132]

---

[128] United Nations Committee on Economic, Social and Cultural Rights, E/C.12/2000/4, Rn. 39; United Nations Committee on Economic, Social and Cultural Rights, E/C.12/2002/11, Rn. 31-34.

[129] United Nations Committee on Economic, Social and Cultural Rights, E/C.12/2000/4, Rn. 39 und 40; eigene Hervorhebung.

[130] United Nations Committee on Economic, Social and Cultural Rights, E/C.12/2000/4, Rn. 45; eigene Hervorhebung.

[131] Hilf, „Zum Recht auf Nahrung im Staats- und Völkerrecht", in: Brandt/ Gollwitzer/ Henschel, Festschrift für Helmut Simon, S. 883.

Zu beachten bleibt bei der Verpflichtung nach außen, dass von ihr nur Mitgliedstaaten des Internationalen Pakts über wirtschaftliche, soziale und kulturelle Rechte getroffen werden. Die durch den Pakt auferlegte Verpflichtung zur internationalen Hilfe und Zusammenarbeit obliegt nicht allen Staaten. Ansonsten würde der Pakt einen Vertrag zu Lasten Dritter darstellen. Auch im Völkerrecht gilt aber der allgemeine Rechtsgrundsatz „pacta tertiis nec nocent nec prosunt", Verträge schaden weder, noch nützen sie Dritten.[133] Dies stellt auch Artikel 34 Wiener Vertragsrechtskonvention fest:

Ein Vertrag begründet für einen Drittstaat ohne dessen Zustimmung weder Pflichten noch Rechte.

Verträge zu Lasten Dritter sind im Völkerrecht grundsätzlich abzulehnen, weil sie dem Prinzip der souveränen Gleichheit zuwiderlaufen und sie die äußere Souveränität der nicht unterzeichnenden Staaten beeinträchtigen würden.[134]

Zusammenfassend ist festzustellen, dass der Internationale Pakt über wirtschaftliche, soziale und kulturelle Rechte zum einen Verpflichtungen der Mitgliedstaaten gegenüber ihren Staatsangehörigen regelt.
Zum anderen begründet er die Verpflichtungen, die wirtschaftlichen, sozialen und kulturellen Rechte zu respektieren, zu schützen und zu erfüllen aber auch gegenüber den anderen Vertragsparteien.
Dies bedeutet im Hinblick auf das Recht auf Gesundheit, dass Mitgliedstaaten berechtigt sind, sich an andere Vertragsparteien zu wenden, um von ihnen Unterstützung bei der Gewährleistung des Rechts auf Gesundheit zu fordern.
Den aufgeforderten Staaten verbleibt dabei ein weiter Ermessensspielraum.

---

[132] Bryde, „Menschenrechte und Entwicklung", in: Stein/ Faber, Auf einem Dritten Weg, Festschrift für Helmut Ridder zum siebzigsten Geburtstag, S. 79; Simma, Verfassung und Recht aus Übersee 1992, 382 (387).
[133] Ballreich, "Treaties, Effect on Third States", in: Bernhardt (Hrsg.) Encyclopedia of Public International Law, Volume IV, S. 945.
[134] Ballreich, "Treaties, Effect on Third States", in: Bernhardt (Hrsg.) Encyclopedia of Public International Law, Volume IV, S. 946.

C. Völkergewohnheitsrecht

Im Jahr 2003 waren 125 der 146 Mitgliedstaaten der Welthandelsorganisation auch Vertragsstaaten des Internationalen Pakts über wirtschaftliche, soziale und kulturelle Rechte.[135] Die Vertragsparteien sind mithin nicht deckungsgleich. Das Recht auf Gesundheit ist mittlerweile aber auch durch Völkergewohnheitsrecht geschützt.

Eine entsprechende Rechtsüberzeugung wurde bereits eingeleitet durch Artikel 55 b) der Charta der Vereinten Nationen, wonach die Vereinten Nationen unter anderem die Lösung internationaler Probleme gesundheitlicher Art fördern. Die Allgemeine Erklärung der Menschenrechte enthält in Artikel 25 Absatz 1 folgende Regelung zum Recht auf Gesundheit:

> Jeder Mensch hat Anspruch auf eine Lebenshaltung, die seine und seiner Familie Gesundheit und Wohlbefinden, einschließlich Nahrung, Kleidung, Wohnung, ärztliche Betreuung und der notwendigen Leistungen der sozialen Fürsorge, gewährleistet; er hat das Recht auf Sicherheit im Falle von Arbeitslosigkeit, Krankheit, Invalidität, Verwitwung, Alter von anderweitigem Verlust seiner Unterhaltsmittel durch unverschuldete Umstände.

Dieser Norm kommt zwar, wie bereits erwähnt, keine rechtliche Bindungswirkung zu.[136] Aber sie bildet eine Grundlage für die Entwicklung von Völkergewohnheitsrecht.[137] Eine allgemeine Übung, die eine Staatenpraxis in Hinsicht auf das Recht auf Gesundheit wiedergibt, erschließt sich unter anderem durch Untersuchung der Mitgliedschaften in Menschenrechtsverträgen, die das Recht auf Gesundheit regeln. Exemplarisch werden nun als Untersuchungsgrundlage die Vertragsstaaten von vier Übereinkommen herangezogen, nämlich:
1. des Internationalen Pakts über wirtschaftliche, soziale und kulturelle Rechte,
2. des Internationalen Übereinkommens zur Beseitigung jeder Form von Rassendiskriminierung,
3. des Übereinkommens zur Beseitigung jeder Form von Diskriminierung der Frau und
4. des Übereinkommens über die Rechte des Kindes.
Artikel 5 (e) (iv) des Internationalen Übereinkommens zur Beseitigung jeder Form von Rassendiskriminierung regelt:

> Im Einklang mit den in Artikel 2 niedergelegten grundsätzlichen Verpflichtungen werden die Vertragsstaaten die Rassendiskriminierung in jeder Form verbieten und beseitigen und das Recht jedes einzelnen, ohne Unterschied der Rasse, der Hautfarbe, des nationalen Ursprungs oder des Volkstums, auf

---

[135] Ergibt sich aus einem Vergleich der Auflistungen der World Trade Organization, "Members and Observers", <www.wto.org/english/thewto_e/whatis_e/tif_e/org6_e.htm> (04.08.2003), und des Office of the United Nations High Commisssioner for Human Rights, Status of Ratifications of the Principal International Human Rights Treaties, <www.unhchr.ch/pdf/report.pdf> (04.08.2003).

[136] Ipsen, Völkerrecht, § 16 Rn. 23.

[137] Ipsen, Völkerrecht, § 48 Rn. 36.

Gleichheit vor dem Gesetz gewährleisten; dies gilt insbesondere für folgende Rechte: [...]
(e) wirtschaftliche, soziale und kulturelle Rechte, insbesondere [...]
(iv) *das Recht auf öffentliche Gesundheitsfürsorge*, ärztliche Betreuung, soziale Sicherheit und soziale Dienstleistungen [...].[138]

Artikel 11 Absatz 1 (f) und Artikel 12 Absätze 1 und 2 des Übereinkommens zur Beseitigung jeder Form von Diskriminierung der Frau lauten folgendermaßen:

Die Vertragsstaaten treffen alle geeigneten Maßnahmen zur Beseitigung der Diskriminierung der Frau im Berufsleben, um ihr auf der Grundlage der Gleichberechtigung von Mann und Frau gleiche Rechte zu gewährleisten, insbesondere [...]
(f) das Recht auf Schutz der Gesundheit und auf Sicherheit am Arbeitsplatz, einschließlich des Schutzes der Fortpflanzungsfähigkeit.

Artikel 12:

(1) Die Vertragsstaaten treffen alle geeigneten Maßnahmen zur Beseitigung der Diskriminierung der Frau im Bereich des Gesundheitswesens, um der Frau gleichberechtigt mit dem Mann Zugang zu den Gesundheitsdiensten, einschließlich derjenigen im Zusammenhang mit der Familienplanung, zu gewährleisten.
(2) Unbeschadet des Absatzes 1 sorgen die Vertragsstaaten für angemessene und erforderlichenfalls unentgeltliche Betreuung der Frau während der Schwangerschaft sowie während und nach der Entbindung und für die ausreichende Ernährung während der Schwangerschaft und der Stillzeit.

Artikel 24 Absatz 1 des Übereinkommens über die Rechte des Kindes regelt Folgendes:

Die Vertragsstaaten erkennen das Recht des Kindes auf das erreichbare Höchstmaß an Gesundheit an sowie auf Inanspruchnahme von Einrichtungen zur Behandlung von Krankheiten und zur Wiederherstellung der Gesundheit. Die Vertragsstaaten bemühen sich sicherzustellen, dass keinem Kind das Recht auf Zugang zu derartigen Gesundheitsdiensten vorenthalten wird.[139]

---

[138] Eigene Hervorhebung.

[139] Absätze 2, 3 und 4 lauten folgendermaßen:
    (2) Die Vertragsstaaten bemühen sich, die volle Verwirklichung dieses Rechts sicherzustellen, und treffen insbesondere geeignete Maßnahmen, um
    a) die Säuglings- und Kindersterblichkeit zu verringern;
    b) sicherzustellen, dass alle Kinder die notwendige ärztliche Hilfe und Gesundheitsfürsorge erhalten, wobei besonderer Nachdruck auf den Ausbau der gesundheitlichen Grundversorgung gelegt wird;
    c) Krankheiten sowie Unter- und Fehlernährung auch im Rahmen der gesundheitlichen Grundversorgung zu bekämpfen, unter anderem durch den Einsatz leicht zugänglicher Technik und durch die Bereitstellung ausreichender vollwertiger Nahrungsmittel und sauberen Trinkwassers, wobei die Gefahren und Risiken der Umweltverschmutzung zu berücksichtigen sind;

Von den 191 Mitgliedstaaten der Vereinten Nationen und zusätzlichen drei Nichtmitgliedern sind 147 Vertragsstaaten des Internationalen Pakts über wirtschaftliche, soziale und kulturelle Rechte.[140] Von den verbleibenden 47 Staaten sind 21 Mitglieder der drei weiteren Konventionen. Alle restlichen 25 Staaten sind Vertragsparteien von zumindest einem Übereinkommen. Zehn davon sind nur einem Übereinkommen beigetreten, nämlich Brunei Darussalam, die Cookinseln, Kiribati, die Marshallinseln, die Föderierten Staaten von Mikronesien, Nauru, Niue, Palau, Sao Tome und Principe dem Übereinkommen über die Rechte des Kindes und die Vereinigten Staaten von Amerika dem Übereinkommen zur Beseitigung der Rassendiskriminierung. 16 Staaten sind darüber hinaus Vertragsstaaten einer weiteren Konvention. Zusätzlich zum Übereinkommen über die Rechte des Kindes sind Parteien des Internationalen Übereinkommens zur Beseitigung der Rassendiskriminierung: der Heilige Stuhl, Oman, Katar, Swasiland, Tonga und die Vereinigten Arabischen Emirate. Zusätzlich zum Übereinkommen über die Rechte des Kindes sind Parteien des Übereinkommens zur Beseitigung der Diskriminierung der Frau: Andorra, Bhutan, die Komoren, Malaysia, Myanmar, Saint Kitts und Nevis, Samoa, Singapur, Tuvalu und Vanuatu.

---

d) eine angemessene Gesundheitsfürsorge für Mütter vor und nach der Entbindung sicherzustellen;
e) sicherzustellen, dass allen Teilen der Gesellschaft, insbesondere Eltern und Kindern, Grundkenntnisse über die Gesundheit und Ernährung des Kindes, die Vorteile des Stillens, die Hygiene und die Sauberhaltung der Umwelt sowie die Unfallverhütung vermittelt werden, dass sie Zugang zu der entsprechenden Schulung haben und dass sie bei der Anwendung dieser Grundkenntnisse Unterstützung erhalten;
f) die Gesundheitsvorsorge, die Elternberatung sowie die Aufklärung und die Dienste auf dem Gebiet der Familienplanung auszubauen.
(3) Die Vertragsstaaten treffen alle wirksamen und geeigneten Maßnahmen, um überlieferte Bräuche, die für die Gesundheit der Kinder schädlich. sind, abzuschaffen.
(4) Die Vertragsstaaten verpflichten sich, die internationale Zusammenarbeit zu unterstützen und zu fördern, um fortschreitend die volle Verwirklichung des in diesem Artikel anerkannten Rechts zu erreichen. Dabei sind die Bedürfnisse der Entwicklungsländer besonders zu berücksichtigen.
[140] Bei den hier herangezogenen Übereinkommen ist insgesamt die folgende Anzahl von Staaten Vertragspartei:
1. Internationaler Pakt über wirtschaftliche, soziale und kulturelle Rechte: 147 Vertrags- und sieben unterzeichnende Staaten
2. Internationales Übereinkommen zur Beseitigung jeder Form von Rassendiskriminierung: 168 Vertrags- und acht unterzeichnende Staaten
3. Übereinkommen zur Beseitigung jeder Form von Diskriminierung der Frau: 173 Vertrags- und zwei unterzeichnende Staaten
4. Übereinkommen über die Rechte des Kindes: 192 Vertrags- und zwei unterzeichnende Staaten.
Diese und die folgenden Zahlen beruhen auf der Auflistung des Office of the United Nations High Commissioner for Human Rights, Status of Ratifications of the Principal International Human Rights Treaties, <www.unhchr.ch/pdf/report.pdf> (04.08.2003).

In einem Diagramm lassen sich diese Zahlen folgendermaßen darstellen:

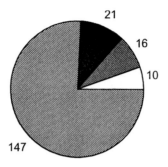

☒ 147 Vertragsparteien des Internationalen Pakts über wirtschaftliche, soziale und kulturelle Rechte

■ 21 Vertragsparteien der Übereinkommen zur Beseitigung der Rassendiskriminierung, zur Beseitigung der Diskriminierung der Frau und über die Rechte des Kindes

▨ 16 Vertragsparteien von zwei Übereinkommen

☐ 10 Vertragsparteien nur eines Übereinkommens

Hinzu kommt, dass 192 Staaten der Weltgesundheitsorganisation angehören.[141] Die Mitgliedstaaten beziehen sich in Erwägungsgrund 2 der Präambel der Verfassung der Weltgesundheitsorganisation auf das Recht auf Gesundheit:

"The enjoyment of the highest attainable standard of health is one of the fundamental rights of every human being without distinction of race, religion, political belief, economic or social condition."

Die Staatenvertreter in der Weltgesundheitsorganisation äußerten sich 1978 auf der Internationalen Konferenz zur grundlegenden Gesundheitsfürsorge in der Erklärung von Alma-Ata in Absatz 1 zudem folgendermaßen:

"The Conference strongly reaffirms that health, which is a state of complete physical, mental and social well-being, and not merely the absence of disease or infirmity, is a fundamental human right and that the attainment of the highest possible level of health is a most important world-wide social goal whose realization requires the action of many other social and economic sectors in addition to the health sector."[142]

Insgesamt lässt sich mithin eine umfassende Staatenpraxis feststellen, in der die Gewährung des Rechts auf Gesundheit als Menschenrecht bestätigt wird. Zusam-

---

[141] World Health Organization, "Countries", <www.who.int/country/en/> (04.08.2003).
[142] International Conference on Primary Health Care, Declaration of Alma-Ata, Absatz 1.

menfassend festgestellt formte sich das Recht auf Gesundheit in der Staatenpraxis seit Ende des zweiten Weltkriegs, unterstützt von entsprechender Rechtsüberzeugung, als völkergewohnheitsrechtlich verbürgtes Menschenrecht heraus.

D. Ergebnis

147 Vertragsstaaten sind rechtlich bindend verpflichtet, gemäß Artikel 12 Absatz 1 des Internationalen Pakts über wirtschaftliche, soziale und kulturelle Rechte das Recht auf körperliche und geistige Gesundheit zu gewährleisten. Darüber hinaus ist das Recht auf Gesundheit ein völkergewohnheitsrechtlich bestehendes Menschenrecht. Gesundheit ist mit einer weiten Definition als das körperliche, geistige und soziale Wohlergehen zu definieren. Eine solche Definition kann aber nur der allgemeinen Zielvorgabe dienen. Ausgestaltung erhält das Recht erst durch die Bildung von anschaulichen Fallgruppen. Das Recht auf Zugang zu essentiellen Medikamenten ist eine der Fallgruppen des Rechts auf Gesundheit. Diesem Aspekt kommt als eine der Hauptverpflichtungen der Mitgliedstaaten bezüglich des Rechts auf Gesundheit eine herausragende Stellung zu. Wie die vorangehende Untersuchung gezeigt hat, ist das Recht auf Gesundheit also nicht nur ein bloßer Programmsatz. Vielmehr ist es eine völkerrechtlich bindende Verpflichtung, die in Einzelbereichen, wie beim Zugang zu essentiellen Medikamenten, sehr klar ausgeformte Konturen angenommen hat. Durch diese Verpflichtung sind die Staaten angehalten, Anstrengungen zu unternehmen, denen höchste Priorität zukommt.

Zweiter Teil: Patentrecht

Der zweite Teil widmet sich dem Patentrecht. Er ist in zwei Abschnitte gegliedert. Zunächst wird dargestellt, in welchem Umfang das Patentrecht im TRIPS-Übereinkommen geschützt ist (A.). Anschließend ist zu erläutern, dass das Patentrecht vertraglichen Menschenrechtsschutz genießt (B. I. und II.). Im Gegensatz zum Recht auf Gesundheit ist das Patentrecht allerdings nicht völkergewohnheitsrechtlich als Menschenrecht geschützt (B. III.).

Ein Patent ist die einem Erfinder oder dessen Rechtsnachfolger vom Staat erteilte ausschließliche, aber zeitlich begrenzte Befugnis, eine Erfindung zu nutzen.[143] Das Patent ist abzugrenzen vom Erfinderrecht. Dieses umfasst zwei verschiedene Aspekte, zum einen das Erfinderpersönlichkeitsrecht, zum anderen die Verwertungsrechte. Das Erfinderpersönlichkeitsrecht schützt nicht die Vermögens-, sondern die persönlichen Interessen des Erfinders.[144] Es umfasst das Recht auf die Erfinderehre, die Anerkennung der Erfinderschaft und das Selbstbestimmungsrecht über den Erfindungsgedanken.[145] Das Verwertungsrecht dient im Gegensatz hierzu den wirtschaftlichen Interessen des Erfinders.[146] Es umfasst zum einen die Befugnis zur Benutzung des Erfindungsgedankens, zum anderen das Recht auf das Patent.[147] Letzteres ist ein Anwartschaftsrecht auf Erwerb des ausschließlichen Verwertungsrechts an der Erfindungsidee.[148] Zum Abschluss dieser Begriffsabgrenzung kann mithin festgestellt werden, dass das Patentrecht einen zum Vollrecht erstarkten Aspekt des Erfinderrechts darstellt.

A. Schutz des Patentrechts im TRIPS-Übereinkommen

Dargestellt wird zunächst der Schutz des Patentrechts im TRIPS-Übereinkommen.

I. Patentfähige Gegenstände

Das TRIPS-Übereinkommen dient dem Schutz verschiedener Rechte am geistigen Eigentum, unter anderem des Patentrechts. Artikel 27 Absatz 1 TRIPS-Übereinkommen lautet:

> Vorbehaltlich der Absätze 2 und 3 ist vorzusehen, dass Patente für Erfindungen auf allen Gebieten der Technik erhältlich sind, sowohl für Erzeugnisse als auch für Verfahren, vorausgesetzt, dass sie neu sind, auf einer erfinderischen Tätigkeit beruhen und gewerblich anwendbar sind. [...] Vorbehaltlich des Arti-

---

[143] World Intellectual Property Organization, WIPO Intellectual Property Handbook: Policy, Law and Use, S. 17.

[144] Roth, „Patentrecht", in: Bunte, Lexikon des Rechts – Wettbewerbsrecht (UWG / GWB) und gewerblicher Rechtsschutz, S. 262; Hubmann/ Götting, Gewerblicher Rechtsschutz, S. 146.

[145] Roth, „Patentrecht", in: Bunte, Lexikon des Rechts – Wettbewerbsrecht (UWG / GWB) und gewerblicher Rechtsschutz, S. 262; Hubmann/ Götting, Gewerblicher Rechtsschutz, S. 146 f.

[146] Hubmann/ Götting, Gewerblicher Rechtsschutz, S. 147.

[147] Hubmann/ Götting, Gewerblicher Rechtsschutz, S. 147 f.

[148] Hubmann/ Götting, Gewerblicher Rechtsschutz, S. 148.

kels 65 Absatz 4, des Artikels 70 Absatz 8 und des Absatzes 3 dieses Artikels sind Patente erhältlich und können Patentrechte ausgeübt werden, ohne dass hinsichtlich des Ortes der Erfindung, des Gebiets der Technik oder danach, ob die Erzeugnisse eingeführt oder im Land hergestellt werden, diskriminiert werden darf.

Als patentfähige Gegenstände sind gemäß Artikel 27 Absatz 1 Satz 1 TRIPS-Übereinkommen zum einen Erzeugnisse und zum anderen Verfahren anzusehen. Für die pharmazeutische und chemische Industrie ist der Schutz der Erzeugnisse durch das TRIPS-Übereinkommen wichtig, da durch nationale Regelungen bisher oftmals lediglich Verfahrenserfindungen geschützt wurden beziehungsweise werden.[149] Das kam in vielen Fällen einem nicht vorhandenen Schutz gleich, da die Endprodukte recht leicht durch ein ähnliches, nicht geschütztes Verfahrens hergestellt werden konnten. Nach Erhebungen der Weltorganisation für geistiges Eigentum konnten im Jahr 1988 in 49 von damals 98 Verbandsländern der Pariser Verbandsübereinkunft pharmazeutische Produkte nicht patentiert werden.[150] Darüber hinaus konnten in 44 Ländern nicht Methoden zur Behandlung des menschlichen oder tierischen Körpers patentiert werden, in 22 Ländern nicht chemische Produkte und in 10 Ländern nicht pharmazeutische Verfahren.[151] Die Thematik der Patentfähigkeit von Erzeugnissen, insbesondere der Pharmaprodukte, war während der Uruguay-Runde sehr umstritten.[152] Die Zustimmung der Entwicklungsländer zum Stoffschutz gilt als die größte Konzession der Entwicklungsländer im TRIPS-Übereinkommen.[153] Die Einführung von Patentschutz für pharmazeutische Produkte wurde und wird vor allem vor dem Hintergrund der erwarteten Konsequenzen kontrovers diskutiert. Es wird befürchtet, dass eine Patentierung pharmazeutischer Produkte zu einer Erhöhung der Preise für diese Medikamente führt. Die Angaben schwanken, teilweise werden Anstiege der Medikamentenpreise um erheblich mehr als 5 %[154] vermutet,

---

[149] Staehelin, Das TRIPs-Abkommen – Immaterialgüterrechte im Licht der globalisierten Handelspolitik, S. 87.

[150] WIPO, GATT-Dokument MTN.GNG/NG11/W/24/Rev.1.
Vor Inkrafttreten des TRIPS-Übereinkommens haben sich auf universeller Ebene zwei Konventionen auf Patente bezogen. Zum einen wies die Pariser Verbandsübereinkunft zum Schutz des gewerblichen Eigentums (PVÜ) vom 20.03.1883, in der Stockholmer Fassung vom 14.07.1967, zum 01.07.1994 125 Verbandsstaaten auf. Am 15.07.2003 waren der Pariser Verbandsübereinkunft zum Schutz des gewerblichen Eigentums bereits 164 Vertragsstaaten beigetreten (World Intellectual Property Organization, "Paris Convention for the Protection of Industrial Property", <www.wipo.org/treaties/ documents/english/word/d-paris.doc> (04.10.2003)).
Zum anderen waren dem Vertrag über die internationale Zusammenarbeit auf dem Gebiet des Patentwesens vom 19.06.1970 (Patent Cooperation Treaty, PCT) 73 Vertragsstaaten beigetreten (Straus, GRUR Int. 1996, 179 (183)). Am 30.07.2003 waren dem Vertrag über die internationale Zusammenarbeit auf dem Gebiet des Patentwesens 122 Mitgliedsstaaten beigetreten (World Intellectual Property Organization, "Patent Cooperation Treaty", <www.wipo.org/treaties/documents/ english/word/m-pct.doc> (04.10.2003)).

[151] WIPO, GATT-Dokument MTN.GNG/NG11/W/24/Rev.1.

[152] Pacón, GRUR Int. 1995, 875 (879).

[153] Pacón, GRUR Int. 1995, 875 (879).

[154] Nogués vermutet, dass Medikamentenpreise nach der Einführung von Patentschutz um erheblich mehr als 5 % steigen (Nogués, The Developing Economies 31 (1993), 24 (33)). Er betont dabei jedoch, nicht auf Analysen zurückgreifen zu können, in denen beispielsweise Preisanstieg bezie-

teilweise um 10-15 %[155], oder aber um das drei- bis 14-fache[156]. Zu beachten ist, dass Medikamentenpreise von verschiedenen Einzelfaktoren abhängen, wie dem Wettbewerb auf dem Medikamentenmarkt, dem Preisbewusstsein der Konsumenten (Tragen der Kosten durch den Verbraucher selbst oder durch eine Krankenversicherung), dem Bruttosozialprodukt je Einwohner, der nationalen Gesundheitspolitik, eventuell vorhandener nationaler Preisbegrenzung, der Gewährung von Patentrechten, der Zulassungsdauer und der Preispolitik der Pharmaunternehmen.[157] Auch aus diesem Grund werden teilweise von der Seite der Pharmaindustrie internationale Preisvergleiche grundsätzlich abgelehnt.[158] Hauptproblem ist aber, dass hier ein Defizit an statistischen Informationen über mögliche wirtschaftliche Folgen der Einführung des Patentschutzes und ihre Grundlagen besteht.[159] Straus stellt zu diesem Aspekt folgendes fest:

„Daß es im TRIPS letztlich nur um ein so verstandenes gegenseitiges Öffnen und Zugestehen der Absatzmärkte der WTO-Mitglieder geht, verdeutlicht auch die Tatsache, daß die TRIPS-Akteure über kein verlässliches Zahlenmaterial darüber verfügten, wie Forschung und Entwicklung eines Landes quantitativ auf verstärkten Schutz ausländischer Immaterialgüter reagieren würde, welche höheren Kosten auf Verbraucher von geschützte Technologien importierenden Ländern zukämen, oder etwa welchen Einfluss ein verstärkter Schutz von Immaterialgütern auf ausländische Direktinvestitionen und auf das Verhalten von multinationalen Unternehmen haben würde."[160]

---

hungsweise –senkung nach Einführung oder Abschaffung von Patentschutz festgehalten wurden (Nogués, The Developing Economies 31 (1993), 24 (35)). Vielmehr bezieht er sich auf Daten, die Medikamentenpreise unter Patentschutz und nach Ablaufen der Patentschutzfrist vergleichen (Nogués, The Developing Economies 31 (1993), 24 (36 f.)).

[155] Verma bezieht sich auf Angaben in einem Artikel aus The Economist, nach denen Preise für Medikamente um 10-15 % ansteigen würden, wenn in Ländern wie zum Beispiel Indien Patentschutz für Produkte gewährt würde. In jenem Artikel werden allerdings keine Grundlagen für die Nennung dieser Zahlen genannt (Verma, IIC 1996, 331 (347, Fn. 52) mit Hinweis auf The Economist Vol. 331, No. 7857 (02.-08.04.1994), S. 66).

[156] Lanjouw stellt mögliche Folgen der Einführung von Patentschutz in Entwicklungsländern am Beispiel Indiens dar. Er untersucht dabei unter anderem mögliche Auswirkungen auf Medikamentenpreise. Er vergleicht die Preise der vier verkaufsstärksten Medikamente Indiens, die in Pakistan, Großbritannien und den USA unter Patentschutz stehen, mit den dortigen Preisen. Die Preise für diese Medikamente sind danach in Pakistan drei- bis 14-mal so hoch wie in Indien. (Lanjouw, Economic Growth Center Discussion Paper 775, S. 40.) Zu berücksichtigen ist, dass das Bruttosozialprodukt pro Kopf in Indien 334 $ beträgt, in Paktistan hingegen 419 $, also das 1,25-fache (International Monetary Fund, International Financial Statistics, Washington D.C. 1997; zitiert nach Lanjouw, Economic Growth Center Discussion Paper 775, S. 11).

[157] Lanjouw, Economic Growth Center Discussion Paper 775, S. 9 f.

[158] Pharmaceutical Research and Manufacturers of America, Pharmaceutical Industry Profile 2000, S. 96.

[159] Lanjouw, Economic Growth Center Discussion Paper 775, S. 2; United Nations Development Programme, Human Development Report 1999, S. 75. Das United Nations Development Programme fordert deshalb die Einrichtung eines Mechanismuses zur Überprüfung unter anderem der Kosten, die bei der Umsetzung des TRIPS-Übereinkommens entstehen, oder zur Überprüfung der Auswirkungen auf die Preise, die Endverbraucher zahlen, oder auf den Zugang zu Medikamenten (United Nations Development Programme, Human Development Report 1999, S. 75.).

[160] Straus, GRUR Int. 1996, 179 (183).

Zusammenfassend lässt sich also feststellen, dass trotz der stark auseinander klaffenden Meinungen zu diesem Thema auf wenig konkrete Informationen zurückgegriffen werden kann, und folglich auch nicht auf solche, die verlässlich darüber Auskunft geben könnten, welche höheren Kosten auf Verbraucher im Fall der Einführung des Patentschutzes zukommen. Dass Preise für patentierte Produkte höher liegen als bei Nichtgewährung des Patentschutzes, folgt aus der durch ihn gewährten Monopolstellung.

Voraussetzung für den Patentschutz ist, dass die Erfindungen neu sind, auf einer erfinderischen Tätigkeit beruhen und gewerblich anwendbar sind (Artikel 27 Absatz 1 Satz 1 TRIPS-Übereinkommen). Gemäß Artikel 27 Absatz 2 TRIPS-Übereinkommen

> [können die Mitglieder] Erfindungen von der Patentierbarkeit ausschließen, wenn die Verhinderung ihrer gewerblichen Verwertung innerhalb ihres Hoheitsgebiets zum Schutz der öffentlichen Ordnung oder der guten Sitten einschließlich des Schutzes des Lebens oder der Gesundheit von Menschen, Tieren oder Pflanzen oder zur Vermeidung einer ernsten Schädigung der Umwelt notwendig ist, vorausgesetzt, dass ein solcher Ausschluss nicht nur deshalb vorgenommen wird, weil die Verwertung durch ihr Recht verboten ist.

Diese Regelung beinhaltet zwei Voraussetzungen. Zum einen muss der Ausschluss den näher bestimmten Interessen dienen, zum anderen muss die Verwertung verboten sein. Nach Artikel 27 Absatz 2 ist es nicht möglich, bestimmte Gegenstände für nicht patentierbar zu erklären, gleichzeitig aber deren Vermarktung, also Vertrieb oder Verkauf, zu erlauben.[161] Ansonsten würde dies leicht zu einem Ausschluss der Patentierung von pharmazeutischen Erfindungen führen unter dem Vorwand zum Beispiel des Schutzes der Gesundheit von Tieren und Pflanzen oder zur Vermeidung einer ernsten Schädigung der Umwelt.[162] Gemäß Artikel 27 Absatz 3 a) TRIPS-Übereinkommen können diagnostische, therapeutische und chirurgische Verfahren für die Behandlung von Menschen oder Tieren von der Patentierbarkeit ausgeschlossen werden.

II. Rechte aus dem Patent

Die Rechte aus dem Patent werden in Artikel 28 Absatz 1 TRIPS-Übereinkommen genannt, unterschieden in Erzeugnisse (a)) und Verfahren (b)). Artikel 28 Absatz 1 lautet folgendermaßen:

> Ein Patent gewährt seinem Inhaber die folgenden ausschließlichen Rechte:
> a) wenn der Gegenstand des Patents ein Erzeugnis ist, es Dritten zu verbieten, ohne die Zustimmung des Inhabers folgende Handlungen vorzunehmen: Herstellung, Gebrauch, Anbieten zum Verkauf, Verkauf oder diesen Zwecken dienende Einfuhr [...] dieses Erzeugnisses;

---

[161] Straus, GRUR Int. 1996, 179 (189); Correa, EIPR 1994, 327 (328).
[162] Straus, GRUR Int. 1996, 179 (189, Fn. 95).

b) wenn der Gegenstand des Patents ein Verfahren ist, es Dritten zu verbieten, ohne die Zustimmung des Inhabers das Verfahren anzuwenden und folgende Handlungen vorzunehmen: Gebrauch, Anbieten zum Verkauf, Verkauf oder Einfuhr zu diesen Zwecken zumindest in Bezug auf das unmittelbar durch dieses Verfahren gewonnene Erzeugnis.

III. Grundsatz der Nichtdiskriminierung

Es gilt der Grundsatz der Nichtdiskriminierung. Gemäß Artikel 27 Absatz 1 Satz 2 TRIPS-Übereinkommen sind Patente erhältlich und können Patentrechte ausgeübt werden, ohne dass zum einen hinsichtlich des Ortes der Erfindung, zum anderen hinsichtlich des Gebiets der Technik, und schließlich danach, ob die Erzeugnisse eingeführt oder im Land hergestellt werden, diskriminiert werden darf.[163] Der Grundsatz der Nichtdiskriminierung bezieht sich zum einen auf die grundsätzliche Erhältlichkeit ("available")[164] und zum anderen auf die sich anschließende Ausübung ("enjoyable"). Die Erhältlichkeit wird damit sowohl in Artikel 27 Absatz 1 Satz 1 als auch in Artikel 27 Absatz 1 Satz 2 geregelt. Es wird in Satz 2 erneut betont, dass Erzeugnis- und Verfahrenserfindungen auf allen Gebieten der Technik mit Patenten zu schützen sind, es sei denn, es liegen Ausnahmen im Sinne des Artikels 27 Absatz 2 oder Absatz 3 vor. Einen neuen, zusätzlichen Gehalt umfasst Absatz 1 Satz 2 in Hinblick auf die Ausübung ("enjoyable"). Der Grundsatz der Nichtdiskriminierung ist danach auch zu beachten bei der Anwendung des Artikels 31 TRIPS-Übereinkommen.[165] Bestätigt wird dies durch einen Umkehrschluss aus Artikel 70 Absatz 6 TRIPS-Übereinkommen.[166] Wenn Artikel 70 Absatz 6 TRIPS-Übereinkommen den Zeitraum festlegt, innerhalb dessen Artikel 27 Absatz 1 TRIPS-Übereinkommen keine Anwendung findet auf die Benutzung ohne die Zustimmung des Rechtsinhabers, so müssen seine Voraussetzungen nach Ablauf dieser Zeitspanne geprüft werden.[167] Das „Gebiet der Technik" bezieht sich ausschließlich auf die Technik, und nicht auf die Zielsetzung einer Regelung, zum Beispiel der Erteilung einer Zwangslizenz. Wenn also Zwangslizenzen erteilt würden mit dem Ziel des Schutzes der öffentlichen Gesundheit, so stellt dies keine Diskriminierung hinsichtlich des Gebiets der Technik dar. Dies kann dadurch erklärt werden, dass diesem Ziel

---

[163] Zu Artikel 27 Absatz 1 Satz 2 Alternative 3 siehe die Darstellung im dritten Teil, D. IV. 1.

[164] Gemäß Artikel XVI WTO-Übereinkommen am Ende sind der englische, französische und der spanische Wortlaut des Übereinkommens verbindlich.

[165] WTO Panel Report, Canada – Patent Protection for Pharmaceutical Products, WT/DS 114/R, Rn. 7.91.

[166] Artikel 70 Absatz 6 TRIPS-Übereinkommen lautet:
Die Mitglieder sind nicht verpflichtet, Artikel 31 oder das Erfordernis in Artikel 27 Absatz 1, wonach Patentrechte ohne Diskriminierung aufgrund des Gebiets der Technik ausgeübt werden können, auf eine Benutzung ohne die Zustimmung des Rechtsinhabers anzuwenden, wenn die Ermächtigung zu einer solchen Benutzung von der Regierung vor dem Zeitpunkt, zu dem dieses Übereinkommen bekannt wurde, erteilt wurde.

[167] Die Anwendung des Artikels 27 Absatz 1 Satz 2 auf Artikel 31 TRIPS-Übereinkommen ist unumstritten. In Hinblick auf Artikel 30 wurde die Anwendbarkeit des Grundsatzes der Nichtdiskriminierung gemäß Artikel 27 Absatz 1 diskutiert, vom Dispute Settlement Body der Welthandelsorganisation letztlich bestätigt (WTO Panel Report, Canada – Patent Protection for Pharmaceutical Products, WT/DS 114/R, Rn. 7.91). Abbott lehnt dies ab (Abbott, "Compulsory Licensing for Public Health Needs: The TRIPS Agenda at the WTO after the Doha Declaration on Public Health", S. 49).

Erfindungen verschiedener Gebiete der Technik dienen können.[168] Die Regelung zielt darauf ab, automatische Zwangslizenzen auf bestimmten Gebiete, wie zum Beispiel für pharmazeutische Produkte, nicht mehr zu ermöglichen.[169] So stellte der Irische High Court im Fall "Allen and Hanburys Ltd and Glaxo Group Ltd. v. Controller Of Patents, Designs and Trademarks and Clonmel Healthcare Ltd." fest, dass Section 42 des Irischen Patentgesetzes von 1964 eine Verletzung von Artikel 27 Absatz 1 Satz 2 TRIPS-Übereinkommen darstellte, da er Zwangslizenzen speziell für Nahrungsmittel und Medikamente ermöglichte.[170] Festzustellen ist, dass Artikel 27 Absatz 1 Satz 2 zu einer Einschränkung der möglichen Fallgruppen der Zwangslizenzerteilung führt. Eine Fallgruppe, die auf die Herstellung von Produkten allein eines Gebiets der Technik zielt, ist danach unzulässig.

Folglich kann keine Zwangslizenzfallgruppe der „Herstellung von essentiellen Medikamenten" bestehen.

IV. Rechtsnatur der Verpflichtung der Mitgliedstaaten

Die Regelungen der Artikel 27 und 28 TRIPS-Übereinkommen sind rechtlich bindende Verpflichtungen der Mitgliedstaaten. Dies folgt aus Artikel 1 Absatz 1 Satz 1 TRIPS-Übereinkommen, wonach die Mitglieder die Bestimmungen des TRIPS-Übereinkommens anwenden.[171]

V. Ergebnis

Es bleibt festzuhalten, dass im TRIPS-Übereinkommen erstmals auf internationaler Ebene ein umfassender Patentrechtsschutz auch für Produkte erfolgt.

---

[168] Correa, "Patent Rights", in: Correa/ Yusuf, Intellectual Property and International Trade, S. 202 f.

[169] Gorlin, An Analysis of the Pharmaceutical-Related Provisions of the WTO TRIPS (Intellectual Property) Agreement, S. 22.

[170] High Court, Allen and Hanburys Ltd and Glaxo Group Ltd. v. Controller Of Patents, Designs and Trademarks and Clonmel Healthcare Ltd., <www.irlii.org/> (04.02.2002). Section 42 des Patents Act 1964 of Ireland lautet:
Inventions relating to food or medicine
(1) Without prejudice to the foregoing provisions of this Act, where a patent is in force in re-spect of—
(a) a substance capable of being used as food or medicine or in the production of food or medicine; or
(b) a process for producing such a substance as aforesaid; or
(c) any invention capable of being used as, or as part of a medical, surgical or other remedial device, the Controller shall, on application made to him by any person interested, order the grant to the applicant of a licence under the patent on such terms as he thinks fit, unless it ap-pears to him that, having regard to the desirability of encouraging inventors and the growth and development of industry and to such other matters as he considers relevant, there are good reasons for refusing the application.

[171] Von der Feststellung dieser Verpflichtung abzugrenzen ist die weiterführende umstritte Frage, ob das TRIPS-Übereinkommen im innerstaatlichen Recht unmittelbar anwendbar ist, oder ob es lediglich eben diese Staatenverpflichtung begründet (siehe hierzu Schäfers, GRUR Int. 1996, 763 (774) mit weiteren Nachweisen).

B. Patentrecht als Menschenrecht

Im folgenden Abschnitt ist das Patentrecht als Menschenrecht Gegenstand der Untersuchung. Dabei wird zum einen dargestellt, dass das Patentrecht durch Artikel 15 Absatz 1 c) Internationaler Pakt über wirtschaftliche, soziale und kulturelle Rechte für den Erfinder als Menschenrecht geschützt ist, zum anderen wird aber auch erläutert, dass bisher kein gewohnheitsrechtlicher Schutz besteht.

I. Artikel 15 Internationaler Pakt über wirtschaftliche, soziale und kulturelle Rechte

Die Grundlage des Schutzes des Patentrechts in völkerrechtlichen Verträgen formen Artikel 15 des Internationalen Pakts über wirtschaftliche, soziale und kulturelle Rechte sowie Artikel 27 der Allgemeinen Erklärung der Menschenrechte. Artikel 15 des Internationalen Pakts über wirtschaftliche, soziale und kulturelle Rechte lautet:

> (1) Die Vertragsstaaten erkennen das Recht eines jeden an, [...]
> b) an den Errungenschaften des wissenschaftlichen Fortschritts und seiner Anwendung teilzuhaben;
> c) den Schutz der geistigen und materiellen Interessen zu genießen, die ihm als Urheber von Werken der Wissenschaft [...] erwachsen.
> (2) Die von den Vertragsstaaten zu unternehmenden Schritte zur vollen Verwirklichung dieses Rechts umfassen die zur Erhaltung, Entwicklung und Verbreitung von Wissenschaft [...] erforderlichen Maßnahmen.
> (3) Die Vertragsstaaten verpflichten sich, die zu wissenschaftlicher Forschung [...] unerlässliche Freiheit zu achten.
> (4) [...]

Artikel 27 der Allgemeinen Erklärung der Menschenrechte lautet:

> 1. Jeder Mensch hat das Recht, [...] am wissenschaftlichen Fortschritt und dessen Wohltaten teilzuhaben.
> 2. Jeder Mensch hat das Recht auf Schutz der moralischen und materiellen Interessen, die sich aus jeder wissenschaftlichen [...] Produktion ergeben, deren Urheber er ist.

Grundsätzlich werden verschiedene Ansichten vertreten in Bezug auf die Frage, ob Rechte am geistigen Eigentum gemäß Artikel 15 Absatz 1 c) und Artikel 27 Absatz 2 als Menschenrecht geschützt werden. Zum einen erklären *Fikentscher* und *Fechner*, dass Rechte am geistigen Eigentum umfassend als Menschenrecht geschützt seien.[172] *Fechner* verweist darauf, dass es beinahe unbestritten sei, dass das Patentrecht und das Urheberrecht von Artikel 27 der Allgemeinen Erklärung der

---

[172] Diese Ansicht vertritt Fikentscher hinsichtlich der Allgemeinen Menschenrechtserklärung und des Internationalen Pakts über wirtschaftliche, soziale und kulturelle Rechte: Fikentscher, Wirtschaftsrecht, Band I, S. 263; Fechner in Hinblick auf die Allgemeine Menschenrechtserklärung: Fechner, Geistiges Eigentum und Verfassung, S. 86.

Menschenrechte umfasst seien.[173] Zum anderen sind *Béguin, Meng* und *Riedel* der Meinung, nur einige Aspekte der Rechte am geistigen Eigentum seien bisher als Menschenrecht gewährleistet.[174] Geistiges Eigentum spaltet sich immerhin auf in Urheberrechte und gewerblichen Rechtsschutz, dieser wiederum in das Patent-, Gebrauchsmuster-, Geschmacksmuster-, Wettbewerbs- und Markenrecht.[175] Die folgende Untersuchung beschränkt sich allein auf den Aspekt des Patentrechts. Als Ausgangspunkt der Erläuterung soll dabei die Regelung des Artikels 15 Absatz 1 c) des Internationalen Pakts über wirtschaftliche, soziale und kulturelle Rechte dienen. Artikel 15 Absatz 1 c) nennt nicht die Begriffe des geistigen Eigentums oder des Patentrechts.[176] Vielmehr wurde folgende Formulierung gewählt: „Schutz der geistigen und materiellen Interessen, die ihm als Urheber von Werken der Wissenschaft, Literatur oder Kunst erwachsen". Im Folgenden wird untersucht werden, ob und inwiefern diese Formulierung den Schutz des Patentrechts umfasst. Anzumerken ist, dass dieser Artikel im Gegensatz zum Artikel 12 des Pakts noch nicht Gegenstand einer allgemeinen Bemerkung des Ausschusses für wirtschaftliche, soziale und kulturelle Rechte war. Zwar organisierte der Ausschuss im November 2000 und im November 2001 jeweils eine allgemeine Aussprache, betreffend Artikel 15 Absatz 1 c) Internationaler Pakt über wirtschaftliche, soziale und kulturelle Rechte, zur Vorbereitung einer solchen allgemeinen Bemerkung.[177] Bisher wurde aber noch keine allgemeine Bemerkung hierzu fertiggestellt.

Die Auslegung des Artikels 15 Absatz 1 c) des Internationalen Pakts über wirtschaftliche, soziale und kulturelle Rechte erfolgt hier in zwei Schritten. Zunächst erfolgt die Auslegung des Begriffs „Urheber von Werken der Wissenschaft", anschließend der

---

[173] Fechner, Geistiges Eigentum und Verfassung, S. 86.

[174] Hinsichtlich des Urheber- und Patentrechts vertreten von Béguin, Le Droit d'Auteur 1963, 317 (319); hinsichtlich des Urheber- und Patentrechts und Geschmacksmusters Meng, "GATT and Intellectual Property Rights – The International Framework", in: Sacerdoti, Liberalization of Services and Intellectual Property in the Uruguay Round of GATT, S. 68; hinsichtlich des Urheberrechts Riedel, in: United Nations Committee on Economic, Social and Cultural Rights, "Summary Record of the 77th Meeting", E/C.12/2000/SR.77, 13.12.2000, Rn. 17.

[175] Schack, Urheber- und Urhebervertragsrecht, Rn. 1.

[176] Der Begriff des „geistigen Eigentums" wird beispielsweise in Artikel 2 (viii) des Übereinkommens zur Errichtung der Weltorganisation für geistiges Eigentum sehr weitgefasst definiert:
[Im Sinn dieses Übereinkommens bedeutet:] „geistiges Eigentum" die Rechte betreffend
- die Werke der Literatur, Kunst und Wissenschaft,
- die Leistungen der ausübenden Künstler, die Tonträger und Funksendungen,
- die Erfindungen auf allen Gebieten der menschlichen Tätigkeit,
- die wissenschaftlichen Entdeckungen,
- die gewerblichen Muster und Modelle,
- die Fabrik-, Handels- und Dienstleistungsmarken sowie die Handelsnamen und Geschäfts- bezeichnungen,
- den Schutz gegen unlauteren Wettbewerb
und alle anderen Rechte, die sich aus der geistigen Tätigkeit auf gewerblichem, wissenschaft- lichem, literarischem oder künstlerischem Gebiet ergeben.

[177] Siehe zum Beispiel folgende Beiträge: Chapman, E/C.12/2000/12; Green, E/C.12/2000/15; World Trade Organization, Secretariat, E/C.12/2000/18; sowie die Protokolle dieser Allgemeinen Aussprachen: United Nations Committee on Economic, Social and Cultural Rights, "Summary Record of the 77th Meeting", E/C.12/2000/SR.77, 13.12.2000 und "Summary Record of the 79th Meeting", E/C.12/2001/SR.79, 29.11.2000; als Ergänzung: United Nations Committee on Economic, Social and Cultural Rights, E/C.12/2001/15.

Formulierung „Schutz der geistigen und materiellen Interessen". Mit Blick auf die Überschrift des Abschnitts B., „Patentrecht als Menschenrecht", bezieht sich ersteres auf das „Patentrecht", letzteres auf „als Menschenrecht".

1. Urheber von Werken der Wissenschaft

Im Folgenden wird die Auslegung des Begriffs des „Urhebers von Werken der Wissenschaft" erläutert. Das Patentrecht ist allein dann als Menschenrecht gemäß Artikel 15 Absatz 1 c) Internationaler Pakt über wirtschaftliche, soziale und kulturelle Rechte zu schützen, wenn als „Urheber" auch der Patentinhaber gelten kann. Es wird dargestellt werden, dass dieser Schutz allein dem Erfinder als Patentinhaber zukommt.

a) Wörtliche Auslegung

Zur wörtlichen Auslegung des Begriffs „Werke der Wissenschaft" ist zunächst zurückzugreifen auf die englische Formulierung, "scientific production", da gemäß Artikel 31 Absatz 1 Internationaler Pakt über wirtschaftliche, soziale und kulturelle Rechte unter anderem der englische Wortlaut verbindlich ist.[178] Der Kern der "scientific production", "science", bedeutet:

"A branch of study which is concerned either with a connected body of demonstrated truths or with observed facts systematically classified and more or less colligated by being brought under general laws, and which includes trustworthy methods for the discovery of new truth within its own domain."[179]

Dem entspricht auch der deutsche Begriff „Wissenschaft", unter den alles fällt,

„was nach Inhalt und Form als ernsthafter planmäßiger Versuch zur Ermittlung der Wahrheit anzusehen ist."[180]

Im Besonderen kann "science" aber auch folgende Bedeutung annehmen:

"In modern use, often treated as synonymous with 'Natural and Physical Science', and thus restricted to those branches of study that relate to the phenomena of the material universe and their laws, sometimes with implied exclusion of pure mathematics. This is now the dominant sense in ordinary use."[181]

Da die Werke der Wissenschaft ("scientific production") hier als Alternative zu den Werken der Literatur und Kunst ("literary or artistic production") genannt werden, ist anzunehmen, dass dem Begriff „Wissenschaft" beziehungsweise "science" als

---

[178] Artikel 31 Absatz 1 Internationaler Pakt über wirtschaftliche, soziale und kulturelle Rechte lautet: Dieser Pakt, dessen chinesischer, englischer, französischer, russischer und spanischer Wortlaut gleichermaßen verbindlich ist, wird im Archiv der Vereinten Nationen hinterlegt.

[179] Simpson/ Weiner, The Oxford English Dictionary, Volume XIV, S. 649.

[180] Bundesverfassungsgericht, Hochschulurteil, BVerfGE 35, 79 (113).

[181] Simpson/ Weiner, The Oxford English Dictionary, Volume XIV, S. 649.

Bestandteil der "scientific production" hier diese engere Bedeutung zukommt. Im Hinblick auf die wörtliche und zusätzlich systematische Auslegung ist der Begriff der Wissenschaften als die Naturwissenschaften bedeutend zu verstehen.

Nur dann, wenn auf den Begriff des „Urhebers" eine weite Definition Anwendung findet, beinhaltet der Schutz der Interessen des Urhebers auch diejenigen des Patentinhabers. Dass hier die weite Definition anzuwenden ist, wird im Folgenden dargestellt. Patentinhaber kann aber sowohl der Erfinder als auch ein derivativer Erwerber sein. Einschränkend wird festgestellt werden, dass nur der Erfinder als „Urheber" betrachtet werden kann.
Dem englischen Begriff "author" kommt im allgemeinen Sprachgebrauch unter anderem folgende Bedeutung zu:

"The person who originates or gives existence to anything: [... a]n inventor, constructor, or founder [; ... h]e who gives rise or causes an action, event, circumstance, state, or condition of things."[182]

Diese Bedeutungen kommen auch dem entsprechenden deutschen Begriff des „Urhebers" zu. Unter einem Urheber wird im allgemeinen Sprachgebrauch zum einen jemand verstanden, der etwas veranlasst hat, für eine Tat verantwortlich ist.[183] Zum anderen ist es der Schöpfer beziehungsweise Autor eines Schrift- oder Musikstücks oder eines sonstigen Kunstwerks.[184] Etymologisch liegt die Wurzel des Wortes im althochdeutschen „urhab", Ursache.[185] Im Hinblick auf den allgemeinen Sprachgebrauch kann ein Erfinder als „Urheber" bezeichnet werden. Der allgemeine Sprachgebrauch führt damit aber auch zu einer wichtigen Einschränkung. Sollte das Patentrecht von Artikel 15 Absatz 1 c) Internationaler Pakt über wirtschaftliche, soziale und kulturelle Rechte erfasst sein, dann wäre im persönlichen Schutzbereich nicht jeder Patentrechtsinhaber umfasst. Zu beachten ist nämlich, dass die Personen des Erfinders und des Nutzers der Erfindung nicht zwangsläufig identisch sein müssen, dadurch, dass das Nutzungsrecht durch Lizenzvertrag übertragen, und das Patentrecht abgetreten werden kann. Geschützt wären lediglich die Rechte des Erfinders selbst.
In der juristischen Fachsprache kommt dem Begriff „Urheber" im Urheberrecht besondere Bedeutung zu.[186] Das Urheberrecht regelt den Schutz und die Verwertung

---

[182] Simpson/ Weiner, The Oxford English Dictionary, Volume I, S. 797. Darüber hinaus kann dem Begriff unter anderem die folgende besondere Bedeutung zukommen:
"2. [...] One who sets forth written statements; the composer or writer of a treatise or book [...]."
(Simpson/ Weiner, The Oxford English Dictionary, Volume I, S. 797).
[183] Wahrig/ Krämer/ Zimmermann, Brockhaus Wahrig – Deutsches Wörterbuch in sechs Bänden, Sechster Band, S. 446.
[184] Wahrig/ Krämer/ Zimmermann, Brockhaus Wahrig – Deutsches Wörterbuch in sechs Bänden, Sechster Band, S. 446.
[185] Wahrig/ Krämer/ Zimmermann, Brockhaus Wahrig – Deutsches Wörterbuch in sechs Bänden, Sechster Band, S. 446.
[186] Als ein Beispiel ist an dieser Stelle die Regelung der Berner Übereinkunft zum Schutz von Werken der Literatur und Kunst zu nennen. Artikel 1 der Berner Übereinkunft lautet:
Die Länder, auf die diese Übereinkunft Anwendung findet, bilden einen Verband zum Schutz der Rechte der Urheber an ihren Werken der Literatur und Kunst.
Artikel 2 Absatz 1 der Berner Übereinkunft lautet:

geistiger Leistungen auf dem Gebiet der Literatur, Wissenschaft und Kunst.[187] Das Urheberrecht regelt das kulturelle Schaffen, das Patentrecht hingegen regelt das technische Schaffen.[188] Grundsätzlich lassen sich das Urheberrecht und der gewerbliche Rechtsschutz, zu dem das Patentrecht zählt, darüber hinaus dadurch abgrenzen, dass das Urheberrecht geistige Leistungen ohne Rücksicht auf ihre gewerbliche Verwertbarkeit schützt.[189] Gewerbliche Schutzrechte jedoch verlangen eine Eignung der Leistung zu gewerblicher Verwertbarkeit.[190] Zusammenfassend bleibt festzustellen, dass es sich bei dem Urheberrecht im engeren Sinne und dem Patentrecht um zwei parallel bestehende Regelungsgebiete der Rechte am geistigen Eigentum handelt. Würde der enge Begriff des Urhebers angewandt auf Artikel 15 Absatz 1 c) Internationaler Pakt über wirtschaftliche, soziale und kulturelle Rechte, so würde zumindest dem Wortlaut nach der Schutz des Patentrechts nicht aus dem Begriff des Schutzes der Interessen des Urhebers folgen.

Dem Wortlaut allein des Artikels 15 Absatz 1 c) lässt sich nicht entnehmen, ob mit dem Urheber ein solcher im engen Sinne des Urheberrechts, oder aber im weiten Sinne des allgemeinen Sprachgebrauchs gemeint ist.

b) Systematische Auslegung

Die systematische Auslegung spricht dafür, dass Urheber im Sinne von Artikel 15 Absatz 1 c) ein solcher im weiten Sinne sein muss.

Artikel 15 Absatz 1 c) Internationaler Pakt über wirtschaftliche, soziale und kulturelle Rechte schließt sich an die Anerkennung des Rechts eines jeden an, am kulturellen Leben teilzunehmen (Artikel 15 Absatz 1 a)), sowie des Rechts eines jeden, an den Errungenschaften des wissenschaftlichen Fortschritts und seiner Anwendung teilzuhaben (Artikel 15 Absatz 1 b)). Diese beiden Rechte der Allgemeinheit sprechen zwei verschiedene Bereiche an. Zum einen bezieht sich die Regelung a) auf den kulturellen Bereich und steht dem Interesse des Urhebers im engen Sinne des Urheberrechts gegenüber. Die Regelung b) befasst sich zum anderen mit den „Errungenschaften des wissenschaftlichen Fortschritts und seiner Anwendung".

Die Bezeichnung „Werke der Literatur und Kunst" umfasst alle Erzeugnisse auf dem Gebiet der Literatur, Wissenschaft und Kunst, ohne Rücksicht auf die Art und Form des Ausdrucks, wie: Bücher, Broschüren und andere Schriftwerke; Vorträge, Ansprachen, Predigten und andere Werke gleicher Art; dramatische oder dramatisch—musikalische Werke; choreographische Werke und Pantomimen; musikalische Kompositionen mit oder ohne Text; Filmwerke einschließlich der Werke, die durch ein ähnliches Verfahren wie Filmwerke hervorgebracht sind; Werke der zeichnenden Kunst, der Malerei, der Baukunst, der Bildhauerei, Stiche und Lithographien; photographische Werke, denen Werke gleichgestellt sind, die durch ein dem Photographie ähnliches Verfahren hervorgebracht sind; Werke der angewandten Kunst; Illustrationen, geographische Karten; Pläne, Skizzen und Darstellungen plastischer Art auf den Gebieten der Geographie, Topographie, Architektur oder Wissenschaft.

[187] Roth, „Urheberrecht", in: Bunte, Lexikon des Rechts – Wettbewerbsrecht (UWG/ GWB) und gewerblicher Rechtsschutz, S. 313.
[188] Roth, „Urheberrecht", in: Bunte, Lexikon des Rechts – Wettbewerbsrecht (UWG/ GWB) und gewerblicher Rechtsschutz, S. 315.
[189] Roth, „Urheberrecht", in: Bunte, Lexikon des Rechts – Wettbewerbsrecht (UWG/ GWB) und gewerblicher Rechtsschutz, S. 315.
[190] Roth, „Urheberrecht", in: Bunte, Lexikon des Rechts – Wettbewerbsrecht (UWG/ GWB) und gewerblicher Rechtsschutz, S. 315.

Bezogen auf die Rechte der Allgemeinheit nennt Artikel 15 Absatz 1 die Wissenschaft in Abgrenzung zum kulturellen Bereich, und zwar insbesondere durch Aufspaltung in zwei Unterabsätze a) und b), und lässt der Wissenschaft darum einen technischen Gehalt zukommen. Dies ist ein Hinweis darauf, dass der Urheber von Werken der Wissenschaft im Sinne der Regelung c) auch ein solcher im technischen Bereich sein kann, und eben nicht nur im engeren Sinne des Urheberrechts. Wie schon erwähnt, werden in Artikel 15 Absatz 1 c) die Werke der Wissenschaft neben, und dadurch in Abgrenzung zu, den Werken der Literatur oder Kunst genannt. Auch dies ist ein Hinweis darauf, dass unter Wissenschaft der technische, naturwissenschaftliche Bereich zu verstehen ist.

c) Historische Auslegung

Da unter Rückgriff auf die wörtliche und systematische Auslegung die Bedeutung des Begriffs „Urheber" noch nicht eindeutig ist, wird im Folgenden auf die historische Auslegung eingegangen. Es wird gezeigt, dass die Staaten bei den Verhandlungen zum Internationalen Pakt über wirtschaftliche, soziale und kulturelle Rechte in den Schutz des Urheberrechts als Menschenrecht auch das Patentrecht mit einschlossen.

Die Vorarbeiten bis zur Unterzeichnung des Internationalen Pakts über wirtschaftliche, soziale und kulturelle Rechte nahmen 18 Jahre in Anspruch. Auch die Formulierung des Artikels 15 dieses Pakts war Grundlage längerer Diskussionen.[191] Die Menschenrechtskommission begann, auf Anfrage des Wirtschafts- und Sozialrates, einen Text über wirtschaftliche, soziale und kulturelle Rechte in ihrer siebten Sitzungsperiode zu diskutieren (April bis Mai 1951).[192] Von Beginn an bestanden wenige Meinungsverschiedenheiten in Bezug auf das Recht der Teilnahme am wissenschaftlichen Fortschritt.[193] Hinsichtlich der Rechte des Urhebers entstanden im Gegensatz hierzu mehr Kontroversen.[194] Befürworter des Schutzes der Urheberrechte als Menschenrecht waren die französische Delegation sowie der Repräsentant der Organisation der Vereinten Nationen für Erziehung, Wissenschaft und Kultur (UNESCO), *Havet*:

"The UNESCO delegation considered that recognition of author's rights should find a place in the Covenant, since it had already been included in the Universal Declaration, and represented a safeguard and encouragement for those who were constantly enriching the cultural heritage of mankind. Only by such means could international cultural exchanges be fully developed."[195]

---

[191] Chapman, E/C.12/2000/12, S. 8.

[192] Green, E/C.12/2000/15, S. 4.

[193] Green, E/C.12/2000/15, S. 6.

[194] Green, E/C.12/2000/15, S. 7.

[195] United Nations Commission on Human Rights, "Summary Record of the Two Hundred and Twenty-eight Meeting", E/CN.4/SR.228, 28.06.1951, S. 13.

Bedenken äußerte die Vertreterin der Vereinigten Staaten, *Roosevelt*:

> "Until all the complexities of that subject had been exhaustively studied, it would be impossible to lay down a general principle concerning it for inclusion in the Covenant."[196]

In der achten Sitzungsperiode der Menschenrechtskommission (April bis Juni 1952) wurden die Rechte des Urhebers noch kontroverser als bereits zuvor diskutiert. Der französische Vertreter, *Juvigny*, der den ursprünglichen französischen Vorschlag erneut vorlegte, bekräftigte:

> "Art, literature and science were the most tangible expressions of the full development of the human personality [...]. It was not a matter only of material rights; the scientist and artist had a moral right to the protection of his work, for example against plagiarism, theft, mutilation and unwarranted use."[197]

Valenzuela, der Vertreter Chiles, stellte fest:

> "He fully sympathized with the praiseworthy intentions of the French delegation and agreed that intellectual production should be protected; but there was also need to protect the underdeveloped countries, which had greatly suffered in the past from their inability to compete in scientific research *and to take out their own patents*. As a result, they were in thrall to the technical knowledge held exclusively by a few monopolies. As the French amendment would perpetuate that situation, he would have to vote against it."[198]

Dieser Meinung stimmte *Azmi Bey*, der ägyptische Vertreter, zu.[199] Die Vertreterin der Vereinigten Staaten sowie die Vertreter des Vereinigten Königreichs und Jugoslawiens waren der Ansicht, dass diese Materie zu komplex sei.[200] Der Entwurf des Pakts wurde der Generalversammlung in der neunten Sitzungsperiode 1954 übermittelt, und von dieser wiederum an den Ausschuss für soziale, humanitäre und kulturelle Fragen (dritter Ausschuss) weitergeleitet. Dort fand ab 1955 eine abschließende Diskussion statt (zehnte Sitzungsperiode), die 1957 (in der zwölften Sitzungsperiode) die kulturellen Rechte betraf. Erneut entstanden keine Meinungsverschiedenheiten hinsichtlich des Rechts, an den Errungenschaften des wissenschaftlichen Fortschrittes teilzuhaben.[201] Der erneute Vorschlag, den Schutz der Rechte des Urhebers in

---

[196] United Nations Commission on Human Rights, "Summary Record of the Two Hundred and Twenty-ninth Meeting", E/CN.4/SR 229, 28.06.1951, S. 10.

[197] United Nations Commission on Human Rights, "Summary Record of the Two Hundred and Ninety-second Meeting", E/CN.4/SR.292, 27.06.1952, S. 6.

[198] United Nations Commission on Human Rights, "Summary Record of the Two Hundred and Ninety-second Meeting", E/CN.4/SR.292, 27.06.1952, S. 7; eigene Hervorhebung.

[199] United Nations Commission on Human Rights, "Summary Record of the Two Hundred and Ninety-second Meeting", E/CN.4/SR.292, 27.06.1952, S. 8.

[200] United Nations Commission on Human Rights, "Summary Record of the Two Hundred and Ninety-second Meeting", E/CN.4/SR.292, 27.06.1952, S. 8 und 9 sowie "Summary Record of the Two Hundred and Ninety-third Meeting", E/CN.4/SR.293, 27.05.1952, S. 5.

[201] Green, E/C.12/2000/15, S. 10.

den Pakt mit einzuschließen, wurde in dieser Verhandlung von dem Vertreter Uruguays, *Tejera*, gemacht, und unter anderem folgendermaßen begründet:

> "[T]he right of the author and the right of the public were not opposed to but complemented each other. Respect for the right of the author would assure the public of the authenticity of the works presented to it."[202]

Morozov, der Vertreter der Union der Sozialistischen Sowjetrepubliken, lehnte diesen Vorschlag ab. Er befürchtete, dass die Balance innerhalb des Pakts verloren würde.[203] Die Vorschrift über die Rechte des Urhebers wurde letztlich 1957 mit 39 zu neun Stimmen bei 24 Enthaltungen in den Entwurf des Internationalen Pakts über wirtschaftliche, soziale und kulturelle Rechte aufgenommen.[204]

Den langwierigen Verhandlungen während des Entwurfs des Pakts kann entnommen werden, dass Patentrechte als von Artikel 15 Absatz 1 c) umschlossen angesehen wurden. Sehr oft angesprochen wurde das Urheberrecht ("copyright").[205] Aber auch das Patentrecht wurde erwähnt. Während der achten Sitzungsperiode der Menschenrechtskommission 1952 ist dies der soeben zitierten Äußerung *Valenzuelas* (Chile) zu entnehmen. *Valenzuela* wies auf Probleme der Entwicklungsländer hin, nämlich "their inability to compete in scientific research and to take out their own patents."[206] Im Protokoll wird des Weiteren ausgeführt:

> "Mrs. *Roosevelt* (United States of America) said with reference to the French amendment that work was already in progress on the highly complex and technical subject of copyrights and patents. [...] In view of that situation, it

---

[202] United Nations General Assembly, Third Committee, "Draft International Covenants on Human Rigths (continued)– Article 16 of the draft Covenant on Economic, Social and Cultural Life (continued)", A/C.3/SR.798, 01.11.1957, Rn. 32.

[203] United Nations General Assembly, Third Committee, "Draft International Covenants on Human Rigths (continued)– Article 16 of the draft Covenant on Economic, Social and Cultural Life (continued)", A/C.3/SR.798, 01.11.1957, Rn. 19.

[204] United Nations General Assembly, Third Committee, "Draft International Covenants on Human Rigths (continued)– Article 16 of the draft Covenant on Economic, Social and Cultural Life (continued)", A/C.3/SR.799, 04.11.1957, Rn. 35. Dafür stimmten: Mexiko, Marokko, die Niederlande, Neuseeland, Norwegen, Pakistan, Panama, Peru, die Philippinen, Portugal, Spanien, Schweden, das Vereinigte Königreich von Großbritannien und Nordirland, Uruguay, Venezuela, Argentinien, Australien, Österreich, Belgien, Brasilien, Kanada, Ceylon, Chile, China, Kolumbien, Costa Rica, Kuba, Dänemark, die Dominikanische Republik, Ecuador, Finnland, Frankreich, Ghana, Guatemala, Haiti, Honduras, Irland, Israel und Italien. Dagegen stimmten: Rumänien, die Ukrainische Sozialistische Sowjetrepublik, die Union der Sozialistischen Sowjetrepubliken, Albanien, Bulgarien, die Weißrussische Sozialistische Sowjetrepublik, die Tschechoslowakei, Ungarn und Irak.

[205] Zum Beispiel in: General Assembly, Third Committee, "Draft International Covenants on Human Rigths (continued)– Article 16 of the draft Covenant on Economic, Social and Cultural Life (continued)", A/C.3/SR.798, 01.11.1957, Rn. 30, 44; General Assembly, Third Committee, "Draft International Covenants on Human Rigths (continued)– Article 16 of the draft Covenant on Economic, Social and Cultural Life (continued)", A/C.3/SR.799, 04.11.1957, Rn. 4, 14 f.

[206] United Nations Commission on Human Rights, "Summary Record of the Two Hundred and Ninety-second Meeting", E/CN.4/SR.292, 27.06.1952, S. 7; eigene Hervorhebung.

would be both unnecessary and confusing *to* introduce a *provision on patents and copyrights in the covenant.*"[207]

Dieser Bezugnahme auf das Patentrecht in Hinblick auf den Vorschlag der französischen Delegation wurde seitens dieser, aber auch seitens anderer Teilnehmer, nicht widersprochen. Vielmehr erwiderte *Juvigny*:

> "He did not agree with the Chilean representative that monopoly *in the field of patents* represented such a grave danger; moreover, the absence of protection was not a remedy for the unfavourable situation in the under-developed countries."[208]

Auch in der abschließenden Diskussion des Ausschusses für soziale, humanitäre und kulturelle Fragen (dritter Ausschuss) 1957 wurde der Bereich der Patente erneut erwähnt. Angesprochen wurden Patente von *Morozov*, dem Delegierten der Union der Sozialistischen Sowjetrepubliken:

> "[...T]he amendment proposed by Costa Rica and Uruguay [...] could be interpreted in two ways. It could be applied at the national level [...]. On the other hand, it could be regarded as establishing an international obligation. [...I]f it was a question of *relation between States in regard to copyrights and patents*, he considered that such relations should be governed by special agreements outside the scope of the covenants on human rights."[209]

Tejera, der Delegierte Uruguays, lehnte den Vorschlag ab, den Text in Richtung der ersten von *Morozov* angesprochenen Richtung abzuändern. Er betonte vielmehr, dass es gerade auf den zweiten von ihm angesprochenen Aspekt ankomme:

> "Naturally, author's rights should be protected by national laws, but such a statement should not be included in the text of the Covenant, since it would restrict the possibility of extending that benefit and would weaken the effect of the international commitment."[210]

Zusammenfassend kann festgestellt werden, dass auch die verhandelnden Delegierten davon ausgingen, dass Patentrechte zu den Rechten eines „Urhebers von Werken der Wissenschaften" im Sinne des Artikels 15 Absatz 1 c) Internationaler Pakt über wirtschaftliche, soziale und kulturelle Rechte zählen.

---

[207] United Nations Commission on Human Rights, "Summary Record of the Two Hundred and Ninety-second Meeting", E/CN.4/SR.292, 27.06.1952, S. 9; eigene Hervorhebung.

[208] United Nations Commission on Human Rights, "Summary Record of the Two Hundred and Ninety-second Meeting", E/CN.4/SR.292, 27.06.1952, S.14; eigene Hervorhebung.

[209] United Nations General Assembly, Third Committee, "Draft International Covenants on Human Rigths (continued)– Article 16 of the draft Covenant on Economic, Social and Cultural Life (continued)", A/C.3/SR.798, 01.11.1957, Rn. 44; eigene Hervorhebung.

[210] United Nations General Assembly, Third Committee, "Draft International Covenants on Human Rigths (continued)– Article 16 of the draft Covenant on Economic, Social and Cultural Life (continued)", A/C.3/SR.798, 01.11.1957, Rn. 51.

Ein Blick auf die Entstehungsgeschichte der „Vorlage" des Artikels 15 Internationaler Pakt über wirtschaftliche, soziale und kulturelle Rechte, Artikel 27 der Allgemeinen Erklärung der Menschenrechte, zeigt, dass bereits zu diesem früheren Zeitpunkt ähnliche Diskussionen geführt wurden. In Artikel 27 wird die Formulierung „moralische Interessen" gebraucht, während in Artikel 15 auf die „geistigen Interessen" abgestellt wird. Jedoch weichen die Adjektive der „geistigen" beziehungsweise „moralischen" Interessen lediglich in der deutschen Übersetzung voneinander ab, nicht jedoch im englischen Originaltext, der in beiden Fällen "moral interests" aufzählt. Da gemäß Artikel 31 Absatz 1 Internationaler Pakt über wirtschaftliche, soziale und kulturelle Rechte unter anderem der englische Wortlaut verbindlich ist, nicht jedoch der deutsche, ist keine Unterscheidung zwischen den Begriffen der geistigen und moralischen Interessen vorzunehmen, sie stimmen miteinander überein. In Hinblick auf den persönlichen Schutzbereich des Artikels 15 Absatz 1 c) Internationaler Pakt über wirtschaftliche, soziale und kulturelle Rechte wird die wörtliche Auslegung, dass Berechtigter allein der Erfinder selbst sein kann, durch die historische Auslegung des Artikels 27 Absatz 2 der Allgemeinen Menschenrechtserklärung bestätigt. Bereits 1948 wurde der Vorschlag des Vertreters Ecuadors, auch die Nutzer und Erben einzubeziehen,

"[...] it was necessary to protect not only the authors of a discovery or a work of art but also their beneficiaries. Therefore, he proposed to add after the words 'of which he is the author' [...] the words 'or heirs'",

abgelehnt.[211]

d) Zwischenergebnis

Zusammenfassend kann insbesondere im Hinblick auf die historische Auslegung festgestellt werden, dass der Schutzbereich der Formulierung „Urheber von Werken der Wissenschaft" sich auch auf das Patentrecht bezieht. Die verhandelnden Parteien schlossen den Schutz des Patentrechts in den sachlichen Schutzbereich mit ein. Ein „Urheber" ist somit nicht nur der Urheber im engeren Sinne des Urheberrechts, sondern auch ein Erfinder – dies stellt aber gleichzeitig auch eine wichtige Einschränkung des persönlichen Schutzbereichs dar, da Rechtsnachfolger des Erfinders mithin nicht in den Kreis der Berechtigten fallen.

2. Schutz der geistigen und materiellen Interessen

Dadurch, dass der sachliche Schutzbereich des Artikels 15 Absatz 1 c) Internationaler Pakt über wirtschaftliche, soziale und kulturelle Rechte den Schutz des Patentrechts beinhaltet, kommt dem Patentrecht grundsätzlich menschenrechtlicher Schutz zu. Dies wird im Folgenden bestätigt durch die Auslegung der Formulierung „Schutz der geistigen und materiellen Interessen".
Zudem erfolgt dabei eine weitere Erläuterung des Schutzbereichs dieses Rechts. Zu beachten ist, dass der Schutzbereich des Patentrechts als Menschenrecht normge-

---

[211] Buck, Geistiges Eigentum und Völkerrecht, S. 238; UN General Assembly: Official Records of Meetings 21.9-8.12.1948, S. 624 und 635 zitierend.

prägt ist. Das Patentrecht erlangt allein durch die normative Zuordnung dieses Rechts zu Personen seine Existenz.

a) Wörtliche Auslegung

In Artikel 15 Absatz 1 c) Internationaler Pakt über wirtschaftliche, soziale und kulturelle Rechte wird zum einen ein recht weiter Schutzbereich eröffnet durch die Aufsplittung in Literatur, Kunst und Wissenschaft. Zum anderen werden zwei verschiedene Aspekte geschützt durch die Erwähnung sowohl der geistigen wie auch der materiellen Interessen.

Die geistigen Interessen ("moral interests") beinhalten vom Wortlaut her persönliche Interessen. Der Ursprung des englischen Begriffs "moral interests" ist in der französischen Bezeichnung des Urheberpersönlichkeitsrechts als "droit moral" zu sehen.[212] Hierbei ist "moral" nicht im Sinne von sittlich, sondern in seiner Bedeutung als geistig zu verstehen, so wie das auch in der französischen Bezeichnung "personne morale" für die juristische Person der Fall ist.[213]

Der Begriff der materiellen Interessen ("material interests") bezieht sich nach dem Wortlaut auf finanzielle Aspekte, wie beispielsweise auf den Ausgleich von Forschungskosten, Entstehungskosten, und beinhaltet auch eine Gewinnspanne. In Hinblick auf die materiellen, wirtschaftlichen Interessen ist ein Verwertungsrecht zu gewährleisten, sind also die Vermögensinteressen des Erfinders zu schützen.

b) Systematische Auslegung

Dass das Patentrecht als Menschenrecht eingestuft werden kann, wird bestätigt durch systematische Auslegung des Artikels 15 Absatz 1 c) in Hinblick auf das Recht auf Eigentum. Zum einen wird das Recht am geistigen Eigentum zum Teil als Teilaspekt des Rechts auf Eigentum betrachtet. Zum anderen kann ein Erst-recht-Schluss in Hinblick auf das Recht auf Eigentum gezogen werden. Für beide Argumente ist von Bedeutung, dass das Recht auf Eigentum als Menschenrecht zu gewährleisten ist. Der systematische Vergleich mit dem Recht auf Eigentum führt darüber hinaus nicht zu einer Einschränkung des sachlichen Schutzbereichs im Hinblick auf das geistige Eigentum.

Auch ein formeller Vergleich mit anderen Menschenrechten führt nicht zu einer Ablehnung der Menschenrechtseigenschaft des Patentrechts.

aa) Recht auf Eigentum

(1) Recht auf Eigentum als Menschenrecht

Zunächst stellt sich die Frage, ob das Recht auf Eigentum als Menschenrecht geschützt ist.

Die Regelung des Artikels 27 der Allgemeinen Erklärung der Menschenrechte wurde in Gestalt des Artikels 15 in den Internationalen Pakt über wirtschaftliche, soziale und kulturelle Rechte übernommen, im Gegensatz zu der Regelung des Artikels 17 über

---

[212] Schack, Urheber- und Urhebervertragsrecht, Rn. 315.
[213] Schack, Urheber- und Urhebervertragsrecht, Rn. 315.

Eigentum. Artikel 17 der Allgemeinen Erklärung der Menschenrechte lautet folgendermaßen:

1. Jeder Mensch hat allein oder in der Gemeinschaft mit anderen Recht auf Eigentum.
2. Niemand darf willkürlich seines Eigentums beraubt werden.[214]

Zwar wurde der Schutz des Eigentums nicht in den Internationalen Pakt über wirtschaftliche, soziale und kulturelle Rechte aufgenommen. Ursache waren Meinungsverschiedenheiten bezüglich der Schranken dieses Rechts.[215] *Krause* und *Riedel* betonen jedoch, dass daraus, dass das Recht auf Eigentum nicht in den Pakt eingefügt wurde, nicht geschlossen werden könne, dass dieses Recht als solches abgelehnt worden wäre. Sie stützen diese Aussage durch Hinweise auf den Verlauf und das Abstimmungsverhalten in der entscheidenden zehnten Sitzungsperiode (1954) der Menschenrechtskommission.[216] Daraus könne geschlossen werden, dass sämtliche Staaten prinzipiell die Menschenrechtsqualität der Eigentumsgarantie akzeptierten.[217] So konnte zwar grundsätzlich Einigkeit über ein Recht auf Eigentum erzielt werden.[218] Aber wegen terminologischer und auch ideologischer Differenzen zwischen West und Ost wurde kein Artikelentwurf fertiggestellt.[219]

Im Gegensatz hierzu wird das Recht auf Eigentum in den regionalen Menschenrechtsverträgen geschützt, so gemäß Artikel 14 der Afrikanischen Charta der Menschenrechte und Rechte der Völker[220], gemäß Artikel 21 Absatz 1 der Amerikanischen Menschenrechtskonvention[221] und gemäß Artikel 1 des 1. Zusatzprotokolls zur

---

[214] Zum Entwurfsverfahren des Rechts auf Eigentum in der Allgemeinen Erklärung der Menschenrechte siehe Riedel, Theorie der Menschenrechtsstandards, S. 36 f.

[215] Krause, "The Right to Property", in: Eide/ Krause/ Rosas, Economic, Social and Cultural Rights, 2. Auflage, S. 194. Zum Verfahren des Entwurfs des Internationalen Pakts über wirtschaftliche, soziale und kulturelle Rechte in Hinblick auf das Recht auf Eigentum siehe Riedel, Theorie der Menschenrechtsstandards, S. 39-45.

[216] Krause, "The Right to Property", in: Eide/ Krause/ Rosas, Economic, Social and Cultural Rights, 2. Auflage, S. 194, Fn. 12. Sie verweist dabei auf die Dokumente E/CN.4/SR.417 und 418. Nach dieser Abstimmung beschloss die Menschenrechtskommission, das Recht auf Eigentum nicht in die Pakte aufzunehmen; Riedel, Theorie der Menschenrechtsstandards, S. 44.

[217] Riedel, Theorie der Menschenrechtsstandards, S. 44.

[218] Riedel, Theorie der Menschenrechtsstandards, S. 40.

[219] Riedel, Theorie der Menschenrechtsstandards, S. 40.

[220] Artikel 14 der Afrikanischen Charta der Menschenrechte und Rechte der Völker vom 27.06.1981, in Kraft getreten am 21.10.1986, lautet folgendermaßen:
The right to property shall be guaranteed. It may only be encroached upon in the interest of public need or in the general interest of the community and in accordance with the provisions of appropriate laws.

[221] Artikel 21 der Amerikanischen Menschenrechtskonvention vom 22.11.1969, in Kraft getreten am 18.07.1978, lautet folgendermaßen:
1. Everyone has the right to the use and enjoyment of his property. The law may subordinate such use and enjoyment to the interest of society.
2. No one shall be deprived of his property except upon payment of just compensation, for reasons of public utility or social interest, and in the cases and according to the forms established by law.
3. Usury and any other form of exploitation of man by man shall be prohibited by law.

Europäischen Menschenrechtskonvention[222]. Auch dass die Regelung des Artikels 1 des 1. Zusatzprotokolls keinen Eingang in die Europäischen Menschenrechtskonvention selbst fand – dies scheiterte an Unstimmigkeiten bezüglich der Entschädigungsregelung -[223], spricht nicht gegen eine Einstufung des Rechts auf Eigentum als Menschenrecht. Zwar unterzeichneten nicht alle Vertragsstaaten der Europäischen Menschenrechtskonvention das 1. Zusatzprotokoll vom 20.03.1952. Aber immerhin 42 von 44 Mitgliedstaaten ratifizierten es, lediglich Andorra und die Schweiz wurden nicht Vertragsparteien. Auffallend ist, dass hingegen alle ehemaligen Ostblockstaaten, die dem Europarat beitraten, das Zusatzprotokoll ratifizierten.[224] Zudem entfalten die Zusatzprotokolle dieselbe Bindungswirkung wie die Europäischen Menschenrechtskonvention selbst.[225]

Zwar wird teilweise betont, dass das Recht auf Eigentum nur in einem begrenzten Umfang als Menschenrecht geschützt sei.[226] Derartige Einschränkungen lassen sich aber durch ein historisches Argument entkräften. Bei der Abfassung der Allgemeinen Menschenrechtserklärung 1948 wurde der Vorschlag, den Schutz des Eigentums auf lebenswichtige Güter zu beschränken, abgelehnt. Kuba hatte in Anlehnung an einen Artikel XXIII der Amerikanischen Deklaration über die Rechte und Pflichten des Menschen von 1948 vorgeschlagen, den Artikel nur zu beziehen auf „jene Güter ..., die dem Bedarf eines standesgemäßen Lebens entsprechen und zur Würde der menschlichen Person und ihres Heimes beitragen".[227] Diese Einschränkung des Schutzbereichs erschien den meisten Staaten als zu weit gehend und konnte sich deshalb nicht durchsetzen.[228]

Mithin kann festgestellt werden, dass das Recht auf Achtung des Eigentums zu den klassischen Menschenrechten gezählt werden kann.[229]

---

[222] Artikel 1 des 1. Zusatzprotokolls zur Europäischen Menschenrechtskonvention vom 20.03.1952 lautet folgendermaßen:
Jede natürliche oder juristische Person hat das Recht auf Achtung ihres Eigentums. Niemandem darf sein Eigentum entzogen werden, es sei denn, dass das öffentliche Interesse es verlangt, und nur unter den durch Gesetz und durch die allgemeinen Grundsätze des Völkerrechts vorgesehenen Bedingungen.
Absatz 1 beeinträchtigt jedoch nicht das Recht des Staates, diejenigen Gesetze anzuwenden, die er für die Regelung der Benutzung des Eigentums im Einklang mit dem Allgemeininteresse oder zur Sicherung der Zahlung der Steuern oder sonstigen Abgaben oder von Geldstrafen für erforderlich hält.

[223] Buck, Geistiges Eigentum und Völkerrecht, S. 232.

[224] Stand: 17.01.2003; European Court of Human Rights, "Dates of Ratification", <www.echr.coe.int/Eng/EDocs/DatesOfRatifications.html> (08.08.2003).

[225] Ipsen, Völkerrecht, § 49 Rn. 3.

[226] Schermers, "The international protection of the right of property", in: Matscher/ Petzold, Protecting Human Rights: The European Dimension, S. 578 f.

[227] Dolzer, Eigentum, Enteignung und Entschädigung im geltenden Völkerrecht, S. 78, UN Doc. A/C.3/232 zitierend. Artikel XXIII der Amerikanischen Deklaration über die Rechte und Pflichten des Menschen lautet folgendermaßen:
Every person has a right to own such private property as meets the essential needs of decent living and helps to maintain the dignity of the individual and of the home.

[228] Dolzer, Eigentum, Enteignung und Entschädigung im geltenden Völkerrecht, S. 78.

[229] Frowein/ Peukert-Peukert, Europäische Menschenrechtskonvention, Artikel 1 des 1. Zusatzprotokolls, Rn. 1; Papier, in: Maunz/ Dürig, Grundgesetz, Artikel 14, Rn. 1.

(2) Erst-recht-Schluss

Buck stellt fest, dass wenn schon das Eigentum als Menschenrecht geschützt werde, so müsse erst recht das geistige Eigentum als solches geschützt sein. Es würde nicht lediglich erworben, sondern aus dem Menschen selbst heraus entwickelt und sei daher diesem näher verbunden als Sacheigentum.[230] Dieses *argumentum a minori ad maius* überzeugt. Das Recht auf Eigentum ist dabei als „minus" zum „maius" Recht am geistigen Eigentum anzusehen. Das „mehr" in Hinsicht auf den Menschenrechtscharakter liegt im Persönlichkeitsrechtsaspekt des Rechts am geistigen Eigentum. Der Erzeuger geistigen Eigentums, zum Beispiel der Autor oder Erfinder, ist seinen Werken gerade deshalb so nah, weil er sie geschaffen hat durch seine Kreativität, sein Wissen und seinen Einsatz. Deshalb stehen ihm beispielsweise mit dem Erfinderpersönlichkeitsrecht das Recht auf die Erfinderehre, die Anerkennung der Erfinderschaft und das Selbstbestimmungsrecht über den Erfindungsgedanken zu. Diese Aspekte enthalten einen Menschenwürdegehalt, der den Schutz als Menschenrecht erforderlich erscheinen lässt.

(3) Recht am geistigen Eigentum als Teilaspekt des Rechts auf Eigentum

Darüber hinaus wird teilweise das Recht am geistigen Eigentum als Teilaspekt des Rechts auf Eigentum angesehen, so im Rahmen der Europäischen Menschenrechtskonvention.

Daraus, dass Artikel 17 der Allgemeinen Erklärung der Menschenrechte ergänzt wird durch eine Spezialvorschrift zum Schutz des geistigen Eigentums, lässt sich schließen, dass der Anwendungsbereich des Artikels 17 auf Sacheigentum beschränkt ist.[231] Andere Menschen- und Grundrechtskataloge wiederum weisen keine spezielle Vorschrift bezüglich des geistigen Eigentums auf.

Die Europäische Menschenrechtskommission stellte in Bezug auf das Patentrecht fest, dass es in den Anwendungsbereich des Artikels 1 des 1. Zusatzprotokolls falle.[232] Aber auch weitere Immaterialgüterrechte wie das Urheber-, Verlags-, Marken- und sonstige Schutzrechte fallen unter den Begriff des Eigentums gemäß Artikel 1 Absatz 1 Satz 1 des 1. Zusatzprotokolls zur Europäischen Menschenrechtskonvention.[233]

Diese Sichtweise lässt sich allerdings nicht verallgemeinern. *Oppermann* und *Hilf* stellen fest, dass die völkerrechtlichen Regeln bezüglich des Rechts auf Eigentum nicht grundsätzlich direkt auf intellektuelles Eigentum anwendbar seien.[234] Hinsicht-

---

[230] Buck, Geistiges Eigentum und Völkerrecht, S. 232. Einschränkungen müssten dabei allerdings wiederum in Hinblick auf die Bereiche des geistigen Eigentums gemacht werden, die nicht durch ein solches Näheverhältnis gekennzeichnet seien, so für das Markenrecht (Buck, Geistiges Eigentum und Völkerrecht, S. 232).

[231] Fechner, Geistiges Eigentum und Verfassung, S. 86.

[232] European Commission of Human Rights, Smith Kline and French Laboratories Ltd. v. The Netherlands, 04.10.1990, Decisions and Reports 66 (1990), S. 79.

[233] Frowein/ Peukert-Peukert, Europäische Menschenrechtskonvention, Artikel 1 des 1. Zusatzprotokolls, Rn. 6.

[234] Oppermann, „Geistiges Eigentum – Ein 'Basic Human Right' des Allgemeinen Völkerrechts", in: Weber, Albrecht, Währung und Wirtschaft: Das Geld im Recht, S. 455.

lich des intellektuellen Eigentums seien nämlich zusätzlich das Interesse der internationalen Gemeinschaft zu berücksichtigen, an den Errungenschaften von Wissenschaften und Technologie teilzuhaben.[235]

Dass der Schutz des intellektuellen Eigentums im europäischen Menschenrechtssystem im Recht auf Eigentum miteinbegriffen ist, kann dennoch bei der Auslegung als zusätzliches Argument berücksichtigt werden.

(4) Keine teleologische Reduktion des Schutzbereichs

Im Anschluss ist festzustellen, dass im Rahmen des systematischen Vergleichs mit dem Recht auf Eigentum keine teleologische Reduktion des sachlichen Schutzbereichs vorzunehmen ist.

Riedel ist der Ansicht, eine Menschenrechtsdimension des Rechts am geistigen Eigentum sei nur in dem Umfang plausibel, in dem die materiellen Interessen aus dem Recht am intellektuellen Eigentum die einzige Lebensgrundlage des Urhebers im weiteren Sinne darstellen.[236] Er zieht einen Vergleich zum Schutz des Eigentums, welches seiner Meinung nach ebenfalls nur in dem Umfang, in dem es lebensnotwendig ist, als Menschenrecht geschützt sei.[237] Die mögliche Einschränkung des Schutzbereichs des Rechts auf Eigentum wurde bereits angesprochen, und unter Bezugnahme auf den historischen Kontext abgelehnt. Eine teleologische Restriktion ist hier darüber hinaus abzulehnen, da ansonsten dem Aspekt des Schutzes der „geistigen Interessen", die das Erfinderpersönlichkeitsrecht umfassen, nicht ausreichend Rechnung getragen würde. Eine Einschränkung in Hinblick auf die materielle Dimension findet deshalb keine Grundlage in Artikel 15 Absatz 1 c).

(5) Zwischenergebnis

Als Zwischenergebnis ist festzustellen, dass auch der systematische Vergleich mit dem Recht auf Eigentum die Auffassung stützt, dass das Patentrecht grundsätzlich ohne teleologische Reduktion des sachlichen Schutzbereichs als Menschenrecht zu schützen ist.

bb) Formeller Vergleich der Patentrechte mit Menschenrechten

Im Rahmen der systematischen Auslegung werden im Folgenden Patentrechte formell mit Menschenrechten verglichen. Diesen formellen Vergleich stellen zwei Organe des Menschenrechtsschutzes innerhalb der Vereinten Nationen an, zum einen der Hohe Kommissar der Vereinten Nationen für Menschenrechte, zum anderen der Ausschuss für wirtschaftliche, soziale und kulturelle Rechte, um zu unterstreichen, dass Patentrechte nicht als Menschenrecht geschützt seien.

---

[235] Oppermann, „Geistiges Eigentum – Ein 'Basic Human Right' des Allgemeinen Völkerrechts", in: Weber, Albrecht, Währung und Wirtschaft: Das Geld im Recht, S. 455.

[236] Zu beachten ist, dass *Riedel* diesen Einwand auf das Urheberrecht bezieht, da er das Patentrecht bereits grundsätzlich nicht als Menschenrecht ansieht.

[237] United Nations Committee on Economic, Social and Cultural Rights, "Summary Record of the 77th Meeting", E/C.12/2000/SR.77, 13.12.2000, Rn. 18.

Der *Hohe Kommissar der Vereinten Nationen für Menschenrechte* betont Unterschiede zwischen Rechten am geistigen Eigentum und Menschenrechten.[238] Rechte am geistigen Eigentum würden nach detaillierten Kriterien durch Staaten bewilligt, und seien somit Privilegien ähnlich. Diese Kriterien seien im nationalen Recht geregelt, die Rechte könnten lizenziert oder abgetreten werden, zurückgerufen und zeitlich ablaufen. Menschenrechte hingegen seien unveräußerlich und universell. Sie werden nicht bewilligt, sondern anerkannt.[239]

Auch der *Ausschuss für wirtschaftliche, soziale und kulturelle Rechte* vergleicht Menschenrechte mit Rechten am geistigen Eigentum, wie sie durch bestehende Systeme gewährleistet werden:

"Human rights are fundamental as they derive from the human person as such, whereas intellectual property rights derived from intellectual property systems are instrumental, in that they are means by which States seek to provide incentives for inventiveness and creativity from which society benefits. In contrast with human rights, intellectual property rights are generally of a temporary nature, and can be revoked, licensed or assigned to someone else. [...] While intellectual property rights may be allocated, limited in time and scope, traded, amended and even forfeited, human rights are timeless expressions of fundamental entitlements of the human person. Whereas human rights are dedicated to assuring satisfactory standards of human welfare and well-being, intellectual property regimes, although they traditionally provide protection to individual authors and creators, are increasingly focused on protecting business and corporate interests and investments."[240]

Riedel nennt die Schutzdauer der Patentrechte als ein Gegenargument gegen ihre Gewährleistung als Menschenrecht. Patentrechte seien lediglich 20 Jahre geschützt, Menschenrechte müssten hingegen lebenslang Geltung haben.[241]

Dem Argument, das Patentrecht würde nur für eine begrenzte Dauer gewährt, kann Folgendes entgegengesetzt werden. Dass es nur für eine bestimmte Dauer gewährt wird, ist auf das Spannungsfeld mit den öffentlichen Interessen zurückzuführen, und dient somit dem Interessenausgleich. Die Verkürzung des Schutzbereichs in Hinblick auf die entgegenstehenden Interessen der Allgemeinheit darf aber nicht dazu führen, dass dem Patentrecht insgesamt die Charakterisierung als Menschenrecht versagt wird.

Zuzustimmen ist der Aussage, dass die Abtretbarkeit des Patentrechts in einem Teilbereich dem Charakter der unveräußerlichen Menschenrechte entgegensteht. Dies muss jedoch nicht zwangsläufig zu einer umfassenden Ablehnung der Einstufung des Patentrechts als Menschenrecht führen. Dass das Recht am geistigen Eigentum handelbar ist, spricht nicht gegen eine Charakterisierung als Menschenrecht. Zumindest führt dieser Aspekt aber, wie oben erläutert, zur Einschränkung des

---

[238] United Nations High Commissioner for Human Rights, E/CN.4/Sub.2/2001/13, Rn. 14.

[239] United Nations High Commissioner for Human Rights, E/CN.4/Sub.2/2001/13, Rn. 14.

[240] United Nations Committee on Economic, Social and Cultural Rights, E/C.12/2001/15, Rn. 6.

[241] United Nations Committee on Economic, Social and Cultural Rights, "Summary Record of the 77th Meeting", E/C.12/2000/SR.77, 13.12.2000, Rn. 21.

persönlichen Schutzbereichs. Das derivativ (zum Beispiel durch Lizenzierung) erworbene Recht am geistigen Eigentum kann nicht vom Schutzbereich des Patentrechts als Menschenrecht erfasst sein, da in diesem Fall nicht mehr diejenige Person Inhaber des Rechts am geistigen Eigentum ist, deren Persönlichkeitsrechte zu schützen sind. Das Recht am geistigen Eigentum ist also, sobald es gehandelt wurde, nicht mehr als Menschenrecht geschützt.[242] Voraussetzung des menschenrechtlichen Schutzes des Patentrechts ist mithin, dass der Inhaber des Patentrechts auch gleichzeitig Träger des Erfinderrechts ist.

Dies leitet über zu dem stärksten Argument für den Menschenrechtscharakter der Patentrechte. Rechte am geistigen Eigentum, hier im Besonderen das Erfinderrecht, dienen über den Schutz der materiellen Interessen hinaus auch dem Schutz des Persönlichkeitsrechts, hier des Erfinderpersönlichkeitsrechts. Mit dem Recht auf Erfinderehre, der Anerkennung der Erfinderschaft und dem Selbstbestimmungsrecht über den Erfindungsgedanken beinhalten sie einen Menschenwürdegehalt. Gerade in Hinblick auf diesen Menschenwürdegehalt ist eine Einstufung als Menschenrecht vorzunehmen.

c) Teleologische Auslegung

Gemäß Artikel 31 Absatz 1 Wiener Vertragsrechtskonvention ist ein Vertrag des Weiteren im Lichte seines Zieles und Zweckes auszulegen. Im Folgenden wird, zumindest für einen Teilbereich, die Zielsetzung der Regelung des Artikels 15 Absatz 1 c) Internationaler Pakt über wirtschaftliche, soziale und kulturelle Rechte erläutert werden. Ausgehend davon, dass der Schutzbereich dieser Regelung sich auch auf den Schutz des Patentrechts erstreckt (siehe die Auslegung des Begriffs „Urheber von Werken der Wissenschaft"), werden vier Patenttheorien dargestellt werden, die die Zielsetzung von Patentregelungen erläutern.

Die Belohnungstheorie stellt in den Mittelpunkt den Aspekt der Belohnung des Erfinders für seine geistige Arbeit, die er zum Nutzen der Allgemeinheit geleistet hat. Der Erfinder ist „Lehrer der Nation", ihm steht deshalb aufgrund des Gebots der Gerechtigkeit eine angemessene Belohnung zu.[243] Die Belohnung besteht in der Gewährleistung eines Ausschließlichkeitsrechts, zumindest zeitlich befristet, das den Erfinder in der Gewinnerzielung unterstützt.[244] Artikel 15 Absatz 1 c) des Internationalen Pakts über wirtschaftliche, soziale und kulturelle Rechte nennt unter anderem den Schutz der „materiellen Interessen". Damit findet die Belohnungstheorie Ausdruck in dieser Norm. Ziel dieses Artikels ist also, zumindest unter anderem, die Belohnung des Erfinders.
Die Ansporntheorie sieht im Patent ein Mittel zur Förderung des technischen und wirtschaftlichen Fortschritts, hier steht das Interesse der Allgemeinheit im Vordergrund.[245] Dies bedeutet einen Perspektivenwechsel im Vergleich zur Belohnungstheorie, bei dem das Interesse des Erfinders entscheidender Beweggrund ist. Durch

---

[242] Buck, Geistiges Eigentum und Völkerrecht, S. 238.

[243] Beier, GRUR Int. 1970, 1 (2).

[244] Benkard, Patentgesetz, Gebrauchsmusterrecht, Einleitung, Rn. 1.

[245] Beier, GRUR Int. 1970, 1 (3).

diesen Ansporn können diese Regelungen durch Staaten als Wettbewerbsvorteile im Wirtschaftsbereich genutzt werden.[246] Die Ansporntheorie ist die am meisten verbreitete Patenttheorie.[247] *Beier* betrachtet die historische Entwicklung des Patentschutzes und stellt fest:

> „Sowohl aus den frühen Privilegienurkunden wie aus den Motiven der ersten Patentgesetze ergibt sich in seltener Übereinstimmung die Überzeugung der Gesetzgeber, mögen sie auch von so verschiedener Couleur sein wie der Rat der Republik Venedig, Karl V., Elisabeth von England, die Väter der amerikanischen Verfassung, die französische Nationalversammlung oder der Bismarcksche Reichstag, daß der Schutz neuer und nützlicher Erfindungen erforderlich sei, um durch Belohnung des Erfinders das "heimische Gewerbewesen" zu fördern, "den Gewerbefleiß zu ermuntern" oder – um die berühmte Formel der US-Verfassung zu gebrauchen – "to Promote the Progress of Science and Useful Arts".“[248]

Die Ansporntheorie klingt besonders deutlich an in der Regelung des Artikels 15 Absatz 1 b) des Internationalen Pakts über wirtschaftliche, soziale und kulturelle Rechte, der die Interessen der Allgemeinheit schützt („an den Errungenschaften des wissenschaftlichen Fortschritts und seiner Anwendung teilzuhaben"). Vor allem, wenn man die Bestimmungen des Absatzes 1 b) und c) zusammen liest und ihre wechselseitige Abhängigkeit berücksichtigt, sowie das Erfordernis, zwischen ihnen eine Balance zu finden, wird deutlich, dass auch die Regelung c) die Ansporntheorie wiederspiegelt. Zu ergänzen bleibt, dass die Belohnungstheorie mit der Ansporntheorie dann identisch ist, wenn die Belohnung gerade dem Ansporn gilt.

Die Vertrags- beziehungsweise Offenbarungstheorie wiederum betrachtet den Patentschutz als Möglichkeit, den Erfinder möglichst frühzeitig zu einer Offenbarung seiner Erfindergedanken zu veranlassen.[249] Erfindungen würden geheim gehalten und wären der Allgemeinheit nie oder zumindest erst wesentlich später zugänglich, wenn der Staat dem Erfinder nicht als Gegenleistung für seine Offenbarung eine zeitlich befristete Monopolstellung gewährleisten würde. Die Theorie wird in den meisten Fällen als Vertragstheorie bezeichnet, begründet mit der Vorstellung eines Austauschvertrages zwischen dem Erfinder und der Gesellschaft.[250]

Die Naturrechtstheorie beziehungsweise Theorie vom geistigen Eigentum schließlich stützt die Betrachtung des Rechts am geistigen Eigentum als Menschenrecht. Sie wurde im Zuge der Naturrechtslehre im 17. und 18. Jahrhundert begründet.[251] Das Naturrecht im Allgemeinen umfasst solche Gerechtigkeitsprinzipien, die in der

---

[246] Chapman, E/C.12/2000/12, S. 5.

[247] Beier, GRUR Int. 1970, 1 (3).

[248] Beier, GRUR Int. 1979, 227 (230).

[249] Beier, GRUR Int. 1970, 1 (4).

[250] Beier, GRUR Int. 1970, 1 (4). *Beier* führt weiterhin aus, dass die Offenbarungstheorie in vielen Grundsätzen des Patentrechts Ausdruck findet, so zum Beispiel im Anmelderprinzip, das nicht dem ersten Erfinder, sondern dem ersten Anmelder das Patent einräumt, sowie im Patenterfordernis der ausreichenden Beschreibung, Ausführbarkeit und Wiederholbarkeit der Erfindung (Beier, GRUR Int. 1970, 1 (4)).

[251] Schack, Urheber- und Urhebervertragsrecht, Rn. 99.

bestehenden Weltordnung überhaupt, in der Natur der Sache oder in der Natur des Menschen selbst angelegt sind.[252] Die Naturrechtstheorie im Speziellen geht davon aus, dass jeder Mensch an seinen Ideen ein natürliches und unbedingtes Eigentumsrecht besitzt, das jedermann zu achten habe.[253] Dieses sei mit dem Recht am Sacheigentum vergleichbar, das ebenfalls ausschließlich sei. Das Ausschließungspatent sei deshalb als die naturgemäße Form des Schutzes von Erfindungen anzusehen.[254] Die Präambel des französischen Patentgesetzes von 1791 lautete beispielsweise:

> L'Assemblée Nationale, considérant que toute idée nouvelle dont la manifestation ou le développement peut devenir utile à la société, appartient à celui qui l'a conçue, et que ce serait *attaquer les droits de l'homme dans leur essence* que de ne pas regarder une découverte industrielle comme la propriété de son auteur.[255]

Und während der parlamentarischen Beratung wurde erklärt:

> "Le droit des inventeurs est la plus inattaquable, la plus sacrée, la plus légitime, la plus personnelle des propriétés".[256]

Die Theorie vom geistigen Eigentum wurde erstmals 1710 durch das britische Statute of Anne gesetzlich anerkannt, und wurde seit der Französischen Revolution in vielen Ländern verbreitet.[257] Die Naturrechtstheorie stützt noch heute die Zuordnung des Erfinderrechts, die Zuordnung der Erfindung zum Erfinder.[258] In Reinform wird sie allerdings nicht mehr vertreten.[259] Grund hierfür ist, dass sie nicht die gesetzliche Institution des Patentschutzes, der einen staatlichen Hoheitsakt voraussetzt, erklären kann.[260] Des Weiteren steht sie im Widerspruch zur zeitlichen Begrenzung des Patentschutzes und zu seinen Beschränkungen im Interesse der Allgemeinheit.[261]
Diese vier Theorien schließen sich nicht gegenseitig aus, sondern ergänzen sich.

---

[252] Zippelius, Rechtsphilosopie, S. 92.

[253] Machlup, GRUR Int. 1961, 373 (377); Beier, GRUR Int. 1970, 1 (2).

[254] Machlup, GRUR Int. 1961, 373 (377); Beier, GRUR Int. 1970, 1 (2).

[255] Eigene Hervorhebung.

[256] Zitiert nach Beier, GRUR Int. 1970, 1 (2).

[257] Oppermann, „Geistiges Eigentum – Ein 'Basic Human Right' des Allgemeinen Völkerrechts", in: Weber, Währung und Wirtschaft, S. 451; Schack, Urheber- und Urhebervertragsrecht, Rn. 100. Das Statute of Anne war betitelt: "An act for the encouragement of learning, by the vesting the copies of printed books in the authors or purchasers of such copies, during the times therin mentioned" (Schack, Urheber- und Urhebervertragsrecht, Rn. 101).

[258] Benkard, Patentgesetz, Gebrauchsmustergesetz, Einleitung, Rn. 1.

[259] Machlup, GRUR Int. 1961, 373 (383).

[260] Beier, GRUR Int. 1970, 1 (2).

[261] Beier, GRUR Int. 1970, 1 (2).

Beier betont:

> „Die historische Betrachtung zeigt schließlich eine frappierende Übereinstim-
> mung und Kontinuität der rechts- und wirtschaftspolitischen Ziele des Erfin-
> dungsschutzes. Von den Anfängen des Erfindungsschutzes [...] bis zu den
> modernen Patentgesetzen dieses Jahrhunderts finden wir nicht nur in der Be-
> gründung, sondern auch in der rechtlichen Ausgestaltung die vier klassischen
> Leitmotive des Erfindungsschutzes: Anerkennung des geistigen Schaffens,
> Belohnung des Erfinders, Anspornung der Erfinder-, Investitions- und Innova-
> tionstätigkeit und Förderung der Offenbarung und Verbreitung technischen
> Wissens, wobei alle dies Teilziele oder Funktionen des Patentsystems dem
> einen Ziel dienen und ihm untergeordnet sind, nämlich die technische und
> wirtschaftliche Entwicklung zu fördern."[262]

Für die vorliegende Arbeit kann aus diesen vier Patentrechtstheorien Folgendes
geschlossen werden.
Die Naturrechtstheorie stützt die These, dass Patentrechte als Menschenrecht zu
gewährleisten sind. Mit Blick darauf, dass sie heute nicht mehr in Reinform vertreten
wird, ist dies allerdings lediglich als Zusatzargument zu werten.
Für die weitere Arbeit, besonders in Hinblick auf den dritten Teil, ist von Bedeutung,
dass den Theorien der Belohnung, des Ansporns und der Vertragstheorie gemein ist,
dass sie die Schranken des Patentrechts vorgeben. Es wird durch sie deutlich
gemacht, dass das Patentrecht nur so weit reicht, wie eben der Zweck dies vorgibt.
Das bedeutet Belohnung, soweit nicht die Allgemeininteressen Vortritt bekommen
müssen, Ansporn, um dem Allgemeininteresse zu dienen und Gewährleistung des
Patentrechts im Rahmen der „vertraglichen Bedingungen". Das bedeutet dann auch,
dass das Patentrecht genau dann zurücktreten muss, wenn das Allgemeininteresse
dies fordert. Mit dem Menschenrechtsaspekt lässt sich dies insofern vereinbaren, als
auch die Menschenrechte mit Schranken gewährleistet sind.

3. Zusammenfassung: Schutzbereich des Patentrechts als Menschenrecht

Es wurden verschiedene Aspekte des Schutzbereichs des Patentrechts herausgear-
beitet, die nun nochmals zusammengetragen werden.
Menschenrechtlich geschützt ist das Patentrecht für die Erfinder selbst, nicht für
sonstige Patentrechtsinhaber.
In den sachlichen Schutzbereich fällt der Schutz geistiger und materieller Interessen.
Die geistigen Interessen umfassen das Recht auf Erfinderehre, die Anerkennung der
Erfinderschaft und das Selbstbestimmungsrecht über den Erfindungsgedanken. Die
materiellen Interessen beziehen sich auf finanzielle Gesichtspunkte, auf Verwer-
tungsrechte und das Recht auf das Patent.
Zu beachten ist, dass das Patentrecht allein durch die normative Zuordnung dieses
Rechts zu Personen seine Existenz erlangt. Der Schutzbereich des Patentrechts als
Menschenrecht ist somit normgeprägt. Dieser umfasst zwei Aspekte: Zum einen
umfasst er eine Institutsgarantie, zum anderen eine Bestandsgarantie.

---

[262] Beier, GRUR Int. 1979, 227 (231).

Die Mitgliedstaaten sind mit Blick auf die Institutsgarantie verpflichtet, das Institut „Patentrecht" zu schaffen, und einen Maßstab für die einfachrechtliche Patentrechtsregelung zu setzen. Mit Blick auf die Bestandsgarantie sind sie verpflichtet, dem Einzelnen gegenüber staatlichen Eingriffen einen Bestand an Rechten zu garantieren. *Buck* stellt fest, dass die im Pakt festgelegten Garantien nicht im Sinne eines Maximalstandards gewährt werden, sondern dass Mindestanforderungen festgelegt werden.[263] Damit genießt zumindest der Kern des Patentrechts Menschenrechtsschutz.

4. Rechtsnatur der Verpflichtung der Mitgliedstaaten

Hinsichtlich der Rechtsnatur der Verpflichtung der Mitgliedstaaten gilt das oben bezüglich des Rechts auf Gesundheit Gesagte. Bei dem Internationalen Pakt über wirtschaftliche, soziale und kulturelle Rechte handelt es sich um einen rechtsverbindlichen Vertrag.

5. Ergebnis

Es kann mithin festgestellt werden, dass grundsätzlich Patentrechte als Menschenrecht geschützt sind. Dies ist besonders deutlich der historischen Auslegung zu entnehmen. Eingegrenzt ist jedoch der persönliche Schutzbereich dieses Menschenrechts. Patentrechte sind nur dann als Menschenrecht zu schützen, wenn sie vom Erfinder selbst innegehalten werden.

II. Kein Völkergewohnheitsrecht

Über die menschenrechtlichen Verträge hinaus besteht kein völkergewohnheitsrechtlicher Schutz geistigen Eigentums als Menschenrecht. Zwar besteht eine entsprechende allgemeine Übung; Rechte des geistigen Eigentums werden universell gewährleistet.[264]
Artikel 38 Absatz 1 b) des Statuts des Internationalen Gerichtshofs verlangt aber neben der Übung auch deren Anerkennung als Recht. Es muss festgestellt werden, dass diese Übung bisher nicht als Menschenrecht anerkannt ist.
Als Beispiel kann an dieser Stelle eine Diskussion innerhalb der International Law Association, einer nichtstaatlichen Organisation, genannt werden. 1986 war die Seoul-Declaration vom Committee on Legal Aspects of a New Economic Order, einem Komitee der International Law Association, verabschiedet worden.[265] Paragraph 11.1 lautet folgendermaßen:

"Every state has the right to benefit from the advances and development in science and technology for the acceleration of its economic and social devel-

---

[263] Buck, Geistiges Eigentum und Völkerrecht, S. 243.
[264] Drahos, "The Universality of Intellectual Property Rights: Origins and Development", <www.wipo.org/globalissues/events/1998/humanrights/papers/index.html.>, S. 20.
[265] Oppermann, „Geistiges Eigentum – Ein 'Basic Human Right' des Allgemeinen Völkerrechts", in: Weber, Währung und Wirtschaft, S.447.

opment in conformity with any internationally recognised right of intellectual property."

Im Anschluss sollte definiert werden, was jene „international anerkannten Rechte am geistigen Eigentum" sind.[266] Der „Gesprächskreis Internationales Wirtschaftsrecht" der deutschen Sektion der International Law Association entwarf 1993 eine "Draft Declaration on Existing and Evolving Principles and Rules on Freedom of Knowledge, International Protection of Intellectual Property and Transfer of Achievements of Science and Technology".[267] Artikel 3 Absatz 1 dieses Entwurfs lautet folgendermaßen:

"Results of intellectual activities give rise to basic human rights. Alternative: <Intellectual property rights are basic human rights>. They contribute to the international and national good and to the growth of the intellectual wealth of mankind."

Dieser Text wurde im Committee on International Trade Law, einem Komitee der International Law Association, in Genf 1993 und in Buenos Aires 1994 kurz, in Genf 1995 ausführlich diskutiert.[268] In der ausführlichen Genfer Diskussion 1995 konnte zu diesem Entwurf kein Konsens gefunden werden.[269]. *Oppermann* stellt abschließend fest:

„Die divergierenden Meinungen im [International Trade Law Committee] dürften durchaus repräsentativ für den derzeitigen Stand des Denkens innerhalb der internationalen Rechtsgemeinschaft stehen."[270]

Es bleibt festzuhalten, dass es zu keiner internationalen Anerkennung des Rechts auf geistiges Eigentum als Menschenrecht kam.

III. Ergebnis

Soweit der Schutzbereich des Artikels 15 des Internationalen Pakts über wirtschaftliche, soziale und kulturelle Rechte reicht, steht dem geistigen Eigentum menschenrechtlicher Schutz zu. Umfasst ist davon das Patentrecht, sofern die Rechte nicht derivativ erworben sind. Gewohnheitsrechtlicher Schutz kommt dem Patentrecht als Menschenrecht im Völkerrecht darüber hinaus jedoch nicht zu.

---

[266] Oppermann, „Geistiges Eigentum – Ein 'Basic Human Right' des Allgemeinen Völkerrechts", in: Weber, Währung und Wirtschaft, S. 450.
[267] Oppermann, „Geistiges Eigentum – Ein 'Basic Human Right' des Allgemeinen Völkerrechts", in: Weber, Währung und Wirtschaft, S. 450. Der Text des Entwurfs ist auf S. 457 ff. veröffentlicht.
[268] Oppermann, „Geistiges Eigentum – Ein 'Basic Human Right' des Allgemeinen Völkerrechts", in: Weber, Währung und Wirtschaft, S. 460.
[269] Oppermann, „Geistiges Eigentum – Ein 'Basic Human Right' des Allgemeinen Völkerrechts", in: Weber, Währung und Wirtschaft, S. 460.
[270] Oppermann, „Geistiges Eigentum – Ein 'Basic Human Right' des Allgemeinen Völkerrechts", in: Weber, Währung und Wirtschaft, S. 464.

Dritter Teil: Zwangslizenzen

Gegenstand des dritten Teils ist eine konkrete Situation, in der Patentrechte und das Recht auf Zugang zu essentiellen Medikamenten als Aspekt des Rechts auf Gesundheit aufeinanderprallen können: die Erteilung einer Zwangslizenz. Die Zwangslizenzerteilung setzt der Ausübung des Patentrechts Schranken – zugunsten des Rechts auf Gesundheit, wenn die entsprechenden Voraussetzungen erfüllt werden. Diese Voraussetzungen der Zwangslizenzerteilung werden im folgenden Teil erläutert.

A. Einleitung

Eine Zwangslizenz ist eine Autorisierung einer dritten Partei durch Justiz oder Verwaltung, ohne die Zustimmung des Patentinhabers, eine patentierte Erfindung zu nutzen.[271] In Artikel 31 TRIPS-Übereinkommen wird nicht der Terminus der Zwangslizenz verwendet. Vielmehr wird die Formulierung „sonstige Benutzung des Gegenstands eines Patents ohne die Zustimmung des Rechtsinhabers" gewählt. Die Regelung des Artikels 31 TRIPS-Übereinkommen lautet folgendermaßen:

> Lässt das Recht eines Mitglieds die sonstige Benutzung [...] des Gegenstands eines Patents ohne die Zustimmung des Rechtsinhabers zu, einschließlich der Benutzung durch die Regierung oder von der Regierung ermächtigte Dritte, so sind folgende Bestimmungen zu beachten: [...]
> b) [...]Auf dieses Erfordernis kann ein Mitglied verzichten, wenn ein nationaler Notstand oder sonstige Umstände von äußerster Dringlichkeit vorliegen oder wenn es sich um eine öffentliche, nicht gewerbliche Benutzung handelt. [...]

Artikel 31 regelt einerseits die Voraussetzungen der Erteilung einer Zwangslizenz, und andererseits einige Fallgruppen einer solchen Erteilung. Abschnitt B. wird sich mit den allgemeinen Voraussetzungen befassen, aber besondere Aufmerksamkeit wird in den Abschnitten C., D. und E. den Fallgruppen der Erteilung einer Zwangslizenz geschenkt werden. Während der Uruguay-Runde war zwischen den beiden Möglichkeiten abgewogen worden, allgemeine Voraussetzungen[272] für die Erteilung von Zwangslizenzen festzulegen, oder aber in einem abschließenden Katalog Fallgruppen aufzulisten.[273] Aufgrund der dabei entstandenen Schwierigkeiten, sich auf die Fallgruppen der Erteilung einer Zwangslizenz zu einigen, entschied man sich grundsätzlich dafür, lediglich allgemeine Voraussetzungen festzulegen.[274] Dennoch werden fünf Fallgruppen in Artikel 31 genannt: nationaler Notstand oder sonstige Umstände von äußerster Dringlichkeit, (Artikel 31 b)), öffentliche nicht gewerbliche Nutzung (Artikel 31 b)), wettbewerbswidrige Praktiken (Artikel 31 k)) und abhängige

---

[271] Correa, Integrating Public Health Concerns into Patent Legislation in Developing Countries, Glossary.

[272] Vorschlag der EG, Reinbothe/Howard, EIPR 1991, 157 (162).

[273] Gervais, The TRIPS Agreement, Art. 31, Rn. 2.152.

[274] Reinbothe/Howard, EIPR 1991, 157 (162); Faupel, GRUR Int. 1990, 255 (261); Pacón, GRUR Int. 1995, 875 (879).

Patente[275] (Artikel 31 I)). Es wird erläutert werden, dass diese Auflistung nicht abschließend ist, und dass Zwangslizenzen unter dem TRIPS-Übereinkommen auch bei unterlassener beziehungsweise nicht genügender Ausübung (D. IV. 1.) sowie in Hinblick auf das öffentliche Interesse erteilt werden können (D. V. 1.). *Salamolard* unterscheidet drei verschiedene Gesetzesmodelle in Hinblick auf Zwangslizenzen: das deutsche Modell (le modèle allemand), das gewöhnliche Modell (le modèle commun), und das gemischte Modell (le modèle mixte).[276] Das deutsche Modell ist ein System der Generalklausel (un système de la clause universelle), das gewöhnliche Modell ist ein System der Auflistung (un système du répertoire). Das gemischte Modell ist ein hybrides System, das eine Generalklausel einerseits und verschiedene aufgelistete Situationen andererseits beinhaltet.[277] Artikel 31 TRIPS-Übereinkommen ist dem gemischten System zuzuordnen. Die fünf in Artikel 31 aufgelisteten Fallgruppen wurden schon erwähnt. Da durch Auslegung die Bildung einer ungeschriebenen Fallgruppe in Form einer Generalklausel, „Zwangslizenz im öffentlichen Interesse", begründet wird, stellt die Regelung des TRIPS-Übereinkommens ein gemischtes System dar.

Dieser dritte Teil behandelt folgende sechs Fallgruppen: Zwangslizenzen bei nationalem Notstand (D. I.) oder sonstiger Umstände von äußerster Dringlichkeit (D. II.), bei öffentlicher nicht gewerblicher Nutzung (D. III.), bei unterlassener oder ungenügender Ausübung (D. IV.), im öffentlichen Interesse (D. V.) und bei Notstandshilfe (E. IV.). Ein Hauptproblem stellt bei allen sechs Fallgruppen die Verwendung von unbestimmten Rechtsbegriffen dar. Es wird untersucht werden, wie diese auszulegen sind. Die Auslegung findet statt unter Berücksichtigung der Belange öffentlicher Gesundheit (C.). Ein Spezialproblem bei der Erteilung von Zwangslizenzen ist in Hinblick auf Artikel 31 f) TRIPS-Übereinkommen die Problematik der nicht vorhandenen beziehungsweise nicht ausreichenden Produktionsmöglichkeiten in Mitgliedstaaten. Lösungsmöglichkeiten werden im Unterabschnitt E. erläutert.

B. Allgemeine Voraussetzungen

Im Folgenden werden die allgemeinen Voraussetzungen für die Erteilung einer Zwangslizenz dargestellt werden. Erst im Anschluss stehen die verschiedenen Fallgruppen und ihre speziellen, durch ihre Begriffe geforderten Voraussetzungen im Mittelpunkt.

Gemäß Artikel 31 müssen die folgenden allgemeinen Voraussetzungen erfüllt sein. Gemäß Artikel 31 a) wird die Erlaubnis zu einer solchen Benutzung aufgrund der Umstände des Einzelfalls geprüft. Umfang und Dauer einer solchen Benutzung sind auf den Zweck zu begrenzen, für den sie gestattet wurde (Artikel 31 c)). Eine solche Benutzung muss nicht ausschließlich sein (Artikel 31 d)). Eine solche Benutzung

---

[275] Abhängige Patente sind Patente, die nicht verwertet werden können, ohne dass gleichzeitig ein früheres oder ein auf einer früheren Anmeldung oder Priorität beruhendes Patent benutzt würde (Bodenhausen, Pariser Verbandsübereinkunft zum Schutz des gewerblichen Eigentums, S. 59, Fn. 10.).

[276] Salamolard, La licence obligatoire en matière de brevets d'invention – Etude de droit comparé, S. 38 f.

[277] Salamolard, La licence obligatoire en matière de brevets d'invention – Etude de droit comparé, S. 38 f.

kann nur zusammen mit dem Teil des Unternehmens oder des Goodwill, dem diese Benutzung zusteht, übertragen werden (Artikel 31 e)). Diese Benutzung ist vorwiegend für die Versorgung des Binnenmarkts des Mitglieds zu gestatten, das diese Benutzung gestattet (Artikel 31 f)). Diese Voraussetzung stellt ein Hindernis dann dar, wenn ein Land selbst über keine oder ungenügende Produktionsmöglichkeiten für die Herstellung von Medikamenten verfügt. Es ist dann darauf angewiesen, die Medikamente aus einem anderen Land zu importieren. In diesem müssen die Voraussetzungen des Artikels 31 f) TRIPS-Übereinkommen erfüllt werden.

Die Gestattung einer solchen Benutzung ist vorbehaltlich eines angemessenen Schutzes der berechtigten Interessen der zu ihr ermächtigten Personen zu beenden, sofern und sobald die Umstände, die zu ihr geführt haben, nicht mehr vorliegen und wahrscheinlich nicht wieder eintreten werden (Artikel 31 g)). Dem Rechtsinhaber ist eine nach den Umständen des Falls angemessene Vergütung zu leisten, wobei der wirtschaftliche Wert der Erlaubnis in Betracht zu ziehen ist (Artikel 31 h)). Jede Entscheidung betreffend die in Bezug auf eine solche Benutzung vorgesehene Vergütung unterliegt der Nachprüfung durch ein Gericht oder einer sonstigen unabhängigen Nachprüfung durch eine gesonderte übergeordnete Behörde in dem betreffenden Mitgliedstaat (Artikel 31 j)). Ebenso unterliegt die Rechtsgültigkeit einer Entscheidung im Zusammenhang mit der Erlaubnis zu einer solchen Benutzung der Nachprüfung durch ein Gericht oder einer sonstigen unabhängigen Nachprüfung durch eine gesonderte übergeordnete Behörde in dem betreffenden Mitglied (Artikel 31 i)). Gemäß Artikel 31 b) Satz 1 muss derjenige, der die Benutzung plant, sich bemüht haben, die Zustimmung des Rechtsinhabers zu angemessenen geschäftsüblichen Bedingungen zu erhalten.

Die folgenden Voraussetzungen müssen bei besonderen Fallgruppen der Zwangslizenzerteilung erfüllt sein.
Auf das Erfordernis des Artikels 31 b) Satz 1 kann ein Mitglied dann verzichten, wenn ein nationaler Notstand oder sonstige Umstände von äußerster Dringlichkeit vorliegen oder wenn es sich um eine öffentliche nicht gewerbliche Benutzung handelt (Artikel 31 b) Satz 2). Bei Vorliegen eines nationalen Notstands oder sonstiger Umstände von äußerster Dringlichkeit ist der Rechtsinhaber gleichwohl so bald wie zumutbar und durchführbar zu verständigen (Artikel 31 b) Satz 3). Gemäß Artikel 31 b) Satz 4 ist der Rechtsinhaber umgehend zu unterrichten, wenn im Fall öffentlicher nicht gewerblicher Benutzung die Regierung oder der Unternehmer, ohne eine Patentrecherche vorzunehmen, weiß oder nachweisbaren Grund hat zu wissen, dass ein gültiges Patent von der oder für die Regierung benutzt wird oder werden wird. Artikel 31 l) behandelt die Voraussetzungen, die im Fall von abhängigen Zwangslizenzen erfüllt sein müssen.

C. Zwangslizenzerteilung zum Schutz der Gesundheit

Zwangslizenzen können erteilt werden, um die Gesundheit von Menschen zu schützen. Diese Zielrichtung der im Anschluss festzulegenden Fallgruppen lässt sich stützen auf die authentische, die systematische und die teleologische Auslegung von Artikel 31 TRIPS-Übereinkommen. Auch die Verpflichtung der Mitgliedstaaten gemäß des völkergewohnheitsrechtlich bestehenden Rechts auf Gesundheit begründet eine solche Ausrichtung.

I. Erklärung von Doha zum TRIPS-Übereinkommen und der öffentlichen Gesundheit

Von großem Interesse bei der Auslegung internationaler Verträge ist eine authentische Auslegung.[278] Gemäß Artikel 31 Absatz 3 a) Wiener Vertragsrechtskonvention ist jede spätere Übereinkunft zwischen den Vertragsparteien über die Auslegung des Vertrages oder die Anwendung seiner Bestimmungen zu berücksichtigen. Mindestens alle zwei Jahre tritt eine Ministerkonferenz, die sich aus Vertretern aller Mitglieder der Welthandelsorganisation zusammensetzt, gemäß Artikel IV Absatz 1 Satz 1 WTO-Übereinkommen zusammen. Sie nimmt die Aufgaben der Welthandelsorganisation wahr und trifft die dafür erforderlichen Maßnahmen (Artikel IV Absatz 1 Satz 2 WTO-Übereinkommen).[279] Vom 09. bis zum 13.11.2001 fand die vierte Ministerkonferenz in Doha statt.[280] Es wurden dort unter anderem zwei Erklärungen verabschiedet, zum einen die Ministererklärung ("Ministerial Declaration"), zum anderen die Erklärung zum TRIPS-Übereinkommen und der öffentlichen Gesundheit ("Declaration on the TRIPS Agreement and Public Health").[281]
Die Erklärungen von Doha stellen Beschlüsse ("decisions") im Sinne von Artikel IX Absatz 1 des WTO-Übereinkommens dar.[282] Es sind keine Auslegungen gemäß Artikel IX Absatz 2 WTO-Übereinkommen, da zuvor keine Empfehlung des TRIPS-Rates gemäß Artikel IX Absatz 2 Satz 2 TRIPS-Übereinkommen ausgesprochen wurde. Erklärungen ("declarations") sind im Gegensatz zu dem Beschluss ("decision"), der Auslegung ("interpretation") und der Änderung ("amendment") nicht im WTO-Übereinkommen geregelt. Teilweise wird die rechtlich bindende Wirkung der Erklärungen von Doha bezweifelt.[283] Begründet wird dies mit einem Vergleich mit der

---

[278] Ipsen, Völkerrecht, § 11 Rn. 2.

[279] Für den Aufbau der Welthandelsorganisation gilt außerdem Folgendes: Der Allgemeine Rat, der sich aus Vertretern aller Mitglieder zusammensetzt, tritt gemäß Artikel IV Absatz 2 Satz 1 WTO-Übereinkommen zusammen, wann immer dies zweckdienlich ist. Er nimmt zwischen den Tagungen der Ministerkonferenz deren Aufgaben wahr (Artikel IV Absatz 2 Satz 2 WTO-Übereinkommen), außerdem die Aufgaben, die ihm durch das WTO-Übereinkommen übertragen sind (Artikel IV Absatz 2 Satz 3 WTO-Übereinkommen). Ein Rat für den Handel mit Waren, ein Rat für den Handel mit Dienstleistungen und ein Rat für handelsbezogene Aspekte der Rechte des geistigen Eigentums („TRIPS-Rat") sind gemäß Artikel IV Absatz 5 Satz 1 WTO-Übereinkommen tätig. Der TRIPS-Rat überwacht gemäß Artikel IV Absatz 5 Satz 4 WTO-Übereinkommen die Wirkungsweise des TRIPS-Übereinkommens. Das Sekretariat steht gemäß Artikel VI Absatz 1 WTO-Übereinkommen unter der Leitung eines Generaldirektors.

[280] Vom 09. bis zum 13.12.1996 fand die erste WTO-Ministerkonferenz in Singapur statt, vom 18. bis 20.11.1998 die zweite WTO-Ministerkonferenz in Genf, vom 30.11. bis zum 03.12.1999 die dritte in Seattle und vom 10. bis 14.09.2003 die fünfte in Cancún.

[281] World Trade Organization, Ministerial Conference, Ministerial Declaration, WT/MIN(01)/DEC/1; Declaration on the TRIPS Agreement and Public Health, WT/MIN(01)/DEC/W/2.

[282] Correa, Implications of the Doha Declaration on the TRIPS Agreement and Public Health, S. 40; Abbott, "Compulsory Licensing for Public Health Needs: The TRIPS Agenda at the WTO after the Doha Declaration on Public Health", S. 40; Charnovitz, Journal of International Economic Law 2002, 207 (209) äußert sich unter Vorbehalten.

[283] Von Charnovitz dargestellte Gegenansicht, in: Charnovitz, Journal of International Economic Law 2002, 207 (208).

Formulierung des Beschlusses der Ministerkonferenz von Doha zu Fragen der Durchführung ("implementation-related issues and concerns")[284]. Dieser sei mit „Beschluss" ("decision") untertitelt und beginne mit folgender Formulierung:

"The Ministerial Conference, [h]aving regard to Articles IV.1, IV.5 and IX of the Marrakesh Agreement Establishing the World Trade Organization".[285]

Vergleichbare Formulierungen sind nicht in den Erklärungen von Doha enthalten. Andererseits sind sie auch nicht Voraussetzung dafür, dass tatsächlich ein Beschluss vorliegt. Dafür, dass ein Beschluss vorliegt, sprechen die Anweisungen in beiden Erklärungen, zum Beispiel diejenigen an den TRIPS-Rat in den Absätzen 6 und 7 der Erklärung zum TRIPS-Übereinkommen und der öffentlichen Gesundheit.[286] In der Ministererklärung von Doha werden ebenfalls der TRIPS-Rat, des Weiteren der Rat für den Handel mit Waren, der Ausschuss für Handel und Umwelt, der Allgemeine Rat, der Ausschuss für Haushalt, Finanzen und Verwaltung, der Generaldirektor, das Sekretariat, der Unterausschuss für die am wenigsten entwickelten Länder sowie der Ausschuss für Handel und Entwicklung angewiesen.[287] Auch ein Blick auf die Entstehungsgeschichte unterstreicht, dass es sich um Akte der Ministerkonferenz und nicht der beteiligten Minister handelt. Der Vorsitzende der Ministerkonferenz von Doha, *Kamal*, formulierte folgendermaßen:

"First I should like to propose that the *Ministerial Conference adopt* the draft Ministerial Declaration in document WT/MIN(01)/DEC/W/1. May I take it that this is agreeable to members? It is so agreed. (Gavel, applause, congratulations.) I should like to propose that the *Ministerial Conference adopt* the draft Declaration on the TRIPS Agreement and Public Health in document WT/MIN(01)/DEC/W/2. May I take it that this is agreeable? (Gavel, applause.)"[288]

Vor allem die Anweisungen an die verschiedenen Organe der Welthandelsorganisation sprechen dafür, dass es sich bei den Erklärungen von Doha um Beschlüsse im Sinne von Artikel IX Absatz 1 WTO-Übereinkommen handelt. Bei der systematischen Auslegung gemäß Artikel 31 Absatz 3 a) Wiener Vertragsrechtskonvention ist ein Beschluss gemäß Artikel IX Absatz 1 Satz 1 WTO-Übereinkommen als eine Übereinkunft der Vertragsstaaten zu berücksichtigen.[289] Die Beschlüsse wurden im Verfahren gemäß Artikel IX Absatz 1 Satz 1 WTO-Übereinkommen durch Konsens von der Ministerkonferenz angenommen.[290] Die authentische Auslegung, die auf

---

[284] World Trade Organization, Ministerial Conference, WT/MIN(01)/17.

[285] World Trade Organization, Ministerial Conference, WT/MIN(01)/17, Präambel.

[286] Charnovitz, Journal of International Economic Law 2002, 207 (209).

[287] World Trade Organization, Ministerial Conference, Ministerial declaration, WT/MIN(01)/DEC/1, unter anderem in Rn. 19, 27, 32, 34, 35, 36, 37, 40, 41, 43 und 42.

[288] World Trade Organization, "A Historic Moment: 'May I take it that this is agreeable?' Gavel, applause, congratulations...", <www.wto.org/english/thewto_e/minist_e/min01_e/min01_chair_speaking_e.htm> (06.11.2002). Eigene Hervorhebung.

[289] Abbott, Journal of International Economic Law 2002, 469 (491).

[290] Abbott, Journal of International Economic Law 2002, 469 (491).

dem Konsensprinzip beruht, führt grundsätzlich bindende Wirkung für die betroffenen Parteien mit sich.[291] Sie setzt sich über allgemeine Auslegungsregeln hinweg.[292] *Correa* bekräftigt mit Blick auf diesen speziellen Fall, dass die Beschlüsse die gleiche Wirkung ("same effects") wie eine Auslegung gemäß Artikel IX Absatz 2 ausüben.[293] Dem ist entgegenzusetzen, dass die Verfahrensvoraussetzungen gemäß Artikel IX Absatz 2 WTO-Übereinkommen eine Empfehlung des zuständigen Rates (Satz 2) sowie den Beschluss mit Dreiviertelmehrheit (Satz 3) fordern. Wenn kein Unterschied bestünde in der Bindungswirkung eines Beschlusses gemäß Artikel IX Absatz 1 und einer Auslegung gemäß Artikel IX Absatz 2 TRIPS-Übereinkommen, so könnte es leicht zu einer Umgehung dieser Verfahrensvoraussetzungen kommen. Eine „gleiche Wirkung" liegt mithin nicht vor. Trotzdem kann die Wirkung eines Beschlusses derjenigen der Auslegung sehr nahe kommen.[294]

Die WTO-Ministerkonferenz stellte in ihrer Ministererklärung von Doha im November 2001 fest, dass sie die Thematik der Auslegung und Anwendung des TRIPS-Übereinkommens in Hinblick auf das Recht auf Gesundheit als so wichtig ansehe, dass ihr eine eigene Erklärung zu widmen sei:

"We stress the importance we attach to implementation and interpretation of the Agreement on Trade-Related Aspects of Intellectual Property Rights (TRIPS Agreement) in a manner supportive of public health, by promoting both access to existing medicines and research and development into new medicines and, in this connection, are adopting a separate Declaration."[295]

Absatz 4 dieser Erklärung zum TRIPS-Übereinkommen und zur öffentlichen Gesundheit lautet:

"We agree that the TRIPS Agreement does not and should not prevent members from taking measures to protect public health. Accordingly, while reiterating our commitment to the TRIPS Agreement, we affirm that the Agreement can and should be interpreted and implemented in a manner supportive of WTO members' rights to protect public health, and, in particular, to promote access to medicines for all.
In this connection, we reaffirm the right of WTO members to use, to the full, the provisions in the TRIPS Agreement, which provide flexibility for this purpose."[296]

Der Schutz der Gesundheit wird als wichtiges Ziel bezeichnet. Das TRIPS-Übereinkommen wird als Instrument bei dessen Erreichung angesehen, es ist mit Rücksicht auf den Schutz der öffentlichen Gesundheit im Allgemeinen und die Ermöglichung des Zugangs zu essentiellen Medikamenten im Besonderen auszule-

---

[291] Ipsen, Völkerrecht, § 11 Rn. 2.

[292] Jennings/ Watts, Oppenheim's International Law, Volume I – Peace, Parts II to IV, S. 1268.

[293] Correa, Implications of the Doha Declaration on the TRIPS Agreement and Public Health, S. 40.

[294] Abbott, Journal of International Economic Law 2002, 469 (491).

[295] World Trade Organization, Ministerial Conference, WT/MIN(01)/DEC/W/1, Rn. 17.

[296] World Trade Organization, Ministerial Conference, WT/MIN(01)/DEC/2, Rn. 4.

gen und anzuwenden. Ausdrücklich wird diese Stoßrichtung auch im Zusammenhang der Zwangslizenzerteilung genannt. An diese Feststellung schließt sich nämlich die Bekräftigung in Absatz 5 b) an:

> "Each member has the right to grant compulsory licences and the freedom to determine the grounds upon which such licences are granted."[297]

Festzuhalten bleibt, dass die bindende authentische Auslegung gemäß Artikel 31 Absatz 3 a) Wiener Vertragsrechtskonvention mit Blick auf die Erklärung von Doha zum TRIPS-Übereinkommen und der öffentlichen Gesundheit dazu führt, dass Zwangslizenzen in Hinblick auf den Schutz der öffentlichen Gesundheit erteilt werden können.

II. Systematische Auslegung

Dass eine Zwangslizenzerteilung den Schutz der öffentlichen Gesundheit bezwecken kann, ergibt sich auch aus der systematischen Auslegung des Artikels 31 TRIPS-Übereinkommen mit Blick auf Artikel 27 Absatz 2 TRIPS-Übereinkommen und auf Artikel XX b) GATT 1947.

1. Artikel 27 Absatz 2 TRIPS-Übereinkommen

Zunächst ist auf eine Vorschrift des TRIPS-Übereinkommens Bezug zu nehmen. Artikel 27 Absatz 2 lautet folgendermaßen:

> Die Mitglieder können Erfindungen von der Patentierbarkeit ausschließen, wenn die Verhinderung ihrer gewerblichen Verwertung innerhalb ihres Hoheitsgebiets zum Schutz der öffentlichen Ordnung oder der guten Sitten einschließlich des Schutzes des Lebens oder der Gesundheit von Menschen, Tieren oder Pflanzen oder zur Vermeidung einer ernsten Schädigung der Umwelt notwendig ist, vorausgesetzt, dass ein solcher Ausschluss nicht nur deshalb vorgenommen wird, weil die Verwertung durch ihr Recht verboten ist.

Mithin eröffnet das TRIPS-Übereinkommen ausdrücklich die Möglichkeit, private und öffentliche Interessen abzuwägen. Es muss abgewogen werden zwischen dem privaten Interesse, Erfindungen patentieren zu lassen einerseits, und dem öffentlichen Interesse andererseits, dem Schutz der öffentlichen Ordnung im Allgemeinen oder dem Leben oder der Gesundheit von Menschen im Speziellen.
Nach Ansicht von *Ford* ist diese Vorschrift Rechtsgrundlage für die Erteilung von Zwangslizenzen.[298] *Correa* jedoch betont, dass es nicht möglich ist, gemäß Artikel 27 Absatz 2 TRIPS-Übereinkommen Erfindungen für nicht patentierbar zu erachten, während gleichzeitig die Vermarktung des Produkts geduldet wird.[299] Auch *Straus* unterstreicht, dass die Patentierbarkeit einer Erfindung nur dann in Hinblick auf Artikel 27 Absatz 2 TRIPS-Übereinkommen ausgeschlossen werden kann, wenn die

---

[297] World Trade Organization, Ministerial Conference, WT/MIN(01)/DEC/2, Rn. 5.

[298] Ford, Volume 15 The American University International Law Review (2000), 941 (965).

[299] Correa, EIPR 1994, 327 (328).

gewerbliche Verwertung der betreffenden Erfindung in dem jeweiligen Mitgliedsstaat nicht erlaubt ist.[300] Diese Feststellung überzeugt im Hinblick auf die Formulierung des Artikels 27 Absatz 2 TRIPS-Übereinkommen, „vorausgesetzt, dass ein solcher Ausschluss nicht nur deshalb vorgenommen wird, weil die Verwertung durch ihr Recht verboten ist" ("provided that such exclusion is not made merely because the exploitation is prohibited by their law"). Dies bedeutet nämlich, dass zu dem Verwertungsverbot noch weitere Gründe hinzutreten müssen. Dennoch ist darauf hinzuweisen, dass in Artikel 27 Absatz 2 Aspekte des öffentlichen Interesses, wie das Leben oder die Gesundheit von Menschen, generell als schutzwürdig erachtet werden. Artikel 27 Absatz 2 regelt die Möglichkeit des Ausschlusses von der Patentierbarkeit vor dem Hintergrund des Schutzes von menschlichem Leben oder seiner Gesundheit. Dies bedeutet nicht, dass hieraus unmittelbar folgt, die Nutzung des Gegenstandes eines Patentes ohne die Zustimmung des Rechtsinhabers sei in Hinblick auf den Schutz dieser Rechtsgüter möglich. Vielmehr sind die in Artikel 27 Absatz 2 TRIPS-Übereinkommen aufgezählten Rechtsgüter als Einzelaspekte bei der Feststellung von Fallgruppen der Zwangslizenzerteilung zu berücksichtigen. Artikel 27 Absatz 2 wird somit an dieser Stelle nicht unmittelbar angewandt, sondern lediglich als eine der Quellen für die Aufzählung schutzwürdiger Rechtsgüter genutzt.

2. Artikel XX b) GATT 1947

Im weiteren Sinne umfasst die systematische Auslegung die Einbeziehung von Texten und Ereignissen außerhalb des Rahmens des Vertrages an sich.[301] Bezug zu nehmen ist auf Artikel XX b) GATT 1947.
Grundlage für das Heranziehen dieser Vorschrift bildet der gemeinsame organisatorische Rahmen des TRIPS-Übereinkommens und des GATT 1947. Das TRIPS-Übereinkommen stellt eine der drei Säulen der Welthandelsorganisation dar. Die Welthandelsorganisation wurde am 15.04.1994 auf der Ministerkonferenz in Marrakesch zum Abschluss der VIII. GATT-Handelsrunde (Uruguay-Runde, 1986 bis 1993) gegründet durch Unterzeichnung des Abkommens zur Errichtung der Welthandelsorganisation. Sie trat am 01.01.1995 in Kraft.[302] Die verschiedenen Abkommen der Welthandelsorganisation lassen sich in zwei Gruppen aufteilen: zum einen in die für alle Mitgliedstaaten verbindlichen multilateralen Vereinbarungen, zum anderen in die plurilateralen Vereinbarungen, bei denen die Teilnahme an diesen nicht an die Mitgliedschaft in der Welthandelsorganisation geknüpft ist.[303]
Das Regelsystem der Welthandelsorganisation für den internationalen Handel basiert vor allem auf den multilateralen Vereinbarungen, und besteht damit aus drei Säulen:

---

[300] Straus, GRUR Int. 1996, 179 (189).

[301] Bernhardt, "Interpretation in International Law", in: Bernhardt (Hrsg.), Encyclopedia of Public International Law, Volume II, S. 1420.

[302] Chronologischer Überblick zur Geschichte der Welthandelsorganisation in Hummer/ Weiss, Vom GATT '47 zur WTO '94, S. XXXVIII ff.

[303] Senti, GATT-WTO, S. 38; Hauser/ Schanz, Das neue GATT, S. 56 f. Es bestehen noch zwei plurilaterale Abkommen, nämlich das Übereinkommen über das öffentliche Beschaffungswesen und das Übereinkommen über den Handel mit Zivilluftfahrzeugen (World Trade Organization, Trading into the Future, S. 36).

zum einen dem GATT 1994[304], zum anderen dem GATS[305], und schließlich dem TRIPS-Übereinkommen. Das GATT 1994, General Agreement on Tariffs and Trade, Allgemeines Zoll- und Handelsabkommen, wiederum besteht aus dem GATT 1947, den in der Uruguay-Runde vorgenommenen Vertragsänderungen sowie den Zusatzabkommen.[306] Artikel XX b) GATT 1947 nun lautet folgendermaßen:

Allgemeine Ausnahmen
Unter dem Vorbehalt, dass die folgenden Maßnahmen nicht so angewendet werden, dass sie zu einer willkürlichen und ungerechtfertigten Diskriminierung zwischen Ländern, in denen gleiche Verhältnisse bestehen, oder zu einer verschleierten Beschränkung des internationalen Handels führen, darf keine Bestimmung dieses Abkommens so ausgelegt werden, dass sie eine Vertragspartei daran hindert, folgende Maßnahmen zu beschließen oder durchzuführen: [...]
b) Maßnahmen zum Schutze des Lebens und der Gesundheit von Menschen, Tieren und Pflanzen [...].

Zwar sind das GATT, GATS und TRIPS-Übereinkommen lediglich parallele Abkommen, und stehen nicht in einer Verbindung der Unter- beziehungsweise Überordnung wie dies beim Verhältnis zwischen den drei Säulen und dem WTO-Übereinkommen der Fall ist. Letzteres nimmt eine Vorrangstellung ein gegenüber den Vorschriften der multilateralen Abkommen, mithin dem GATT, GATS und TRIPS-Übereinkommen, Artikel XVI Absatz 3 WTO-Übereinkommen.[307] Aber die Welthandelsorganisation unterliegt dem Prinzip des "single package". Dies bedeutet, dass beitrittswillige Staaten der Welthandelsorganisation nur beitreten können, indem sie alle Abkommen der Uruguay-Runde übernehmen, und folglich Mitglieder der drei Säulen GATT,

---

[304] Bei der WTO handelt es sich rechtlich nicht um eine Nachfolgeorganisation des GATT 1947 (Ipsen, Völkerrecht, § 44 Rn. 43). Das GATT 1947 vom 30.10.1947 bildete ein Teilstück der weit umfassender angelegten Havanna-Charta über die Errichtung einer Internationalen Handelsorganisation (International Trade Organization) vom 24.03.1948 (Hummer/ Weiss, Vom GATT '47 zur WTO '94, S. 11 ff.) (Tietje, Einführung, S. IX). Die Internationale Handelsorganisation trat mangels einer ausreichenden Zahl an Ratifikationen niemals in Kraft (Kaltenborn, Entwicklungsvölkerrecht und Neugestaltung der internationalen Ordnung, S. 35). Das GATT hingegen wurde seit dem 01.01.1948 vorläufig angewandt, und zwar auf Basis des Protokolls von Genf über die Vorläufige Anwendung des Allgemeinen Zoll- und Handelsabkommens vom 30.10.1947 (Hummer/ Weiss, Vom GATT '47 zur WTO '94, S. 6) (Ipsen, Völkerrecht, § 44 Rn. 33).

[305] Das GATS, das General Agreement on Trade in Services, Allgemeines Abkommen über den Dienstleistungsverkehr, ist ein Abkommen zur Liberalisierung des internationalen Austauschs von Dienstleistungen.

[306] Senti, GATT-WTO, S. 67. Es bestehen folgende Zusatzabkommen: Zusatzabkommen über die Landwirtschaft, die sanitarischen und phytosanitarischen Maßnahmen, die Textilien, die technischen Handelshemmnisse, die handelsrelevanten Investitionen, das Antidumping, die Bestimmung des Zollwerts, die Subventionen und andere Handelsbereiche (Senti, GATT-WTO, S. 67).

[307] Die Vorschrift des Artikels XVI Absatz 3 WTO-Übereinkommens lautet:
Bei Vorliegen einer Normenkollision zwischen einer Bestimmung dieses Übereinkommens und einer Bestimmung eines der Multilateralen Handelsübereinkommen hat die Bestimmung dieses Übereinkommens im Ausmaß der Normenkollision Vorrang.

GATS und TRIPS werden.[308] Dies ist ein Hinweis auf das Erfordernis einer gemeinsamen und parallelen Auslegung der verschiedenen Abkommen. Es sollte zudem berücksichtigt werden, dass hier die Bezugnahme auf das GATT 1947 lediglich als eine von mehreren Auslegungsquellen dient. Sie dient nicht als direkte Grundlage für ein nicht im TRIPS-Übereinkommen gelöstes Problem. Bei der Problematik der Parallelimporte beispielsweise wird diskutiert, ob das GATT 1947 zur Definition der Erschöpfung innerhalb des TRIPS-Übereinkommens herangezogen werden kann.[309] In Hinblick auf jene Fragestellung wird die direkte Anwendbarkeit der Regelungen des GATT 1947 diskutiert. Hier jedoch dient das GATT 1947 lediglich dazu, eine mögliche Zielrichtung einer Zwangslizenzerteilung gemäß Artikel 31 Absatz 2 a) Wiener Vertragsrechtskonvention zu ermitteln. Deshalb kann die Bestimmung des Artikels XX b) GATT 1947 als Grundlage der systematischen Auslegung herangezogen werden. Das GATT 1947 ermöglicht Ausnahmen zu den gewährten Rechten in Hinblick auf verschiedene Aspekte, unter anderem zum Schutz des Lebens und der Gesundheit von Menschen gemäß Artikel XX b). Zusammenfassend kann festgestellt werden, dass auch das GATT 1947 eine Ausnahmeregelung in Hinblick auf den Schutz der menschlichen Gesundheit enthält. Dies sollte bei der Feststellung der Zielsetzung der Zwangslizenzerteilung im Sinne von Artikel 31 TRIPS-Übereinkommen Beachtung finden.

3. Zwischenergebnis

Im systematischen Zusammenhang von Artikel 31 TRIPS-Übereinkommen werden die Belange der Gesundheit berücksichtigt. Sowohl Artikel 27 Absatz 2 TRIPS-Übereinkommen als auch Artikel XX b) GATT 1947 betreffen den Wert der Gesundheit und des Lebens von Menschen. Somit kann auf eine entsprechende Beachtung bei der Zwangslizenzerteilung geschlossen werden.

III. Teleologische Auslegung

Im Folgenden steht die Zielsetzung des Artikels 31 TRIPS-Übereinkommen im Mittelpunkt. Artikel 8 TRIPS-Übereinkommen befasst sich mit den Grundsätzen des TRIPS-Übereinkommens. Artikel 8 Absatz 1 erweitert die Formulierung bezüglich des öffentlichen Interesses in Richtung des Gebiets der öffentlichen Gesundheit. Artikel 8 Absatz 1 lautet:

> Die Mitglieder dürfen bei der Abfassung oder Änderung ihrer Gesetze und sonstigen Vorschriften die Maßnahmen ergreifen, die zum Schutz der öffentlichen Gesundheit und Ernährung sowie zur Förderung des öffentlichen Inte-

---

[308] Hauser/ Schanz, Das neue GATT, S. 56. Damit wurde eine Zersplitterung des Welthandelssystem überwunden, die dadurch entstanden war, dass im Rahmen der VII. GATT-Handelsrunde (1973 bis 1979, Tokio-Runde) eine Reihe von Kodizes vereinbart wurden, an denen jeweils nur ein Teil der GATT-Vertragsparteien teilnahm (Hauser/ Schanz, Das neue GATT, S. 56).

[309] Dies wird befürwortet von Abbott and Verma, abgelehnt hingegen von Bronckers und Mager. Abbott, "First Report (Final) to the Committee on International Trade Law of the International Law Association on the Subject of Parallel Importation", S. 29, <www.ballchair.org/downloads.html> (31.01.2002); Verma, IIC 1998, 534 (554); Bronckers, Journal of World Trade 1998, 137 (143); Mager, GRUR 1999, 637 (641).

resses in den für ihre sozio-ökonomische und technische Entwicklung lebenswichtigen Sektoren notwendig sind; jedoch müssen diese Maßnahmen mit diesem Übereinkommen vereinbar sein.

Die Mitglieder dürfen Maßnahmen zum Schutz der öffentlichen Gesundheit und Ernährung und anderer entwicklungsspezifischer Ziele ergreifen. Während aber dieser erste Halbsatz umfassenden Regelungsspielraum zur Verfolgung entwicklungsspezifischer Ziele zu versprechen scheint, stellt der zweite Halbsatz dies unter den Vorbehalt der Vereinbarkeit mit dem TRIPS-Übereinkommen.[310] Damit erlaubt Artikel 8 Absatz 1 gerade keine weiteren Ausnahmen als die anderweitig durch das TRIPS-Übereinkommen gewährten.[311] Es lässt sich die Schlussfolgerung ziehen, dass die Vorschrift des Artikels 8 als deutliche Begrenzung der Freiheit des nationalen gesetzgeberischen Handelns verstanden werden kann.[312] *Straus* betont, dass

„das insofern souveräne Handeln der Mitglieder durch die umzusetzenden Verpflichtungen, jedenfalls im Bereich der Patente, in einem international auf universeller Ebene bisher nicht gekannten Maße beschränkt wird."[313]

Artikel 8 TRIPS-Übereinkommen beinhaltet folglich nicht die Möglichkeit der Ausnahmeregelung. Vielmehr ist es eine Zielbestimmung, die Grundlagen für Maßnahmen gemäß Artikel 30, 31 und 40 TRIPS-Übereinkommen regelt.[314] Wenn also für einen bestimmten Bereich des TRIPS-Übereinkommen bereits Ausnahmen von den gewährten Rechten vorgesehen sind, so kann Artikel 8 TRIPS-Übereinkommen zum Einsatz kommen, so zum Beispiel im Rahmen der Zwangslizenzregelung.[315] Artikel 8 Absatz 1 nennt ausdrücklich den Schutz der öffentlichen Gesundheit als einen der Grundsätze des TRIPS-Übereinkommens. Das ist im Zusammenhang dieser Arbeit besonders wichtig, weil hierdurch vom Übereinkommen selbst Vorgaben gegeben werden, die die Grundlage von verschiedenen Fallgruppen der Zwangslizenzerteilung darstellen. Eine Zwangslizenzregelung kann gemäß Artikel 8 Absatz 1 TRIPS-Übereinkommen das Ziel verfolgen, dem Schutz der öffentlichen Gesundheit zu dienen. Artikel 8 Absatz 1 TRIPS-Übereinkommen betrifft zwar lediglich die Abfassung und Änderung von Gesetzen und sonstigen Vorschriften. Dann müssen diese Grundsätze aber auch Anwendung finden bei deren Anwendung. Das bedeutet, dass Staaten sowohl Zwangslizenzen bereits gesetzlich speziell zum Schutz der Gesundheit regeln können, oder aber bei der Anwendung allgemeiner Zwangslizenzvorschriften diese für den Schutz der Gesundheit nutzen können.

Artikel 8 Absatz 1 TRIPS-Übereinkommen kann mithin herangezogen werden, um die Zielrichtung der Zwangslizenzerteilung gemäß Artikel 31 TRIPS-Übereinkommen

---

[310] Pacón, GRUR Int. 1995, 875 (879).

[311] Drexl, Dienstleistungen und geistiges Eigentum, S. 57.

[312] Straus, GRUR Int. 1996, 179 (179).

[313] Straus, GRUR Int. 1996, 179 (179).

[314] Gervais, The TRIPS Agreement: drafting, history and analysis, S. 68, Rn. 2.49.

[315] Blakeney, Trade Related Aspects of Intellectual Property Rights: A Concise Guide to the TRIPS Agreement, S. 90.

zu ermitteln. Zwangslizenzen können danach erteilt werden, um dem Schutz der öffentlichen Gesundheit zu dienen.

IV. Auslegung in Hinblick auf das Recht auf Gesundheit

Schließlich ist darauf hinzuweisen, dass eine völkerrechtskonforme Auslegung die Verpflichtungen der Mitgliedstaaten der Welthandelsorganisation gemäß anderer völkerrechtlicher Regelungen einbeziehen muss, in diesem Falle die menschenrechtliche Verpflichtung zum Schutz des Rechts auf Gesundheit. Gemäß Artikel 31 Absatz 3 c) Wiener Vertragsrechtskonvention ist bei der Vertragsauslegung jeder in den Beziehungen zwischen den Vertragsparteien anwendbare einschlägige Völkerrechtssatz anwendbar. Fraglich ist dann, ob Artikel 12 Internationaler Pakt über wirtschaftliche, soziale und kulturelle Rechte ein zwischen den Vertragsparteien anwendbarer einschlägiger Rechtssatz ist. Auch wenn ein Großteil der Mitglieder der Welthandelsorganisation auch Mitgliedstaaten des Internationalen Pakts über wirtschaftliche, soziale und kulturelle Rechte sind – im Jahr 2003, wie bereits erwähnt, 125 der 146 Mitgliedstaaten – so sind dies doch nicht alle.[316] Im Bericht "United States – Restrictions on Imports on Tuna", wies der Panel darauf hin, dass bilaterale und plurilaterale Übereinkommen nicht zur Auslegung des GATT 1947 gemäß Artikel 31 (in diesem Fall Absatz 3 a)) Wiener Vertragsrechtsübereinkunft herangezogen werden konnten, weil nicht alle GATT-Mitglieder Vertragsparteien waren.[317] Anders entschied dann vier Jahre später das Berufungsgremium der Welthandelsorganisation im Fall "United States - Import Prohibition of Certain Shrimp and Shrimp Products". Hier legte das Berufungsgremium den Begriff der erschöpflichen Naturschätze ("exhaustible natural resources") aus im Hinblick auf das Seerechtsübereinkommen der Vereinten Nationen vom 10.12.1982, das Übereinkommen über die biologische Vielfalt vom 05.06.1992 und eine Resolution betreffend die Unterstützung von Entwicklungsländern in Verbindung mit dem Übereinkommen zur Erhaltung der wandernden wildlebenden Tierarten vom 23.06.1979, obwohl diese Verträge auch nicht alle Mitglieder der Welthandelsorganisation unterzeichnet hatten.[318] Zu Recht stellt aber *Pauwelyn* fest:

"Here, the Appellate Body skated on thin ice without much explanation. It did not even refer to Article 31 (3) (c); nor did it explain why rules binding on only some WTO members (not including all of the disputing parties) nonetheless reflected "concerns" common to all WTO members that could, in turn, impart meaning to a WTO term."[319]

---

[316] Vergleich der Auflistungen der World Trade Organization, "Members and Observers", <www.wto.org/english/thewto_e/whatis_e/tif_e/org6_e.htm> (04.08.2003), und des Office of the United Nations High Commisssioner for Human Rights, Status of Ratifications of the Principal International Human Rights Treaties, <www.unhchr.ch/pdf/report.pdf> (04.08.2003).

[317] Panel Report, United States – Restrictions on Imports of Tuna, DS29/R, Rn. 5.19.

[318] WTO Appellate Body Report, United States - Import Prohibition of Certain Shrimp and Shrimp Products, WT/DS58/AB/R, Rn. 130.

[319] Pauwelyn, The American Journal of International Law 2001, 535 (576).

Marceau plädiert hingegen für eine solche breite Anwendung von Verträgen zur Auslegung der Abkommen der Welthandelsorganisation, vor allem deshalb, weil es ansonsten zu einer Zersplitterung des Völkerrechts komme. Je größer die Mitgliederzahl der Welthandelsorganisation, desto geringer wäre ansonsten die Möglichkeit, andere internationale Abkommen bei der Auslegung zu berücksichtigen.[320] Dem ist entgegenzusetzen, dass auf diese Weise Staaten an Normen des Völkerrechts gebunden sein könnten, denen sie nie vertraglich zustimmten, und die sich noch nicht als Gewohnheitsrecht herausgebildet haben. Solche Verträge zu Lasten Dritter würden jedoch, wie bereits festgestellt (erster Teil, B. V.), dem Prinzip der äußeren Souveränität der Staaten widersprechen. Aus diesem Grund ist bei der Auslegung grundsätzlich nur auf die Verträge Bezug zu nehmen, denen alle Parteien der Welthandelsorganisation beigetreten sind, mithin nicht auf den Internationalen Pakt über wirtschaftliche, soziale und kulturelle Rechte. Aber auch das Völkergewohnheitsrecht beinhaltet zwischen den Vertragsparteien anwendbare Völkerrechtssätze. Im ersten Teil wurde dargestellt, dass das Recht auf Gesundheit auch gewohnheitsrechtlich als Menschenrecht zu schützen ist. Dieser Rechtssatz ist dann gemäß Artikel 31 Absatz 3 c) Wiener Vertragsrechtskonvention bei der Auslegung von Artikel 31 TRIPS-Übereinkommen zu beachten. Dies eröffnet den Vertragsstaaten der Welthandelsorganisation bei der Zwangslizenzerteilung einen Handlungsspielraum in Richtung des Rechts auf Gesundheit.

V. Ergebnis

Als Ergebnis ist festzustellen, dass Zwangslizenzen grundsätzlich mit der Zielsetzung erteilt werden können, den Schutz der Gesundheit zu gewährleisten. Dies ist als eine „Voreinteilung" zu verstehen. Eine detailliertere Analyse der möglichen Gründe der Zwangslizenzerteilung erfolgt im folgenden Abschnitt, in dem verschiedene Fallgruppen dargestellt werden. Dort wird jeweils der hier erörterte Aspekt des Schutzes der Gesundheit wieder aufgegriffen.

D. Fallgruppen der Zwangslizenzerteilung zum Schutz der öffentlichen Gesundheit

In den folgenden fünf Unterabschnitten stehen fünf verschiedene Fallgruppen der Zwangslizenzerteilung in Hinsicht auf den Schutz der öffentlichen Gesundheit im Mittelpunkt: erstens der nationale Notstand, zweitens sonstige Umstände äußerster Dringlichkeit, drittens die öffentliche nicht gewerbliche Nutzung, viertens die unterlassene beziehungsweise ungenügende Ausübung und fünftens das öffentliche Interesse. Eine sechste Fallgruppe, diejenige der Notstandshilfe, wird im sich anschließenden Abschnitt im Zusammenhang der nicht vorhandenen beziehungsweise nicht ausreichenden Produktionsmöglichkeiten behandelt.

I. Nationaler Notstand

Die sonstige Benutzung des Gegenstandes eines Patents ohne die Zustimmung des Rechtsinhabers kommt unter anderem im Fall eines nationalen Notstands in Be-

---

[320] Marceau, European Journal of International Law 2002, 753 (781).

tracht. Bei dem Begriff des nationalen Notstands handelt es sich um einen unbestimmten Rechtsbegriff. Nationale Notstände können durch verschiedenste Situationen entstehen. Im Folgenden wird dargestellt werden, dass ein nationaler Notstand auch Krisen der öffentlichen Gesundheit betreffen kann, und ab wann ein solcher Notstand vorliegt.

1. Erklärung von Doha zum TRIPS-Übereinkommen und der öffentlichen Gesundheit

Zu der Feststellung, dass ein nationaler Notstand auch Krisen der öffentlichen Gesundheit betreffen kann, führt die authentische Auslegung von Artikel 31 TRIPS-Übereinkommen. Absatz 5 c) der Erklärung der Ministerkonferenz von Doha zum TRIPS-Übereinkommen und der öffentlichen Gesundheit lautet folgendermaßen:

"Each Member has the right to determine what constitutes a national emergency or other circumstances of extreme urgency, it being understood that public health crises, including those relating to HIV/AIDS, tuberculosis, malaria and other epidemics, can represent a national emergency or other circumstances of extreme urgency."[321]

Dies bedeutet, dass die Verkündung des Absatzes 5 c) eine bedeutende Entwicklung darstellt. Sie setzt Zweifeln über die Frage, ob ein nationaler Notstand Krisen der öffentlichen Gesundheit umfasst, endgültig ein Ende. Absatz 5 c) der Erklärung von Doha zum TRIPS-Übereinkommen und der öffentlichen Gesundheit bejaht dies.

2. Patentrechtlicher Notstandsbegriff

Fraglich ist aber dann, wann genau das Ausmaß eines nationalen Notstands erreicht ist.

Der Wortlaut des Begriffs "national emergency" zeigt, dass es sich bei dem nationalen Notstand um eine Situation handelt, die rasches Handeln erfordert. "Emergency" im Allgemeinen bedeutet "a state of things unexpectedly arising, and urgently demanding immediate action", "national", dass diese Situation eine ganze Nation betrifft.[322]

Die Formulierung in Artikel 31 b) TRIPS-Übereinkommen "national emergency or other circumstances of extreme urgency" verdeutlicht, dass der nationale Notstand ein Spezialfall eines Umstands von äußerster Dringlichkeit ist. Da Artikel 31 b) für den Fall des nationalen Notstands Privilegien gewährt, liegt es nahe, dass hierfür besondere Voraussetzungen erfüllt sein müssen, die die Gewährung der Privilegien rechtfertigen, und die den Anwendungsbereich dieser Fallgruppe einschränken.

---

[321] World Trade Organization, Ministerial Conference, WT/MIN(01)/DEC/W/2.

[322] Simpson/ Weiner, The Oxford English Dictionary, Volume V, S. 176; Simpson/ Weiner, The Oxford English Dictionary, Volume X, S. 232.

Sinn und Zweck dieser Fallgruppe der Zwangslizenzerteilung ist es, die Handlungs-fähigkeit von Staaten im Fall des nationalen Notstands zu stützen.

Keine weiteren Informationen sind dem historischen Kontext zu entnehmen. Der Begriff des nationalen Notstands wurde während der Vertragsverhandlungen der Uruguay-Runde, soweit ersichtlich, nicht diskutiert.[323]

Festzuhalten bleibt, dass die wörtliche, systematische und teleologische Auslegung nur zu einer sehr vagen Annäherung an den Begriff „nationaler Notstand" führt.

Der patentrechtliche Notstandsbegriff wurde bisher von keinem zuständigen Gremium ausgelegt, weder im Streitbeilegungsverfahren der Welthandelsorganisation, noch von nationalen Gerichten. Panels beziehungsweise das Berufungsgremium (Appellate Body) der Welthandels-organisation nahmen bisher sechs Berichte bezüglich des TRIPS-Übereinkommens an.[324] Keiner dieser Berichte betraf die Auslegung des Artikels 31 TRIPS-Übereinkommen. Auch entsprechende nationale Vorschriften zu Zwangslizenzen wurden bisher nicht von nationalen Gerichten unter diesem Gesichtspunkt ausgelegt. Heute beinhalten die meisten Patentgesetze der Mitgliedstaaten der Welthandelsorganisation Vor-schriften über Zwangslizenzen.[325] Die Patentgesetze von lediglich drei Staaten behandeln ausdrücklich Zwangslizenzen wegen nationalen Notstands: diejenigen Argentiniens[326], Brasiliens[327] und der Schweiz[328]. Diese drei Vorschriften wurden im

---

[323] Vergleiche Stewart, The GATT Uruguay Round, A Negotiating History (1986-1992), Volume II: Commentary, S. 2295 f.; Faupel, GRUR Int. 1990, 255 (261); Reinbothe/ Howard, EIPR 1991, 157 (162 f.).

[324] WTO Panel Report, India – Patent Protection for Pharmaceutical and Agricultural Chemical Products, WT/DS 50/R; WTO Appellate Body Report, India - Patent Protection for Pharmaceutical and Agricultural Chemical Products, WT/DS 50/AB/R; WTO Panel Report, India - Patent Protection for Pharmaceutical and Agricultural Chemical Products, WT/DS 79/R; WTO Panel Report, Canada – Patent Protection for Pharmaceutical Products, WT/DS 114/R; WTO Panel Report, Canada – Term of Patent Protection, WT/DS/170/R; WTO Panel Report, United States – Section 110 (5) of the U.S. Copyright Act, WT/DS 160/R. Die Streitbeilegung betraf eine Klage der Vereinigten Staaten gegen Indien bezüglich des Patentschutzes für pharmazeutische und landwirtschaftliche chemische Produkte und eine Klage der Europäischen Union bezüglich derselben Thematik. Die Europäische Union erhob eine Klage gegen Kanada bezüglich des Patentschutzes von pharmazeutischen Produkten. Die Vereinigten Staaten klagten gegen Kanada bezüglich seiner Patentschutzdauer. Eine Klage der Europäischen Gemeinschaft betraf Section 110 (5) des Urhebergesetzes (Copyright Act) (vergleiche zu diesen Streitbeilegungen Dörmer, GRUR Int. (1998), 918 (925 and 928); Mota, Volume 17 Arizona Journal of International and Comparative Law (2000), 533 (534)).

[325] Correa, Intellectual Property Rights, the WTO and Developing Countries – The TRIPS Agreement and Policy Options, S. 91; Bernhardt/ Krasser, Lehrbuch des Patentrechts, S. 612; Pfanner, GRUR Int. 1985, 357 (358).

[326] Artikel 45 des Argentinischen Patentgesetzes (Ley de Patentes de Invencion y Modelos de Utilidad, Ley 24.481 modificada por la Ley 24.572 T.O. 1996 - B.O. 22/3/96) lautet folgendermaßen:
  Die nationale ausführende Gewalt kann aus Gründen eines gesundheitlichen Notstands oder der nationalen Sicherheit die Nutzung von Patenten anordnen mittels Gewährung des Rechts der Ausübung, das durch ein Patent gewährt wird; Umfang und Dauer sind beschränkt auf den Zweck, für den die Lizenz gewährt wurde.
(Eigene Übersetzung. Die Originalfassung lautet wie folgt:

Anschluss an das Inkrafttreten des TRIPS-Übereinkommens eingefügt. Grundsätzlich können Urteile nationaler Gerichte als Rechtsquelle der Auslegung von Internationalem Recht dienen.[329] Diese Regelungen waren bisher jedoch nicht Gegenstand einer Auslegung durch nationale Gerichte, und können damit keine weiteren Hinweise für die Auslegung des Begriffs „nationaler Notstand" liefern.

3. Auslegung des menschenrechtlichen Notstandsbegriffs

Die Grenzen der Auslegungsmöglichkeiten gemäß Artikel 31 und 32 Wiener Vertragsrechtskonvention wurden damit erreicht. Im Folgenden wird eine Annäherung an den Begriff des nationalen Notstands über eine Parallelbetrachtung stattfinden. Zunächst wird untersucht werden, ob für den patentrechtlichen Notstandsbegriff eine dem menschenrechtlichen Notstandsbegriff entsprechende Definition vorgeschlagen werden kann. Im Anschluss erfolgt die Auslegung von Artikel 15 Europäische Menschenrechtskonvention und Artikel 4 Absatz 1 Internationaler Pakt über bürgerliche und politische Rechte.

Vier Vorschriften der internationalen Menschenrechte sehen die Möglichkeit der Einschränkung im Notstandsfall vor: Artikel 15 Absatz 1 der Europäischen Menschenrechtskonvention, Artikel 4 Absatz 1 des Internationalen Pakts über bürgerliche und politische Rechte, Artikel 30 Absatz 1 der Europäischen Sozialcharta, und Artikel 27 Absatz 1 der Amerikanischen Menschenrechtskonvention. Die Auslegung des Begriffs „nationaler Notstand" im Kontext der Menschenrechte wird deshalb als Auslegungshilfe im Zusammenhang des Patentrechts herangezogen, weil die

---

El poder ejecutivo nacional podrá por motivos de emergencia sanitaria o seguridad nacional disponer la explotación de ciertas patentes mediante el otorgamiento del derecho de explotación conferido por una patente; su alcance y duración se limitará a los fines de la concesión.)

[327] Artikel 71 des Brasilianischen Gesetzes zum Recht des gewerblichen Eigentums - Law No. 9.279, of May 14, 1996, lautet folgendermaßen:

In cases of national emergency or of public interest, declared in a specific decision of the Federal Government, provided that the patent owner or his licensee do not satisfy such need, a temporary non-exclusive compulsory license to exploit the patent may be granted ex officio without prejudice of the rights of the owner of the patent.

Sole Paragraph - The instrument granting the license shall set out its term of validity and the possibility of extension.

[328] Artikel 40 und 40 b des Schweizer Bundesgesetzes über die Erfindungspatente vom 25.06.1954 lauten folgendermaßen:

Artikel 40

D. Lizenz im öffentlichen Interesse

1 Wenn es das öffentliche Interesse verlangt, kann derjenige, dessen Lizenzgesuch vom Patentinhaber ohne ausreichende Gründe abgelehnt worden ist, beim Richter auf Erteilung einer Lizenz für die Benützung der Erfindung klagen. [...]

Artikel 40 b (eingefügt durch Gesetz vom 16.12.1994, in Kraft seit 01.07.1995)

F. Gemeinsame Bestimmungen zu den Artikeln 36–40a

1 Die in den Artikeln 36–40 a vorgesehenen Lizenzen werden nur unter der Voraussetzung erteilt, dass Bemühungen des Gesuchstellers um Erteilung einer vertraglichen Lizenz zu angemessenen Marktbedingungen innerhalb einer angemessenen Frist erfolglos geblieben sind. Solche Bemühungen sind nicht notwendig im Falle eines nationalen Notstandes oder bei äußerster Dringlichkeit. [...]

[329] Jennings/ Watts, Oppenheim's International Law, Volume I – Peace, Introduction and Part I, S. 42.

Situationen des nationalen Notstands im Menschenrechtskontext und im patentrechtlichen Kontext vergleichbar sind, sowohl materiell als auch formell.

Die Situationen des nationalen Notstands im Zusammenhang des TRIPS-
Übereinkommens und der Menschenrechtsverträge sind aus materiellen Gründen
vergleichbar, weil im zweiten Teil dargestellt wurde, dass Patentrechte als Menschenrechte gemäß Artikel 15 Absatz 1 c) des Internationalen Pakts über wirtschaftliche, soziale und kulturelle Rechte geschützt sind, sofern der Erfinder selbst Inhaber
des Patentrechts ist.

Darüber hinaus sind die beiden Situationen aus formellen Gründen vergleichbar. Das
ist insofern wichtig, als das derivativ erworbene Patentrecht nicht vom Menschenrechtsschutz erfasst ist. Der erste formelle Grund ist, dass die genannten Menschen-
rechtsregelungen mindestens Notstandsklauseln im weiteren Sinne beinhalten,
genau wie die Fallgruppe des nationalen Notstands gemäß Artikel 31 b) TRIPS-
Übereinkommen. Der zweite formelle Aspekt ist die Vergleichbarkeit in Hinblick auf
die Einstufung als Mindeststandardregelungen.

Radke unterscheidet drei verschiedene Formen der Interessenklauseln, nämlich
Notstandsklauseln im engeren Sinne, Notstandsklauseln im weiteren Sinne und
schließlich ordre public- Klauseln, die jeden von den innerstaatlichen Rechtsvor-
schriften abgedeckten Staatszweck betreffen.[330] Beim Notstand im engeren Sinne,
der „denkbar schwerste[n] Erscheinungsform einer ganzen Palette möglicher Gefah-
renlagen für die „öffentliche Sicherheit", muss die Regierung offiziell den Ausnahme-
zustand ausgerufen haben.[331] Als ein Beispiel für einen Notstand im engeren Sinne
kann Artikel 4 Absatz 1 des Internationalen Pakts über bürgerliche und politische
Rechte genannt werden.[332] Auch bei Notstandsklauseln im weiteren Sinne ist „der
Lebensnerv des Staates getroffen".[333] Beispiel hierfür ist Artikel 15 Absatz 1 der
Europäischen Menschenrechtskonvention.[334] Der folgende Abschnitt wird sich vor
allem auf diesen Artikel 15 Absatz 1 der Europäischen Menschenrechtskonvention
konzentrieren. Bei der echten Notstandsklausel des Artikels 4 Internationaler Pakt
über bürgerliche und politische Rechte findet aber die gleiche Definition des Notstands Anwendung, wie gezeigt werden wird. Zwar verlangt Artikel 31 TRIPS-

---

[330] Radke, Der Staatsnotstand im modernen Friedensvölkerrecht, S. 55 f.

[331] Radke, Der Staatsnotstand im modernen Friedensvölkerrecht, S. 56.

[332] Artikel 4 Absatz 1 lautet folgendermaßen:
Im Falle eines öffentlichen Notstandes, der das Leben der Nation bedroht und der amtlich ver-
kündet ist, können die Vertragsstaaten Maßnahmen ergreifen, die ihre Verpflichtungen aus
diesem Pakt in dem Umfang, den die Lage unbedingt erfordert, außer Kraft setzen, vorausgesetzt, dass diese Maßnahmen ihren sonstigen völkerrechtlichen Verpflichtungen nicht zuwiderlaufen und keine Diskriminierung allein wegen der Rasse, der Hautfarbe, des Geschlechts,
der Sprache, der Religion oder der sozialen Herkunft enthalten.

[333] Radke, Der Staatsnotstand im modernen Friedensvölkerrecht, S. 56.

[334] Radke, Der Staatsnotstand im modernen Friedensvölkerrecht, S. 66.
Artikel 15 Absatz 1 lautet folgendermaßen:
Wird das Leben der Nation durch Krieg oder einen anderen öffentlichen Notstand bedroht, so
kann jede Hohe Vertragspartei Maßnahmen treffen, die von den in dieser Konvention vorgesehenen Verpflichtungen abweichen, jedoch nur, soweit es die Lage unbedingt erfordert und
wenn die Maßnahmen nicht im Widerspruch zu den sonstigen völkerrechtlichen Verpflichtungen der Vertragspartei stehen.

Übereinkommen nicht die offizielle Ausrufung eines nationalen Notstands und ist somit keine Notstandsklausel im engeren Sinne. Dadurch, dass der Notstand genannt wird, geht die Regelung aber über diejenigen der ordre-public-Klauseln hinaus und stellt deshalb eine Notstandsklausel im weiteren Sinne dar. Artikel 31 TRIPS und ist darum mit den genannten Regelungen formell vergleichbar.

Des Weiteren ist *Helfer* der Ansicht, dass Menschenrechte und Rechte am geistigen Eigentum in Hinblick auf ihren ähnlichen systematischen und strukturellen Rahmen vergleichbar sind.[335] Die Europäische Menschenrechtskonvention wie das TRIPS-Übereinkommen sind im Kern Verträge, die Minimalstandards festlegen. Menschenrechte betreffen Rechte für Individuen, und Rechte und Pflichten für die Vertragsparteien. *Higgins* stellt fest: „A human right is a right held vis-à-vis the state, by virtue of being a human being."[336] Im Gegensatz hierzu behandeln die Abkommen der Welthandelsorganisation die rechtlichen Verpflichtungen der Vertragsstaaten untereinander. Die Rechte und Verpflichtungen entstehen somit zwischen den Staaten selbst.[337] Anders, und damit vergleichbar mit der Situation der Menschenrechte, stellt sich wiederum die Regelung im TRIPS-Übereinkommen dar. Hier werden, zumindest in eingeschränktem Maße, Individuen Rechte gewährt. Gemäß Artikel 1 Absatz 3 TRIPS-Übereinkommen gewähren die Mitglieder die in diesem Übereinkommen festgelegte Behandlung den Angehörigen der anderen Mitglieder. Hieraus folgt, dass die Situationen des nationalen Notstands, auf die im TRIPS-Übereinkommen und in den Menschenrechtsverträgen Bezug genommen wird, aus formellen Gründen vergleichbar sind.

Es wird nun die Auslegung des Begriffs „nationaler Notstand" im Kontext der Menschenrechte durch die Rechtsprechung und Literatur untersucht werden.

Der Europäische Menschenrechtsgerichtshof stellte in Hinblick auf Artikel 15 Absatz 1 der Europäischen Menschenrechtskonvention im Fall „Lawless v. Irland" fest, dass die normale und gewohnheitsrechtliche Bedeutung des Begriffs öffentlicher Notstand, der das Leben der Nation bedroht, hinreichend klar seien. Der Begriff beziehe sich auf Ausnahmesituationen durch Notstandsfälle, welche die gesamte Bevölkerung beträfen und eine Bedrohung darstellten für das organisierte Leben der Gemeinschaft, aus der der Staat bestehe.[338] Die Europäische Menschenrechtskommission unterschied im Fall Dänemark, Norwegen, Schweden und die Niederlande v. Griechenland ("Greek case") vier Voraussetzungen, die im Fall eines öffentlichen Notstands erfüllt sein müssen.[339] Der öffentliche Notstand muss akut bestehen beziehungsweise nahe bevorstehend sein. Seine Auswirkungen müssen die gesamte Nation betreffen. Das Fortbestehen des organisierten Lebens der Gemeinschaft muss bedroht sein. Die Krise oder Gefahr muss eine Ausnahmesituation darstellen insofern, als dass übliche Maßnahmen oder Beschränkungen zum

---

[335] Helfer, EIPR 1999, 8 (9).

[336] Higgins, Problems and Process - International Law and How We Use It, S. 98.

[337] Lim, E/C.12/2001/WP.2, II.

[338] European Court of Human Rights, Lawless v. Ireland, Rn. 28, <www.echr.coe.int/> (04.02.2002).

[339] European Commission of Human Rights, Greek case, 12a Y.B. Eur. Convention Human Rights, Rn. 153.

Aufrechterhalten der öffentlichen Sicherheit, Gesundheit und Ordnung nicht adäquat sind.[340]

Was Artikel 4 Absatz 1 des Internationalen Pakts über bürgerliche und politische Rechte betrifft, so stellte der Menschenrechtsausschuss der Vereinten Nationen fest, dass Maßnahmen gemäß dieses Artikels zeitweiliger Natur sein und Ausnahmen darstellen müssen.[341] *Buergenthal* und *Nowak* sind der Meinung, dass die soeben dargestellte Definition des Menschenrechtsgerichtshofs und der Menschenrechtskommission auch auf die identische Sprache des Artikels 4 Absatz 1 des Internationalen Pakts über bürgerliche und politische Rechte Anwendung findet.[342]

Oben wurde bereits begründet, dass die Anwendung dieser Definition auch für das TRIPS-Übereinkommen vorgeschlagen wird. Fraglich ist, ob Krisen der öffentlichen Gesundheit Umstände darstellen können, die als eine Situation des nationalen Notstands einzustufen sind.

Der öffentliche Notstand muss akut bestehen beziehungsweise nahe bevorstehend sein. Dies ist beispielsweise zu bejahen in Fällen, in denen ein Großteil der Bevölkerung bereits mit HIV infiziert ist beziehungsweise infiziert zu werden droht. In Hinblick auf die in der Einleitung aufgeführten Daten ist erneut festzustellen, dass dies zum Beispiel in Schwarzafrika der Fall ist. Die HIV-Infizierungsrate liegt in Namibia bei 22,5 %, in Südafrika bei 20,1 %, in Sambia bei 21,52 %, in Lesotho bei 31 %, in Simbabwe bei 33,73 %, in Swasiland bei 33,44 %, in Botswana bei 38,80 % der erwachsenen Bevölkerung.[343]

Seine Auswirkungen müssen die gesamte Nation betreffen. Nicht nur die mit einem Virus wie dem HIV infizierten Menschen sind direkt von dessen Auswirkungen betroffen. Ihre Familie haben desgleichen die Konsequenzen zu tragen. Eines von zwei Kindern wird in Simbabwe in absehbarer Zeit als Waise aufwachsen.[344] Es ist offensichtlich, dass diese Umstände die ganze Gesellschaft betreffen, in Hinblick auf die Behandlung und Fürsorge für die erkrankten Personen, und Unterstützung der Familien. Die Gesellschaft spürt auch in finanzieller Hinsicht Auswirkungen, wenn ein Viertel oder Drittel der Bevölkerung erkrankt beziehungsweise stirbt und nicht mehr zum Unterhalt der Familien und zum Steueraufkommen im Allgemeinen beiträgt.

Das Fortbestehen des organisierten Lebens der Gemeinschaft muss bedroht sein. Der *Hohe Kommissar der Vereinten Nationen für Menschenrechte* nahm folgendermaßen Bezug auf einen Bericht von UNAIDS:

"A recent report of UNAIDS illustrates the developmental dimensions of HIV/AIDS. For example, surveys note that households caring for a family member with AIDS suffer dramatic decreases of income. In education, HIV is

---

[340] European Commission of Human Rights, Greek case, 12a Y.B. Eur. Convention Human Rights, Rn. 153.

[341] UN Human Rights Committee, General Comment 5/13 – Public Emergency (28.07.1981), Rn. 1, in: Nowak, U.N. Covenant on Civil and Political Rights – CCPR Commentary, S. 850.

[342] Buergenthal, "To Respect and to Ensure: State Obligations and Permissible Derogations", in: Henkin, The International Bill of Rights – The Covenant on Civil and Political Rights, S. 80; Nowak, U.N. Covenant on Civil and Political Rights – CCPR Commentary, S. 78.

[343] United Nations Development Programme, Human Development Report 2003, S. 260 f.

[344] Sartorius, Süddeutsche Zeitung vom 23/ 24.06.2001, S. 3.

taking its toll, first by eroding the supply of teachers who fall ill as a result of the virus, second, by health treatment eating into family education budgets, third, by adding to the pool of children who are growing up without parental support which may effect their ability to stay at school. In the agricultural sector, sickness of farm workers has resulted in a fall in agricultural output and might threaten food security. HIV is hurting business through absenteeism, lower productivity, and higher overtime costs for workers obliged to work longer hours to replace sick colleagues."[345]

In Hinblick auf diese geschilderten Umstände ist zu bejahen, dass das Fortbestehen des organisierten Lebens der Gemeinschaft bedroht sein kann in Krisen der öffentlichen Gesundheit.

Des Weiteren stellt die Krise eine Ausnahmesituation dar insofern, als dass übliche Maßnahmen oder Beschränkungen zum Aufrechterhalten der öffentlichen Sicherheit, Gesundheit und Ordnung nicht adäquat sind. An dieser Stelle ist zu betonen, dass in Hinblick auf diese Voraussetzung die Durchführung von Präventivmaßnahmen von Bedeutung ist. Ist es jedoch bereits zur Verbreitung einer Krankheit gekommen, ist ein solches Ausmaß erreicht, dass die vorigen Voraussetzungen erfüllt sind, so rückt die Behandlung dieser Krankheiten in den Vordergrund. Im Hinblick auf die Behandlung von AIDS beispielsweise sind jedoch Defizite festzustellen: In Entwicklungsländern haben lediglich weniger als 5 % der Menschen, die eine antiretrovirale Behandlung benötigen, Zugang zu dieser.[346] Die üblichen Maßnahmen sind bisher also nicht adäquat, um die öffentliche Gesundheit aufrechtzuerhalten.

Es ist abschließend festzustellen, dass Krisen der öffentlichen Gesundheit Notstandssituationen darstellen können im Sinne der Auslegung des Artikels 15 Absatz 1 der Europäischen Menschenrechtskonvention, und deshalb auch im Sinne des Artikels 31 b) TRIPS-Übereinkommen.

4. Ergebnis

Es kann zusammengefasst werden, dass Krisen der öffentlichen Gesundheit Umstände eines nationalen Notstands darstellen können, unter denen Zwangslizenzen gemäß Artikel 31 TRIPS-Übereinkommen erteilt werden können. Die Erklärung von Doha zum TRIPS-Übereinkommen und der öffentlichen Gesundheit resultierte in der Formulierung einer Unterfallgruppe des nationalen Notstands, nämlich derjenigen der Krise der öffentlichen Gesundheit. Die authentische Auslegung führt mithin zu der bejahenden Beantwortung der Frage, ob Krisen der öffentlichen Gesundheit grundsätzlich Situationen des nationalen Notstands darstellen können (Frage des „ob"). Der Vergleich mit der Auslegung im Menschenrechtskontext könnte jedoch darüber hinaus zu einer Konkretisierung des Anwendungsbereichs führen. Auf seiner Grundlage werden Voraussetzungen entworfen, unter denen ein Fall des nationalen Notstands vorliegt. Hierdurch wird also die Frage beantwortet, welche konkreten Voraussetzungen in einem solchen Fall erfüllt sein müssen (Frage des „wann"). Diese Vorgehensweise entspricht, so ist einschränkend festzustellen, nicht den

---

[345] High Commissioner for Human Rights, E/CN.4/Sub.2/2001/13, Rn. 45; UNAIDS, "Report on the Global HIV/AIDS Epidemic", UNAIDS/00.13E, S. 26 ff. zitierend.

[346] Thompson, "Coordinates 2002, Charting Progress against AIDS, TB and Malaria", S. 14.

Methoden der Auslegung gemäß Artikel 31 und 32 Wiener Vertragsrechtskonvention. Die Definition des Begriffs „nationaler Notstand" im Zusammenhang des TRIPS-Übereinkommens bedarf in Zukunft der Ausgestaltung durch die völkerrechtliche Praxis. Vorgeschlagen wird an dieser Stelle die Prüfung der vier dargestellten Voraussetzungen. Diese formen dann eine hohe Hürde, andererseits findet in dieser Fallgruppe die Privilegierung gemäß Artikel 31 b) Satz 2 TRIPS-Übereinkommen Anwendung.

II. Sonstige Umstände von äußerster Dringlichkeit

Bei den „sonstigen Umständen von äußerster Dringlichkeit", genannt in Artikel 31 b) Sätze 2 und 3 TRIPS-Übereinkommen, handelt es sich um eine Fallgruppe, die derjenigen des nationalen Notstands sehr nahe steht. Im Vergleich stellen sonstige Umstände von äußerster Dringlichkeit ein Minus zum nationalen Notstand dar. Im Ergebnis müsste nicht zwischen diesen beiden Fallgruppen unterschieden werden. Aber es ist wichtig zu wissen, ab wann „sonstige Umstände von äußerster Dringlichkeit" vorliegen, weil auch in diesen die privilegierenden Voraussetzungen des Artikels 31 b) Satz 2 TRIPS-Übereinkommen Anwendung finden.

In der Erklärung von Doha zum TRIPS-Übereinkommen und der öffentlichen Gesundheit wurde nicht zwischen beiden Fallgruppen unterschieden. Im bereits zitierten Absatz 5 c) wird festgestellt, dass Krisen der öffentlichen Gesundheit einen nationalen Notstand oder sonstige Umstände von äußerster Dringlichkeit darstellen können.[347]

Dass an das Vorliegen sonstiger Umstände von äußerster Dringlichkeit strikte Anforderungen zu setzen sind, ergibt sich daraus, dass sie schwerwiegende Konsequenzen mit sich führen. Im Fall sonstiger Umstände von äußerster Dringlichkeit können Mitgliedstaaten darauf verzichten, sich um die Zustimmung des Patentrechtsinhabers zur Nutzung bei angemessenen geschäftsüblichen Bedingungen zu bemühen (Artikel 31 b) Satz 2 TRIPS-Übereinkommen).

Die Formulierung „sonstige Umstände von äußerster Dringlichkeit" ("other circumstances of extreme urgency") legt nahe, dass in dieser Situation rascher Handlungsbedarf besteht. Die Bedeutung der Dringlichkeit wird gesteigert durch das hinzugefügte, selbst gesteigerte Adjektiv "extreme". Das „sonstige" ("other") grenzt ab zu der Fallgruppe des nationalen Notstands, in dem Sinne, dass auch Situationen nationalen Notstands Umstände von äußerster Dringlichkeit darstellen, die aber eben ein noch größeres Ausmaß annehmen. Der Fall der sonstigen Umstände äußerster Dringlichkeit stellt nach dem Wortlaut einen „Fast-Notstand" dar. Fraglich ist dann, wodurch sich die beiden Situationen unterscheiden. Bei der Abgrenzung sind die zuvor vorgeschlagenen vier Kriterien für das Vorliegen eines nationalen Notstands wieder aufzugreifen. Differenzierung findet sich bei dem Kriterium des Notstands, das der „äußersten Dringlichkeit" entspricht. Dies ist in der Definition des nationalen Notstands die Forderung, dass bei einem Notstand das Fortbestehen des organisierten Lebens der Gemeinschaft bedroht sein muss. Solch ein Grad an zu befürchtenden Folgen muss im Fall äußerster Dringlichkeit noch nicht vorliegen. Äußerste

---

[347] World Trade Organization, Ministerial Conference, WT/MIN(01)/DEC/2, Rn. 5.

Dringlichkeit kann bereits bestehen, wenn schwerwiegende negative Konsequenzen drohen. Dies ist damit das entscheidende Abgrenzungskriterium. Alle anderen Aspekte des nationalen Notstands entsprechen aber auch der Situation sonstiger Umstände von äußerster Dringlichkeit. Ein Notstand muss akut sein oder nahe bevorstehen. Dies ist auch bei den sonstigen Umständen der Fall, dies führt das Vorliegen „äußerster Dringlichkeit" mit sich. Die ganze Nation muss von einem Notstand betroffen sein. Es liegt nahe, dass dieses Kriterium auch auf die Fallgruppe der sonstigen Umstände anzuwenden ist. Darauf lässt die Verwendung des „sonstige" schließen, die eine enge Bindung zu der Situation des nationalen Notstands herstellt. Bei einem nationalen Notstand muss zudem die Krise eine Ausnahmesituation darstellen, die üblichen Maßnahmen zum Aufrechterhalten der öffentlichen Sicherheit, Gesundheit oder Ordnung dürfen nicht adäquat sein. Der gleiche strenge Maßstab ist auch bei sonstigen Umständen äußerster Dringlichkeit anzulegen. Ansonsten ließe sich die Privilegierung des Artikels 31 b) Satz 2 TRIPS-Übereinkommen nicht begründen.

Zusammenfassend festgestellt sind auch bei der privilegierten Fallgruppe der sonstigen Umstände von äußerster Dringlichkeit strenge Kriterien anzulegen; Krisen der öffentlichen Gesundheit können aber, wie in der Erklärung von Doha festgestellt, Umstände von äußerster Dringlichkeit darstellen.

III. Öffentliche nicht gewerbliche Nutzung

Neben dem Fall eines nationalen Notstands oder sonstiger Umstände von äußerster Dringlichkeit nennt Artikel 31 b) Satz 2 Alternative 2 TRIPS-Übereinkommen den Fall der öffentlichen nicht gewerblichen Nutzung. Diese verschiedenen Gründe der Zwangslizenzerteilung sind zu unterscheiden, wie aus den verschiedenen Folgen des Artikels 31 b) Satz 3 TRIPS-Übereinkommen für den Fall des nationalen Notstands und sonstiger Umstände von äußerster Dringlichkeit und des Satzes 4 für den Fall der öffentlichen nicht gewerblichen Nutzung zu schlussfolgern ist. Die Auslegung des Begriffs der öffentlichen nicht gewerblichen Nutzung stand nicht im Mittelpunkt der Diskussionen der vergangenen Zeit. Diese konzentrierten sich auf die Fälle des nationalen Notstands und sonstiger Umstände von äußerster Dringlichkeit. Im folgenden Abschnitt wird der Begriff „öffentliche nicht gewerbliche Nutzung" ausgelegt werden.

Grundlage der wörtlichen Auslegung wird der englische Begriff für nicht gewerblich, "non-commercial", sein. Der Begriff "commercial" bedeutet zum einen den Handel betreffend, und zum anderen, Profit als vornehmliches Ziel zu haben, und nicht künstlerische oder ähnliche Werte.[348] Im Hinblick auf diese Definition könnte „öffentliche nicht gewerbliche Nutzung" bedeuten, dass Produkte, die unter Verwendung einer Zwangslizenz produziert sind, nicht verkäuflich sind, und vielmehr kostenlos an die Empfänger zu verteilen sind. Andererseits könnte dies auch bedeuten, dass die betreffenden Produkte zwar verkauft werden können, allerdings ohne eine Gewinnmarge zu erzielen.

---

[348] Hawkins/ Allen, The Oxford Encyclopedic English Dictionary; S. 293; Makins, Collins Concise English Dictionary, S. 266.

Gemäß Artikel 31 b) Satz 1 TRIPS-Übereinkommen muss sich derjenige, der die Benutzung plant, bemüht haben, die Zustimmung des Rechtsinhabers zu angemessenen geschäftsüblichen Bedingungen zu erhalten. Gemäß Artikel 31 b) Satz 2 Alternative 3 TRIPS-Übereinkommen kann auf dieses Erfordernis verzichtet werden im Fall der öffentlichen nicht gewerblichen Nutzung, genauso wie im Fall des nationalen Notstands oder sonstiger Umstände von äußerster Dringlichkeit (Alternativen 1 und 2). Dies deutet darauf hin, dass der Fall der öffentlichen nicht gewerblichen Nutzung dem des nationalen Notstands und äußerster Dringlichkeit ähnlich sein muss. Er muss eine Situation darstellen, die die Anwendung privilegierter Voraussetzungen rechtfertigt.

Die Nennung dieses Falls kann dahingehend verstanden werden, dass er den Mitgliedstaaten einen gewissen Ermessensspielraum eröffnet, um ihre politischen Konzepte umzusetzen, zumindest innerhalb des Rahmens einer „nicht gewerblichen Nutzung". Nach Ansicht *Correas* kann öffentliche nicht gewerbliche Nutzung dann zur Anwendung kommen, wenn ein staatliches Organ eine durch Patentrecht geschützte Erfindung nutzen muss, um ihre Aufgaben zu erfüllen.[349] *Blakeney* nimmt Bezug auf die Beispiele der Gebiete der öffentlichen Gesundheit und der Staatsverteidigung, in denen es zu öffentlicher nicht gewerblicher Nutzung kommen könne.[350] Die öffentliche nicht gewerbliche Nutzung soll also der Aufgabenerfüllung des Staates dienen. Dass der Gesundheitsschutz wiederum zu den Aufgaben der Staaten gehört, wurde bereits im ersten Teil dargestellt. Die Staaten sind aus Artikel 12 Absätze 1 und 2 Internationaler Pakt über wirtschaftliche, soziale und kulturelle Rechte beziehungsweise völkergewohnheitsrechtlich verpflichtet, den Schutz der Gesundheit der Bevölkerung zu gewährleisten. Eine der Hauptverpflichtungen in dieser Hinsicht ist, wie gezeigt, die Ermöglichung des Zugangs zu essentiellen Medikamenten. Staaten können sich also auf ihre Verpflichtung gemäß Artikel 12 Absätze 1 und 2 d) Internationaler Pakt über wirtschaftliche, soziale und kulturelle Rechte beziehungsweise aus Völkergewohnheitsrecht berufen, um eine Grundlage für die Aufgabenerfüllung zu nennen. Der Schutz der Gesundheit stellt damit eine zulässige Zielsetzung der öffentlichen nicht gewerblichen Nutzung dar.

Die historische Auslegung kann in diesem Fall keine zusätzlichen Informationen liefern. Diskussionen während der Uruguay-Runde in Bezug auf die öffentliche nicht gewerbliche Nutzung konzentrierten sich auf den Umfang der Vergütung. Vor Inkrafttreten des TRIPS-Übereinkommens war nämlich keine Entschädigung bei der öffentlichen nicht gewerblichen Nutzung vorgesehen.[351] Der Entwurfstext der Vereinigten Staaten sah eine volle Entschädigung vor ("full compensation"), während der Entwurf der Entwicklungsländer eine angemessene Vergütung vorsah ("adequate

---

[349] Correa, "Patent Rights", in: Correa/ Yusuf, Intellectual Property and International Trade, S. 212.
[350] Blakeney, Trade Related Aspects of Intellectual Property Rights: A Concise Guide to the TRIPS Agreement, S. 91.
[351] Staehelin, Das TRIPs-Abkommen – Immaterialgüterrechte im Licht der globalisierten Handelspolitik, S. 92.

remuneration").[352] Artikel 31 h) TRIPS-Übereinkommen sieht nun für jeden Fall der Zwangslizenzerteilung die Zahlung einer angemessenen Vergütung vor.

Der Fall der Zwangslizenz im Hinblick auf öffentliche nicht gewerbliche Nutzung hatte zuvor in den Vereinigten Staaten Anwendung gefunden. Section 1498 (zu Patent- und Urheberrechtsfällen) des Title 28 (zum Gerichtsverfahren) des United States Code war Grundlage der Regelung im TRIPS-Übereinkommen.[353] Die Norm sieht vor, dass, wenn das Urheber- oder Patentrecht durch die Regierung verletzt wird,

"the owner's remedy shall be by action against the United States in the United States Claims Court for the recovery of his reasonable and entire compensation for such use and manufacture".[354]

Ein weiteres Beispiel nationaler Gesetzgebung bezüglich öffentlicher nicht gewerblicher Nutzung findet sich im Recht des Vereinigten Königreichs. Sections 55 bis 59 des Patentgesetzes (Patents Act 1977) regeln den "Crown Use", während sich Sections 48 bis 54 mit Zwangslizenzen befassen. *Holyoak* und *Torremans* stellen fest, dass die staatlichen Befugnisse ("powers of the Crown") in Bezug auf Patente sehr weitreichend sind, insbesondere im Vergleich zu beschränkten Handlungsrahmen anderer Rechtsordnungen ("particularly when compared with less draconian powers in most other jurisdictions").[355] Nach Ansicht *Cornishs* wird der Crown Use oft kritisch betrachtet, vor allem in der Europäischen Gemeinschaft und anderen Ländern, welche ihren Regierungen nicht "so wide-ranging a weapon" liefern.[356] Dieser Vergleich verstärkt den Eindruck, dass der Fall der öffentlichen nicht gewerblichen Nutzung eine Ausnahme darstellen muss, die aber in breiterem Ausmaße als zum Beispiel der Fall des nationalen Notstands Anwendung finden könnte.

Als Ergebnis ist festzustellen, dass der Grund der öffentlichen nicht gewerblichen Nutzung weniger hohe Hürden errichtet als die Fallgruppen des nationalen Notstands und sonstiger Umstände von äußerster Dringlichkeit, die Gegenstand der vorhergehenden Abschnitte waren. Das bedeutet, dass Staaten leichter Zwangslizenzen in Hinblick auf eine öffentliche nicht gewerbliche Nutzung erteilen können. Der Schutz der Gesundheit stellt eine zulässige Zielsetzung der öffentlichen nicht gewerblichen Nutzung dar. Es sollte allerdings berücksichtigt werden, dass die Kosten durch die Mitgliedstaaten zu tragen sind, oder zumindest keine Gewinnmargen eröffnet sind, was die Anforderungen an diese Fallgruppe wiederum wachsen lässt. Dies wäre auch eine mögliche Erklärung dafür, dass diese Fallgruppe der Zwangslizenzerteilung bisher in der öffentlichen Diskussion nicht sehr viel Beachtung fand.

---

[352] Stewart, The GATT Uruguay Round, A Negotiating History (1986-1992), Volume II: Commentary, S. 2297.
[353] Correa, "Patent Rights", in: Correa/ Yusuf, Intellectual Property and International Trade, S. 212; Gorlin, An Analysis of the Pharmaceutical-Related Provisions of the WTO TRIPS (Intellectual Property) Agreement, S. 34.
[354] Title 28, Section 1498 (a) Satz 1 United States Code.
[355] Holyoak/ Torremans, Intellectual Property Law, S. 89.
[356] Cornish, Intellectual Property: Patents, Copyright, Trade Marks and Allied Rights, S. 296.

IV. Unterlassene oder ungenügende Ausübung

Als weitere Fallgruppe der Zwangslizenzerteilung kommt die Nichtausübung oder die nicht ausreichende Ausübung in Betracht. Denkbar ist, dass das Patentrecht bezüglich eines für den Schutz der öffentlichen Gesundheit benötigten essentiellen Medikaments nicht (ausreichend) ausgeübt wird. Die unterlassene oder ungenügende Ausübung findet keine Erwähnung in Artikel 31 TRIPS-Übereinkommen. Geregelt wird sie hingegen in Artikel 5 A Absätze 2 und 4 der Pariser Verbandsübereinkunft. Gemäß Artikel 2 Absatz 1 TRIPS-Übereinkommen befolgen die Mitgliedstaaten die Artikel 1 bis 12 sowie Artikel 19 der Pariser Verbandsübereinkunft, damit eben auch Artikel 5 A.

1. Unterlassene oder ungenügende Ausübung

Zunächst ist zu klären, was unter unterlassener oder ungenügender Ausübung zu verstehen ist. Legt man diese Begriffe weit aus, so fällt hierunter die unterlassene beziehungsweise ungenügende Produktion in dem betreffenden Land selbst. Legt man sie eng aus, so umfassen sie lediglich den unterlassenen oder ungenügenden Import in das jeweilige Land. Als Fallgruppe einer Zwangslizenzerteilung kommt unter dem TRIPS-Übereinkommen die unterlassene oder ungenügende Ausübung nur dann in Betracht, wenn diese Begriffe eng interpretiert werden.

Dies lässt sich systematisch begründen unter Verweis auf Artikel 27 Absatz 1 Satz 2 TRIPS-Übereinkommen. Gemäß dieser Regelung können Patente ausgeübt werden, ohne dass danach diskriminiert werden darf, ob die Erzeugnisse eingeführt oder im Land hergestellt werden. Überwiegend wird zu dieser Regelung vertreten, dass ausreichende Ausübung des Patentrechts auch durch Import gewährleistet werden kann, und dass eine Verpflichtung zur Herstellung im Land verboten ist.[357] Lediglich *Correa* verwies auf eine zweite Auslegungsmöglichkeit:

"A second interpretation would be that the requirement of that provision is met if the compulsory licensing rules do not treat differently imported and locally produced products."[358]

Er stützte diese Interpretationsmöglichkeit auf das Beispiel einer Norm der Andengruppe, die jedoch inzwischen bereits geändert worden war, und keine entsprechende Regelung mehr enthält.[359]

---

[357] Vertreten von Straus, GRUR Int. 1996, 179 (200); Staehelin, Das TRIPs-Abkommen – Immaterialgüterrechte im Licht der globalisierten Handelspolitik, S. 88; Verma, IIC 1996, 331 (343); Bronckers, Common Market Law Review 1994, 1245 (1272).

[358] Correa, EIPR 1994, 327 (331).

[359] Correa stellt in einer Fußnote fest:
"Article 41 of Decision 313 (Andean Group) *provided* an example of a solution of this type." (Correa, EIPR 1994, 327 (331, Fn. 23); eigene Hervorhebung). Die Decision 313 wurde mit Wirkung zum 01.01.1994 geändert durch die Andean Community Decision 344. Artikel 42 Absatz 1 in Verbindung mit Artikel 38 Satz 2 der Decision 344 enthält keine entsprechende Regelung mehr. Diese Normen lauten folgendermaßen:
Artikel 38

Die Thematik der unterlassenen Ausübung war während der Verhandlungen der Uruguay-Runde sehr umstritten. Die Entwicklungsländer forderten einen Ausübungszwang bei Patenten in dem Sinne, dass Produktion im Land selbst gefordert werden könnte, die exportierenden Länder hingegen betrachteten die Einfuhr des Produkts als ausreichend für die Ausübung der Patente.[360] *Correa* schildert diesen Konflikt folgendermaßen:

"During this century – as evidenced by the successive amendments to the Paris Convention – industrialised countries have tended to make such an obligation flexible in order to facilitate transnational activities of large corporations in increasingly globalised markets. For most developing countries, however, such an obligation (understood as actual industrial application and not just as importation of the protected product) has been one of the essential counterbalances of the patent system, and viewed as an important incentive for the transfer of technology."[361]

An anderer Stelle verweist er aber selbst darauf, dass die Verhandlungen während der Uruguay-Runde dafür sprechen, dass der Verpflichtung zur Ausübung des Patentrechts auch durch Einfuhr nachgekommen werden kann.[362] In einem Text jüngeren Datums vertritt auch *Correa* die Position, Ausübung könne auch durch Import gewährleistet werden.[363] Ursprünglich, zu Beginn des internationalen Patentrechtsschutzes, hatten die Verbandsstaaten der Pariser Verbandsübereinkunft den Ausübungszwang in ihre nationale Gesetzgebung aufgenommen, auch, um zu verhindern, dass im Inland benötigte Waren unter dem Schutz des Ausschließlichkeitsrechts allein im Ausland produziert würden.[364] Gemäß der Regelung des Artikels 5 A Absätze 2 und 4 Pariser Verbandsübereinkunft war es möglich, Zwangslizenzen dann zu erteilen, wenn nicht vor Ort produziert wurde.[365] Mit der heutigen Organisation und Reichweite des Handels ist eine derartige Schutzhaltung nicht mehr zu vereinbaren. Insofern wurde die Regelung des Artikels 5 A Pariser Verbandsüberein-

---

For the purposes of this Decision, exploitation shall be understood to mean the industrial manufacture of the patented product or the full use of the patented process, including the distribution and marketing of the results thereof. Exploitation shall also be understood to mean the importation of the patented product, including distribution and marketing, of the patented product, where this is done on a scale sufficient to satisfy the demands of the market.
Artikel 42
On expiration of a period of three years following the grant of the patent, or four years following the application for the patent, whichever is the longer, the competent national office may grant a compulsory license for the industrial manufacture of the product to which the patent relates, or for the full use of the patented process, at the request of any interested party who has failed to secure a contractual license on reasonable terms, but only if, at the time of the request, the patent has not been worked in the manner specified in Articles 37 and 38 of this Decision in the Member Country in which the license is sought, or if exploitation of the invention has been suspended for more than one year [...].

[360] Pacón, GRUR Int. 1995, 875 (879).

[361] Correa, EIPR 1994, 327 (331).

[362] Correa, "Patent Rights", in: Correa/ Yusuf, Intellectual Property and International Trade, S. 203.

[363] Correa, "Patent Rights", in: Correa/ Yusuf, Intellectual Property and International Trade, S. 213.

[364] Greif, GRUR Int. 1981, 731 (732).

[365] Bronckers, Common Market Law Review 1994, 1245 (1272).

kunft modifiziert. Am überzeugensten ist deshalb eine teleologische Argumentation. Es würde nicht den wirtschaftlichen Grundsätzen und dem Prinzip der internationalen Arbeitsteilung entsprechen, gerade im Zeitalter der Globalisierung von Herstellung und Vertrieb, wenn Import den Bedarf nicht decken könnte.[366]

Zusammenfassend bleibt festzustellen, dass die Regelung des Artikels 27 Absatz 1 Satz 2 TRIPS-Übereinkommen dazu führt, dass von der unterlassenen oder ungenügenden Ausübung nur diejenige durch nicht ausreichenden Import, nicht aber diejenige durch ungenügende Herstellung im Land umfasst wird.

2. Missbrauch

a) Prüfung des Missbrauchs nur bei unterlassener oder ungenügender Ausübung

Gemäß Artikel 5 A Absatz 2 Pariser Verbandsübereinkunft steht es den Staaten frei, gesetzliche Maßnahmen zu treffen, welche die Gewährung von Zwangslizenzen vorsehen, um Missbräuche zu verhüten, die sich aus der Ausübung des durch das Patent verliehenen ausschließlichen Rechts ergeben könnten, zum Beispiel infolge unterlassener Ausübung. Diese Voraussetzung des Missbrauchs muss nur im Fall einer Zwangslizenz wegen unterlassener oder ungenügender Ausübung erfüllt sein, nicht jedoch auf der Grundlage eines nationalen Notstands oder sonstiger Umstände von äußerster Dringlichkeit, der öffentlichen nicht gewerblichen Nutzung oder des öffentlichen Interesses.

Allein *Straus* ist der Ansicht, dass bei jeder Zwangslizenzerteilung stets die Voraussetzungen gemäß Artikel 5 A Absatz 2 Pariser Verbandsübereinkunft und gemäß Artikel 31 TRIPS-Übereinkommen erfüllt sein müssen.[367] Aus dem Wortlaut des Artikels 5 A Absatz 2 Pariser Verbandsübereinkunft könnte dies gefolgert werden. Die Formulierung „zum Beispiel infolge unterlassener Ausübung" könnte dafür sprechen, dass nur ein einzelnes Beispiel genannt wird, dass aber alle anderen Fälle auch umfasst sein sollen. *Straus* ist der Ansicht, dass die Voraussetzung der Missbrauchsverhütung auch dann erfüllt sein müsse, wenn es sich um eine Maßnahme im Sinne von Artikel 8 Absatz 1 TRIPS-Übereinkommen handele. Er betont, dass der zweite Halbsatz von Artikel 8 Absatz 1 explizit bestimme, auch diese Maßnahmen müssten mit dem TRIPS-Übereinkommen, das heißt aber wegen Artikel 2 Absatz 1 auch mit Artikel 5 A Absatz 2 Pariser Verbandsübereinkunft, vereinbar sein.[368] *Bodenhausen* sowie der Bundesgerichtshof im „Polyferon-Fall" hingegen bekräftigen, dass die Bestimmung in Absatz 2 sich lediglich auf Zwangslizenzen zum Zwecke der Verhütung der genannten Missbräuche beziehe.[369] *Bodenhausen* unterstreicht, dass

---

[366] Beier, IIC 1999, 251 (263); Staehelin, Das TRIPs-Abkommen – Immaterialgüterrechte im Licht der globalisierten Handelspolitik, S. 89.
[367] Straus, GRUR Int. 1996, 179 (199).
[368] Straus, GRUR Int. 1996, 179 (199).
[369] Bodenhausen, Pariser Verbandsübereinkunft zum Schutz des gewerblichen Eigentums, S. 59; Bundesgerichtshof, Polyferon, GRUR Int. 1996, 948 (951). Der Bundesgerichtshof untersuchte hier die Voraussetzungen einer Zwangslizenzerteilung gemäß § 24 Absatz 1 Satz 1 Patentgesetz.

es den Mitgliedstaaten daher freistehe, andere als die genannten Zwangslizenzen vorzusehen, zum Beispiel auf dem Gebiet der militärischen Sicherheit oder der öffentlichen Gesundheit oder zur Lizenzierung von abhängigen Patenten.[370] Der Bundesgerichtshof folgerte ebenso, der nationale Gesetzgeber sei deshalb zur Regelung in anderen Fällen einer Zwangslizenz, insbesondere aufgrund öffentlichen Interesses, frei gewesen.[371] Dies lässt sich damit begründen, dass in Artikel 31 TRIPS-Übereinkommen eine detaillierte Regelung der Voraussetzungen der Zwangslizenzerteilung vorgenommen wurde. Die Voraussetzung des Missbrauchs wurde gerade nicht berücksichtigt, obwohl dies, wenn dessen Prüfung beabsichtigt gewesen wäre, nahe gelegen hätte.

Ziel und Zweck des Artikels 5 A Pariser Verbandsübereinkunft ist es, die unterlassene Ausübung als einen Unterfall des Missbrauchs zu regeln.[372] Der Missbrauch wird hierbei als Voraussetzung verlangt, um dem Ausübungszwang entgegenzuwirken.[373] Auch der Zielsetzung der Zwangslizenzregelungen in anderen Fallgruppen würde es widersprechen, wenn eine zusätzliche Voraussetzung, der Missbrauch, erfüllt sein müsste. Am augenscheinlichsten ist dies im Fall des nationalen Notstands. Der Mitgliedstaat soll hier handlungsfähig sein und auf die Situation reagieren können, sie bekämpfen. Das kann aber nicht vom Vorverhalten des Patentrechtsinhabers abhängen.

Artikel 5 A ist die Bestimmung der Pariser Verbandsübereinkunft, die auf den Konferenzen so häufig und eingehend diskutiert wurde, dass man nach Ansicht *Kunz-Hallsteins* „mit Recht gesagt [habe], die Geschichte des Art. 5 A stelle in gewisser Weise die Geschichte der Union selbst dar."[374] Der Ausübungszwang, der zu Beginn des internationalen Patentschutzes in den Gesetzen nahezu aller Verbandsstaaten enthalten war, war einzudämmen gesucht worden.[375] Auf der Den Haager Konferenz von 1925 trat die Zwangslizenz als Sanktion der Nichtausübung an die Stelle des Verfalls, weitergehend eingeschränkt auf den Konferenzen von London 1934 und Lissabon 1958.[376] In Lissabon wurde zuletzt der Grundsatz anerkannt, dass Artikel 5 A im öffentlichen Interesse der Staaten angeordnete Maßnahmen nicht berührt, und lediglich den Fall der Zwangslizenz bei unterlassener oder ungenügender Ausübung des Patents regelt.[377]

---

[370] Bodenhausen, Pariser Verbandsübereinkunft zum Schutz des gewerblichen Eigentums, S. 59.

[371] Bundesgerichtshof, Polyferon, GRUR Int. 1996, 948 (951).

[372] Kunz-Hallstein, GRUR Int. 1981, 347 (349); Beier, IIC 1999, 251 (263); Bodenhausen, Pariser Verbandsübereinkunft zum Schutz des gewerblichen Eigentums, S. 59.

[373] Kunz-Hallstein, GRUR Int. 1981, 347 (349).

[374] Kunz-Hallstein, GRUR Int. 1981, 347 (348).

[375] Kunz-Hallstein, GRUR Int. 1981, 347 (348).

[376] Kunz-Hallstein, GRUR Int. 1981, 347 (348); Beier, IIC 1999, 251 (262).

[377] Kunz-Hallstein, GRUR Int. 1981, 347 (349); Bodenhausen, Pariser Verbandsübereinkunft zum Schutz des gewerblichen Eigentums, S. 59; Begründung zum Entwurf eines Sechsten Gesetzes zur Änderung und Überleitung von Vorschriften auf dem Gebiet des gewerblichen Rechtsschutzes, Blatt für Patent-, Muster- und Zeichenwesen 1961, 140 (144); Denkschrift zum Entwurf eines Gesetzes über die am 31. Oktober 1958 in Lissabon beschlossene Fassung der Pariser Verbandsübereinkunft zum Schutz des gewerblichen Eigentums und des Madrider Abkommens über die Unterdrückung falscher oder irreführender Herkunftsangaben, Blatt für Patent-, Muster- und Zeichenwesen 1961, 233 (234); Die Lissaboner Konferenz, Bericht von Mitgliedern der deutschen Delegation, GRUR Int. 1959, 58 (70 und 73).

Zusammenfassend ist festzustellen, dass für die Erteilung einer Zwangslizenz in Hinblick auf einen nationalen Notstand oder sonstige Umstände von äußerster Dringlichkeit, eine öffentliche nicht gewerbliche Nutzung oder für die im Folgenden darzustellende Fallgruppe des öffentlichen Interesses die Voraussetzungen gemäß Artikel 5 A Absatz 2 der Pariser Verbandsübereinkunft nicht erfüllt sein müssen. Für den Fall der unterlassenen oder ungenügenden Ausübung werden die Voraussetzungen des Missbrauchs im Folgenden dargestellt werden.

b) Vorliegen eines Missbrauchs

Die Voraussetzung gemäß Artikel 5 A Absatz 2 Pariser Verbandsübereinkunft muss also bei unterlassener oder ungenügender Ausübung erfüllt sein. Es muss sich um einen Fall des Missbrauchs handeln.

Den Staaten steht es frei, die Missbräuche zu definieren.[378] Nach *Beiers* Ansicht liegt ein Missbrauch dann vor, wenn das Unterlassen des Patentrechtsinhabers ergänzt wird durch subjektive oder objektive Umstände, die das Unterlassen verwerflich oder unzumutbar werden lassen.[379] Dies seien dann aber auch Fälle, in denen auch das öffentliche Interesse als Grund der Zwangslizenzerteilung angeführt werden könnte.[380] Als ein Beispiel des Missbrauchs nennt *Beier* die unzureichende Versorgung des Marktes mit essentiellen Waren.[381] Hier kann wiederum angeknüpft werden an die Zwangslizenzerteilung in Hinblick auf das Recht auf Gesundheit. Ein Missbrauch könnte zum Beispiel dann vorliegen, wenn der Markt unzureichend mit essentiellen Medikamenten versorgt ist. Einschränkend, aber wiederholend ist zu ergänzen, dass ein Missbrauch dann nicht vorliegt, wenn die Deckung des Bedarfs auch durch Import möglich ist.

Es kann also durchaus ein Missbrauch im Sinne von Artikel 5 A Absatz 2 Pariser Verbandsübereinkunft vorliegen, wenn ein Land nicht (ausreichend) mit essentiellen Medikamenten versorgt wird, und dies von entsprechenden subjektiven oder objektiven Begleitumständen gerahmt wird.

3. Voraussetzungen gemäß Artikel 5 A Absatz 4 Pariser Verbandsübereinkunft

Schließlich müssten bei der Zwangslizenzerteilung im Fall der unterlassenen oder ungenügenden Ausübung die Voraussetzungen gemäß Artikel 5 A Absatz 4 Pariser Verbandsübereinkunft erfüllt sein. Es müssen entweder vier Jahre seit der Hinterlegung der Patentanmeldung oder drei Jahre seit der Patenterteilung verstrichen sein, wobei der letzte Termin maßgeblich ist (Satz 1, 1. Halbsatz). Es darf keine Entschuldigung der Untätigkeit durch Nennung von berechtigten Gründen vorliegen (Satz 1, 2. Halbsatz). Berechtigte Gründe können in gesetzlichen, wirtschaftlichen oder technischen Hindernissen der Verwertung oder einer intensiveren Verwertung

---

[378] Bodenhausen, Pariser Verbandsübereinkunft zum Schutz des gewerblichen Eigentums, S. 59, mit Hinweis auf die Protokolle von London, S. 174.

[379] Beier, IIC 1999, 251 (263).

[380] Beier, IIC 1999, 251 (263).

[381] Beier, IIC 1999, 251 (263).

des Patents im Land bestehen.[382] Die Zwangslizenz darf nicht ausschließlich sein und kann nur mit dem Teil des Unternehmens oder des Geschäftsbetriebs übertragen werden, der mit ihrer Auswertung befasst ist (Satz 2). Diese letzten beiden Voraussetzungen stimmen mit denjenigen gemäß Artikel 31 d) und e) TRIPS-Abkommen überein.[383]

4. Ergebnis

Grundsätzlich ist es möglich, dass die unzureichende Versorgung des Marktes mit essentiellen Medikamenten einen Missbrauch im Sinne von Artikel 5 A Absatz 2 Pariser Verbandsübereinkunft darstellt und damit Anlass für eine Zwangslizenzerteilung geben könnte. Bei einer Zwangslizenzerteilung wegen unterlassener oder ungenügender Ausübung gemäß Artikel 5 A Absatz 4 Pariser Verbandsübereinkunft muss mit dem Erfordernis des Missbrauchs eine zusätzliche Voraussetzung erfüllt sein. Dem folgt aber keine Privilegierung wie die in Artikel 31 b) Satz 2 TRIPS-Übereinkommen gewährte nach. Diese Fallgruppe dürfte deshalb an Bedeutung verlieren, wenn es darum geht, den Schutz der öffentlichen Gesundheit zu wahren.

V. Öffentliches Interesse

Es wurde dargestellt, dass Zwangslizenzen in Hinblick auf die öffentliche Gesundheit im Fall eines nationalen Notstands oder sonstiger Umstände von äußerster Dringlichkeit, bei öffentlicher nicht gewerblicher Nutzung oder unterlassener oder ungenügender Ausübung erteilt werden können. Im folgenden Abschnitt wird gezeigt, dass eine Zwangslizenz zum Schutz öffentlicher Gesundheit auch auf anderer Grundlage erteilt werden kann. Hierfür wird die öffentliche Gesundheit als ein Aspekt des öffentlichen Interesses im Allgemeinen beleuchtet werden. Das TRIPS-Übereinkommen enthält keine ausdrückliche Klausel des öffentlichen Interesses. Im ersten Unterabschnitt (V. 1.) wird dargestellt werden, dass in Artikel 31 die Auflistung der Gründe, aus denen eine Zwangslizenz erteilt werden kann, nicht abschließend ist. Artikel 31 eröffnet sich einer Auslegung, die eine Zwangslizenzerteilung im öffentlichen Interesse umfasst. Aus diesem Grund wird im zweiten Unterabschnitt (V. 2.) der Auslegung des Begriffs „öffentliches Interesse" Aufmerksamkeit geschenkt werden.

1. Öffentliches Interesse als Grund

Es scheint sinnvoll zu sein anzunehmen, dass das TRIPS-Übereinkommen einer Auslegung im Sinne einer Klausel des öffentlichen Interesses offen steht. In den meisten Mitgliedstaaten nennen die Gesetze zum geistigen Eigentum das öffentliche Interesse als einen der Gründe, aus denen eine Zwangslizenz erteilt werden könnte.[384] Mehrere Autoren betonen, dass die Auflistung der Gründe der Zwangslizenzerteilung des Artikels 31 nicht abschließend ist. In der Literatur wird kein gegenteiler

---

[382] Bodenhausen, Pariser Verbandsübereinkunft zum Schutz des gewerblichen Eigentums, S. 61; Straus, GRUR Int. 1996, 179 (185).

[383] Straus, GRUR Int. 1996, 179 (200).

[384] Pfanner, GRUR Int. 1985, 357 (359 und 361).

Standpunkt vertreten. Nach Ansicht von *Gervais* listet das TRIPS-Übereinkommen nicht die Fälle auf, in denen eine Lizenz erteilt werden könne, und es definiere sie nicht.[385] Auch *Gorlin* stellt fest, dass sich die Mitgliedstaaten für die Aufzählung der Voraussetzungen ("conditions-approach"), nicht jedoch für das Enumerationsprinzip ("enumeration approach") entschieden hätten.[386] *Correa* ist der Meinung, dass Flexibilität bestehe in Hinblick auf die Bestimmung der Gründe, aus denen Zwangslizenzen erteilt werden könnten.[387] Er betont, das TRIPS-Übereinkommen begrenze nicht das Recht der Mitgliedstaaten, Zwangslizenzen zu erteilen. Die Bezugnahme auf einige Fälle der Zwangslizenzen sei nicht abschließend, sondern vielmehr erläuternd.[388] Auch *Blakeney* ist der Ansicht, Artikel 31 ermögliche es den Mitgliedstaaten, die Gründe für die Zwangslizenzerteilung festzulegen.[389] Weiterhin erwähnt *Straus* die Zwangslizenzerteilung auf Grundlage des öffentlichen Interesses.[390]

Die Erklärung von Doha bietet auch bezüglich dieser Frage Entscheidungshilfe. Absatz 5 b) der Erklärung von Doha bezüglich des TRIPS-Übereinkommens und der öffentlichen Gesundheit[391] lautet:

> "Each Member has the right to grant compulsory licences and the freedom to determine the grounds upon which such licences are granted."

Dies bedeutet, dass auch die Ministerkonferenz bekräftigt, die Auflistung des Artikels 31 sei nicht abschließend. Folglich, unter Berücksichtigung der bindenden Wirkung der authentischen Auslegung, kann auch eine Klausel des öffentlichen Interesses mitenthalten sein.

Bestätigt wird dieses Ergebnis durch die systematische, teleologische und historische Auslegung von Artikel 31 TRIPS-Übereinkommen. Im Rahmen der systematischen Auslegung ist Bezug zu nehmen auf Artikel 5 A der Pariser Verbandsübereinkunft, sowie auf diejenigen Gründe für eine Zwangslizenzerteilung, die in Artikel 31 TRIPS-Übereinkommen genannt werden.

Artikel 2 Absatz 1 TRIPS-Übereinkommen wurde bereits erwähnt, der regelt, dass die Mitglieder Artikel 1 bis 2 sowie Artikel 19 der Pariser Verbandsübereinkunft befolgen. Artikel 5 A der Pariser Verbandsübereinkunft behandelt Zwangslizenzen, nimmt jedoch ebenfalls lediglich auf eine Fallgruppe der Erteilung Bezug, die unterlassene beziehungsweise ungenügende Ausübung (Artikel 5 A Absatz 4 Pariser Verbandsübereinkunft). *Bodenhausen* betont, dass Artikel 5 A der Pariser Verbandsübereinkunft Mitgliedstaaten nicht davon abhalte, Zwangslizenzen aus anderen

---

[385] Gervais, The TRIPS Agreement: drafting, history and analysis, S. 165.

[386] Gorlin, An Analysis of the Pharmaceutical-Related Provisions of the WTO TRIPS (Intellectual Property) Agreement, S. 33.

[387] Correa, "Patent Rights", in: Correa/ Yusuf, Intellectual Property and International Trade, S. 210.

[388] Correa, "Patent Rights", in: Correa/ Yusuf, Intellectual Property and International Trade, S. 210 und 212; Correa, EIPR 1994, 327 (331).

[389] Blakeney, Trade Related Aspects of Intellectual Property Rights: A Concise Guide to the TRIPS Agreement, S. 90.

[390] Straus, GRUR Int. 1996, 179 (199).

[391] World Trade Organization, Ministerial Conference, WT/MIN(01)/DEC/W/2.

Gründen zu erteilen, zum Beispiel in Hinsicht auf das öffentliche Interesse.[392] Darüber hinaus führt die Auflistung von fünf Fallgruppen der Zwangslizenzerteilung in Artikel 31 nicht *per se* zum Ausschluss einer ungeschriebenen Klausel des öffentlichen Interesses. Diese Auflistung muss nicht notwendigerweise enumerativ sein. Artikel 31 nennt fünf verschiedene Fallgruppen, für jede nennt er spezielle Voraussetzungen beziehungsweise Privilegien (Artikel 31 b) Sätze 2, 3 und 4 für den nationalen Notstand, sonstige Umstände von äußerster Dringlichkeit und öffentliche nicht gewerbliche Nutzung, Artikel 31 k) für wettbewerbswidrige Praktiken, und l) für abhängige Patente). Dies führt zum Schluss, dass lediglich die Fallgruppen aufgelistet werden mussten, die die Erfüllung bestimmter Voraussetzungen erfordern, oder die gewisse Privilegierungen genießen. Mithin dient Artikel 31 TRIPS-Übereinkommen nicht zur Einschränkung der Fallgruppen, sondern legt vielmehr die Voraussetzungen fest, die erfüllt sein müssen im Fall einer Zwangslizenzerteilung.[393]

Grundsätzlich sind Ausnahmen zu Rechten, die in internationalen Verträgen gewährt werden, eng auszulegen.[394] Dies wäre ein Gegenargument gegen eine Klausel des öffentlichen Interesses. Jedoch wurde bereits bei der Erläuterung, dass Zwangslizenzen grundsätzlich mit dem Ziel des Gesundheitsschutzes erteilt werden können, die Flexibilität des TRIPS-Übereinkommens dargestellt. Insofern sind auch in Hinsicht auf eine ungeschriebene Klausel des öffentlichen Interesses die Prinzipien und Ziele des TRIPS-Übereinkommens zu beachten. Zu verweisen ist auch hier wieder auf Artikel 8 Absatz 1 TRIPS-Übereinkommen, der die Förderung des öffentlichen Interesses als einen Grundsatz des TRIPS-Übereinkommens nennt.

Die verhandelnden Parteien der Uruguay-Runde begegneten Schwierigkeiten bei dem Versuch, Gründe für die Zwangslizenzerteilung festzulegen, insbesondere in Hinblick auf eine Klausel des öffentlichen Interesses.[395] Dies könnte dafür sprechen, dass der Wille der Vertragsparteien umgangen werden würde, wenn man zu einer solchen Lösung durch Auslegung gelangen würde, während es damals zu einem Entschluss gekommen war, gerade keine Klausel des öffentlichen Interesses einzufügen. Dies war aber nicht der Fall. Es konnte lediglich keine Einigung bezüglich der genauen Ausgestaltung erzielt werden. Zusammenfassend kann festgestellt werden, dass Artikel 31 einer Interpretation offen steht, die eine Fallgruppe des öffentlichen Interesses als Grund der Zwangslizenzerteilung vorsieht.

2. Vorliegen öffentlichen Interesses

Im folgenden Unterabschnitt ist der unbestimmte Rechtsbegriff „öffentliches Interesse" auszulegen. Er wird nicht detailliert definiert werden, jedoch wird unter Bezugnahme auf Artikel 8 Absatz 1 TRIPS-Übereinkommen erläutert, dass das öffentliche Interesse den Aspekt der öffentlichen Gesundheit beinhaltet. Interessant ist, dass es in drei Staaten Regelungen der Zwangslizenz speziell aus Gründen der öffentlichen

---

[392] Bodenhausen, Pariser Verbandsübereinkunft zum Schutz des gewerblichen Eigentums, S. 59.
[393] Blakeney, Trade Related Aspects of Intellectual Property Rights: A Concise Guide to the TRIPS Agreement, S. 90.
[394] Ipsen, Völkerrecht, § 11 Rn. 19.
[395] Pacón, GRUR Int. 1995, 875 (879, Fn. 66); Faupel, GRUR Int. 1990, 255 (261).

Gesundheit gibt: in Frankreich, Spanien und auf den Philippinen.[396] Es sollte allerdings beachtet werden, dass im Jahr 1978 noch sieben Staaten derartige Zwangslizenzen ermöglichten in Hinblick auf die öffentliche Gesundheit, beziehungsweise um zu bestimmten Arten von Erfindungen, so wie Medikamenten oder medizinischen Verfahren, den Zugang zu erleichtern.[397] In der Zwischenzeit unterlagen die meisten dieser Regelungen Gesetzesänderungen und nennen den Aspekt der öffentlichen Gesundheit nicht mehr.[398] Dennoch dienen die drei genannten Beispiele der Veranschaulichung, dass die öffentliche Gesundheit einen Teilaspekt des öffentlichen Interesses darstellen kann.

Dass der Begriff des öffentlichen Interesses, der einer Fallgruppe des Artikels 31 TRIPS-Übereinkommen entspricht, tatsächlich entsprechend ausgelegt werden kann, stützt sich auf Artikel 8 Absatz 1 TRIPS-Übereinkommen. Der Aufspaltung in die einzelnen Fallgruppen vorangehend wurde bereits dargestellt, dass Artikel 8 Absatz 1 eine Auflistung der Gründe enthält für Maßnahmen gemäß Artikel 31. Bezug genommen wird dort unter anderem ausdrücklich auf den Schutz der öffentlichen Gesundheit. Des Weiteren wird als Schutzgut das öffentliche Interesse in den für die sozio-ökonomische und technische Entwicklung lebensnotwendigen Sektoren genannt. Diese Formulierung ("to protect public health and nutrition, and to promote the public interest in sectors...") legt nahe, dass es sich nicht nur bei letzterem, sondern auch bei der öffentlichen Gesundheit um einen Teilaspekt des öffentlichen Interesses im Allgemeinen handelt.

Zusammenfassend kann festgestellt werden, dass sich das TRIPS-Übereinkommen auch einer Auslegung öffnet, die die Erteilung von Zwangslizenzen im öffentlichen

---

[396] Artikel L. 613-16 des französischen Gesetzes zum geistigen Eigentum von 1992 (Code de la propriété intellectuelle) lautet folgendermaßen:
> Wenn das Interesse der Volksgesundheit dies erfordert, können Patente, die für Arzneimittel [...] erteilt sind, dann, wenn die in Frage stehenden Arzneimittel dem Publikum nur in unzureichender Menge oder Qualität oder zu überhöhten Preisen zur Verfügung gestellt werden [...] der Regelung über die amtliche Lizenz [...] unterworfen werden.
Artikel 74 des Gesetzes zum geistigen Eigentum der Philippinen (Republic Act No. 8293) lautet folgendermaßen:
> (1) A Government agency or third person authorized by the Government may exploit the invention even without agreement of the patent owner where:
> (a) the public interest, in particular, national security, nutrition, health or the development of other sectors, as determined by the appropriate agency of the government, so requires[...].
Artikel 90 des spanischen Patentgesetzes 11/1986, vom 20.03.1986, geändert durch Gesetz 50/1998, vom 30.12.1998, lautet wie folgt:
> (1) For reasons of public interest, the Government may at any time make a patent application or a patent already granted subject to the grant of compulsory licenses, acting in that respect by Royal Decree.
> (2) Reasons of public interest shall be deemed to exist when the initiation, increase or generalization of working of the invention, or improvement of the conditions in which it is being worked, are of paramount importance for public health or national defense.

[397] 1978 sahen noch Kolumbien, Frankreich, Irland, Israel, Nigeria, die Philippinen und Spanien Zwangslizenzen zum Schutz der öffentlichen Gesundheit vor (Pfanner, GRUR Int. 1985, 362 (359, Fn. 30 und 359, Fn. 14); Salamolard, La licence obligatoire en matière de brevets d'invention – Etude de droit comparé, S. 176 f; Demaret, IIC 1987, 161 (164, Fn. 11)).

[398] Vergleiche Artikel 61-69 der Entscheidung 486 zu einer gemeinsamen Regelung der Rechte des geistigen Eigentums der Anden-Gemeinschaft, welche das Patentgesetz von Kolumbien ablöste.

Interesse vorsieht. Das öffentliche Interesse beinhaltet in diesem Zusammenhang auch den Schutz der öffentlichen Gesundheit.

VI. Ergebnis

Als Ergebnis ist festzustellen, dass Zwangslizenzen gemäß Artikel 31 TRIPS-Übereinkommen in Hinblick auf den Schutz der öffentlichen Gesundheit auf der Grundlage von verschiedenen Fallgruppen erteilt werden können. Zwangslizenzen können gestattet werden in Fällen, in denen die Krise der öffentlichen Gesundheit einen nationalen Notstand oder sonstige Umstände von äußerster Dringlichkeit darstellt, für den Fall der öffentlichen nicht gewerblichen Nutzung, bei unterlassener beziehungsweise ungenügender Ausübung oder im Fall des öffentlichen Interesses.

Auf diese Fälle finden verschiedene Beschränkungen Anwendung durch die Definition der Rechtsbegriffe. Während für den Fall der Zwangslizenz bei nationalem Notstand oder sonstiger Umstände von äußerster Dringlichkeit sehr hohe Barrieren errichtet werden durch vier vorgeschlagene Voraussetzungen, ist im Fall der Zwangslizenzerteilung im öffentlichen Interesse – im entgegengesetzten Extrem - der Anwendungsbereich recht breit.
Eine Annäherung an den Begriff des nationalen Notstands gemäß Artikel 31 TRIPS-Übereinkommen fand statt durch einen Vergleich mit dem Begriff im Menschen-rechtskontext. Die Anwendung dieser Definition wird hier vorgeschlagen. Dann muss ein öffentlicher Notstand akut bestehen beziehungsweise nahe bevorstehend sein; seine Auswirkungen müssen die gesamte Nation betreffen. Das Fortbestehen des organisierten Lebens der Gemeinschaft muss bedroht sein, und die Krise oder Gefahr muss eine Ausnahmesituation darstellen. Krisen der öffentlichen Gesundheit in Hinblick auf HIV-Infizierungsraten können eine Situation des nationalen Notstands darstellen, ebenso von sonstigen Umständen von äußerster Dringlichkeit. Im Fall der sonstigen Umstände von äußerster Dringlichkeit wird vorgeschlagen, die Definition des Notstands entsprechend anzuwenden. Statt der Bedrohung des Fortbestehens des organisierten Lebens der Gemeinschaft müssen hier schwerwiegende negative Konsequenzen drohen. Die öffentliche nicht gewerbliche Nutzung muss der Aufga-benerfüllung des Staates dienen, hierunter fällt der Schutz der öffentlichen Gesund-heit. Es könnte einen Fall der unterlassenen oder ungenügenden Ausübung darstel-len, wenn essentielle Medikamente nicht im ausreichenden Umfang in ein Land exportiert werden. Der Anwendungsbereich der Zwangslizenz im öffentlichen Interesse schließlich ist sehr breit; der Schutz der öffentlichen Gesundheit zählt zu den schützenswerten Aspekten.

Für diese fünf Fallgruppen gelten unterschiedliche Privilegien und Anforderungen. In den ersten drei Fallgruppen und in der letzten müssen die Voraussetzungen gemäß Artikel 5 A Absatz 2 Pariser Verbandsübereinkunft nicht erfüllt sein, wohl aber diejenigen gemäß Artikel 5 A Absätze 2 und 4 Pariser Verbandsübereinkunft im Fall der unterlassenen oder ungenügenden Ausübung. Dies dürfte dazu führen, dass diese Fallgruppe wenig zur Anwendung kommt. Die Voraussetzungen gemäß Artikel 31 a) und c) bis j) TRIPS-Übereinkommen müssen in allen fünf Fallgruppen Beachtung finden. Die Privilegierung gemäß Artikel 31 b) Satz 2 TRIPS-Übereinkommen findet Anwendung im Fall eines nationalen Notstands oder sonstiger Umstände von äußerster Dringlichkeit und im Fall der öffentlichen nicht gewerblichen Nutzung. Im Gegensatz hierzu muss sich derjenige, der die Benutzung plant, gemäß Artikel 31 b) Satz 1 vor Erteilung einer Zwangslizenz im öffentlichen Interesse oder bei unterlassener beziehungsweise ungenügender Ausübung bemüht haben, die Zustimmung des Rechtsinhabers zu angemessenen geschäftsüblichen Bedingungen zu erhalten.

E. Problematik ungenügender oder nicht vorhandener Produktionsmöglichkeiten

Absatz 6 der Erklärung von Doha zum TRIPS-Übereinkommen und der öffentlichen Gesundheit widmet sich dem Spezialproblem, dass in einigen Ländern ungenügende oder keine Produktionsmöglichkeiten für die Herstellung von Medikamenten bestehen.[399]

---

[399] Eine Zusammenstellung des Sekretariats der Welthandelsorganisation gibt Auszüge einer Veröffentlichung der Organisation der Vereinten Nationen für industrielle Entwicklung (UNIDO) aus dem Jahr 1992 wieder. In dieser werden Länder in fünf verschiedene Entwicklungsstufen der pharmazeutischen Industrie gruppiert:
1. Hochentwickelte pharmazeutische Industrie und Forschung:
   Belgien, Frankreich, Deutschland, Italien, Japan, Niederlande, Schweden, Schweiz, Vereinigtes Königreich, Vereinigte Staaten von Amerika
2. Produktion und Forschung:
   Argentinien, Australien, Österreich, Kanada, China, Dänemark, Finnland, Ungarn, Indien, Irland, Israel, Mexiko, Portugal, Republik Korea (Südkorea), Spanien, die Union der Sozialistischen Sowjetrepubliken, Jugoslawien
3. Reproduktion der Wirkstoffe und der Endprodukte:
   Bahamas, Bolivien, Brasilien, Bulgarien, Kuba, Tschechoslowakei, Ägypten, Indonesien, Macao, Norwegen, Polen, Puerto Rico, Rumänien, Türkei
4. Reproduktion lediglich der Endprodukte mit Hilfe importierter Wirkstoffe:
   Afghanistan, Albanien, Algerien, Angola, Bangladesch, Barbados, Belize, Benin, Brunei, Kambodscha, Kamerun, Kapverden, Chile, Kolumbien, Costa Rica, Elfenbeinküste, Zypern, Demokratische Volkrepublik Korea (Nordkorea), Dominikanische Republik, Ecuador, El Salvador, Äthiopien, Fidschi, Gambia, Ghana, Griechenland, Guatemala, Guyana, Haiti, Honduras, Iran, Irak, Jamaika, Jordanien, Kenia, Kiribati, Kuwait, Libanon, Lesotho, Liberia, Madagaskar, Malawi, Malaysia, Mali, Malta, Mauritius, Mongolei, Marokko, Mozambique, Myanmar (Birma), Namibia, Nepal, Neuseeland, Nicaragua, Niger, Nigeria, Pakistan, Panama, Papua Neuguinea, Paraguay, Peru, Philippinen, Saudi Arabien, Seychellen, Sierra Leone, Singapur, Solomon Islands, Somalia, Südafrika, Sudan, Syrien, Taiwan, Thailand, Tonga, Trinidad und Tobago, Tunesien, Uganda, Vereinigte Arabische Emirate, Vereinigte Republik von Tansania, Uruguay, Venezuela, Vietnam, Jemen, Zaire, Sambia, Sansibar, Simbabwe
5. Keine pharmazeutische Industrie:
   Andorra, Antigua und Barbuda, Bahrain, Bermudas, Bhutan, Botswana, British Virgin Islands, Burkina Faso, Burundi, Zentralafrikanische Republik, Tschad, Komoren, Kongo, Cookinseln, Dschibouti, Dominika, Äquatorialguinea, Färöer, Französisch Guyana, Französisch Polynesien, Gabun, Grönland, Grenada, Guadeloupe, Guam, Guinea, Guinea-Bissau, Island, Laos, Libyen, Liechtenstein, Luxemburg, Malediven, Martinique, Mauritius, Föderierte Staaten von Mikronesien, Nauru, Niederländische Antillen, Neukaledonien, Niue, Oman, Katar, Réunion, Ruanda, Saint Kitts und Nevis, St. Lucia, Saint Vincent und die Grenadinen, Samoa, San Marino, Demokratische Republik São Tomé und Príncipe, Senegal, Surinam, Swasiland, Togo, Tuvalu, Virgin Islands of the United States, Vanuatu, Westsamoa
(World Trade Organization, Secretariat, IP/C/W/345, Annex 4; unter Verweis auf folgende Fundquelle: Ballance, Robert/ Pogány, János/ Forstner, Helmut/ Elgar, Edward, The World's Pharmaceutical Industries: An International Perspective on Innovation, Competition and Policy, 1992).

Absatz 6 lautet:

"We recognize that WTO Members with insufficient or no manufacturing capacities in the pharmaceutical sector could face difficulties in making effective use of compulsory licensing under the TRIPS Agreement. We instruct the Council for TRIPS to find an expeditious solution to this problem and to report to the General Council before the end of 2002."[400]

Bestehen in einem Land keine eigenen Produktionsmöglichkeiten, befindet sich dieses Land jedoch in einer Krise der öffentlichen Gesundheit, so müssen die Medikamente aus einem anderen Land (Produktionsland) importiert werden. Sofern im Importland Patentschutz gewährleistet wird, muss dort eine Zwangslizenz erteilt werden. Dies ist erforderlich im Hinblick auf Artikel 28 Absatz 1 a) TRIPS-Übereinkommen, der dem Inhaber das ausschließliche Recht der Einfuhr des Erzeugnisses gewährleistet. Insofern kann aber auf die vorangehenden Erläuterungen des dritten Teils verwiesen werden. Die entsprechenden Voraussetzungen müssen erfüllt sein. Der folgende Abschnitt beschäftigt sich mit der patentrechtlichen Situation im Produktionsland. Voranzustellen ist, dass das Importland jedenfalls keine Zwangslizenz an einen auswärtigen Produzenten erteilen kann. Dies ist zu begründen mit dem Territorialitätsprinzip des Patentschutzes. Die Patente im Import- und Produktionsland bestehen unabhängig voneinander.[401]

In Hinblick auf die patentrechtliche Situation im Produktionsland bestehen verschiedene Möglichkeiten.
Zum einen besteht die Möglichkeit, dass im Produktionsland bisher kein Patentschutz besteht. Dann ist der Export unproblematisch möglich. Die Anzahl der Länder, die keinen Patentschutz bieten, sinkt jedoch in Hinblick auf die Verpflichtung der Umsetzung des TRIPS-Übereinkommens bis zum 01.01.2005 für Entwicklungsländer, beziehungsweise bis zum 01.01.2016 im Fall der am wenigsten entwickelten Länder[402]. Zum anderen könnte im Produktionsland, in dem Patentschutz besteht, eine Zwangslizenz erteilt und mit dem vorwiegenden Teil der Produktion der Binnenmarkt versorgt werden, und lediglich der Rest würde in das Importland importiert. Dann würde die Voraussetzung gemäß Artikel 31 f) TRIPS-Übereinkommen erfüllt.

Würde aber nicht lediglich der nicht vorwiegende Teil importiert, bieten sich darüber hinaus vier weitere Alternativen, die im Folgenden zu diskutieren sind. Die Alternativen bestehen zum einen im Weg über Artikel 30 TRIPS-Übereinkommen, zum anderen in einer Änderung des Artikels 31 f) TRIPS-Übereinkommen. Darüber hinaus kommt ein Ausschluss der Klagbarkeit in Betracht, und schließlich eine Ausnahmegenehmigung. Die ersten beiden Möglichkeiten betreffen langfristige Lösungsansätze, die letzten beiden Lösungen für eine Übergangszeit.

Der Auftrag an den TRIPS-Rat des Absatzes 6 der Erklärung von Doha zum TRIPS-Übereinkommen und der öffentlichen Gesundheit lautete, eine Lösung bis zum Ende

---

[400] World Trade Organization, Ministerial Conference, WT/MIN(01)/DEC/W/2, Rn. 6.
[401] European Commission, IP/C/W/339, Rn. 6.
[402] World Trade Organization, Council for TRIPS, IP/C/25, Rn. 1.

des Jahres 2002 zu finden. Diese Frist wurde zwar nicht eingehalten, im August 2003 jedoch wurde eine Einigung im TRIPS-Rat erzielt.[403]

Der darauf folgende Beschluss des Allgemeinen Rats der Welthandelsorganisation vom 30.08.2003 gewährt nun eine Ausnahmegenehmigung und verweist auf eine vorzunehmende Änderung des Artikels 31 f) TRIPS-Übereinkommen.[404]

I. Langfristige Lösung

1. Keine entsprechende Auslegung des Artikels 30 TRIPS-Übereinkommen

Zunächst wird der Lösungsweg über eine Auslegung des Artikels 30 TRIPS-Übereinkommen dargestellt und im Ergebnis abgelehnt. Bei diesem Ansatz wird eine Auslegung des Artikels 30 angestrebt, die in einem Mitgliedstaat die Herstellung von patentierten Produkten für den Export in Länder ermöglicht, die nur über ungenügende Produktionsstätten verfügen. Dabei würden die Resultate einer Zwangslizenzierung erreicht werden, ohne aber deren Voraussetzungen erfüllen zu müssen.

Vor allem von einer Gruppe bestehend aus Brasilien, Bolivien, Kuba, China, der Dominikanischen Republik, Ecuador, Indien, Indonesien, Pakistan, Peru, Sri Lanka, Thailand und Venezuela wurde im Verlauf der Diskussionen im TRIPS-Rat im Jahr 2002 vorgeschlagen, eine Lösung über die Auslegung von Artikel 30 TRIPS-Übereinkommen zu erlangen.[405] Auch von den Vereinigten Arabischen Emiraten und der afrikanischen Gruppe innerhalb der Welthandelsorganisation wurde dies in Erwägung gezogen.[406] Letztere nahm im Verlauf der Diskussionen allerdings von dieser Lösung Abstand.[407] Fürsprecher in der Literatur ist *Abbott*.[408] Abgelehnt wurde eine derartige Auslegung des Artikels 30 vor allem von den Europäischen Gemeinschaften, aber auch von den Vereinigten Staaten.[409] Vertreter einer ablehnenden Meinung in der Literatur ist *Bronckers*.[410]

Das Verfahren der Auslegung eines multilateralen Handelsabkommens, also auch des TRIPS-Übereinkommens, ist in Artikel IX Absatz 2 WTO-Übereinkommen

---

[403] World Trade Organization, Council for TRIPS, IP/C/W/405.

[404] World Trade Organization, General Council, WT/L/540, Rn. 2 und 11.

[405] Permanent Mission of Brazil, IP/C/W/355, Rn. 8.

[406] Permanent Mission of Kenya, IP/C/W/351, Rn. 6 (a); Permanent Mission of the United Arab Emirates, IP/C/W/354, Rn. 14.

[407] Permanent Mission of Kenya, IP/C/W/389, Rn. 18 und 19 nimmt nur noch auf eine Ausnahmegenehmigung und eine Änderung des Artikels 31 f) TRIPS-Übereinkommen Bezug.

[408] Abbott, "Legal Options for Implementing Paragraph 6 of the Ministerial Declaration on the TRIPS Agreement and Public Health", <www.geneva.quno.info/pdf/Legal%20Options%20Abbott.pdf> (11.11.2002), S. 6.

[409] Permanent Mission of the European Communities and their Member States, IP/C/W/352, Rn. 6; Permanent Mission of the United States, IP/C/W/358, Rn. 31.

[410] Bronckers, "Legal Options for Implementing Paragraph 6 of the Ministerial Declaration on the TRIPS Agreement and Public Health", <www.geneva.quno.info/pdf/Legal%20Options%20Bronckers.pdf> (11.11.2002), S. 1.

geregelt.[411] Zuständig für die Auslegung sind ausschließlich die Ministerkonferenz und der Allgemeine Rat (Artikel IX Absatz 2 Satz 1 WTO-Übereinkommen). Der Auslegung geht eine Empfehlung des zuständigen Rates voraus, hier des TRIPS-Rates (Artikel IX Absatz 2 Satz 2 WTO-Übereinkommen). Der Beschluss zur Annahme einer Auslegung wird mit Dreiviertelmehrheit der Mitglieder gefasst (Artikel IX Absatz 2 Satz 3 WTO-Übereinkommen).

Vorteilhaft an diesem Lösungsansatz wäre, dass er durch ein zügiges Verfahren umgesetzt werden könnte. Zu Zeiteinsparungen käme es vor allem deshalb, weil keine innerstaatliche Ratifikation vorzunehmen wäre.[412] Nachteilig wäre vor allem, dass diese Lösung eine gewisse Rechtsunsicherheit bergen könnte, wenn nicht im Konsensus-Verfahren entschieden wurde. Ein überstimmtes Mitglied könnte dann die Rechtmäßigkeit der Auslegung in Frage stellen.[413]

Im Folgenden ist darzustellen, dass eine solche Auslegung des Artikels 30 nicht mit dem TRIPS-Übereinkommen vereinbar ist. Zugrunde liegt die Frage, in welchem Verhältnis die Regelungen der Artikel 30 und 31 TRIPS-Übereinkommen zueinander stehen. Fraglich ist, ob Artikel 30 TRIPS-Übereinkommen auch den Fall der Zwangslizenzerteilung umfasst. *Verma* zum Beispiel ist der Ansicht, dass, sobald ein Fall der Zwangslizenzerteilung vorliegt, Artikel 31, nicht aber Artikel 30 anzuwenden sei.[414] *Abbott* und *Correa* hingegen stehen auf dem Standpunkt, dass in Fällen, in denen Voraussetzungen gemäß Artikel 31 nicht erfüllt sind, zum Beispiel gemäß Artikel 31 f), es sich um eine Ausnahme gemäß Artikel 30 handeln könne. Auch eine Zwangslizenz könne eine Ausnahme gemäß Artikel 30 TRIPS-Übereinkommen darstellen.[415] Die zweite Meinung kommt bei dieser Problematik zu einer Lösung über Artikel 30, die erste Ansicht nicht. Artikel 30 lautet:

Die Mitglieder können begrenzte Ausnahmen von den ausschließlichen Rechten aus einem Patent vorsehen, sofern solche Ausnahmen nicht unangemessen im Widerspruch zur normalen Verwertung des Patents stehen und die berechtigten Interessen des Inhabers des Patents nicht unangemessen beein-

---

[411] Artikel IX Absatz 2 des WTO-Übereinkommens lautet:
Die Ministerkonferenz und der Allgemeine Rat sind ausschließlich befugt, dieses Übereinkommen und die Multilateralen Handelsübereinkommen auszulegen. Im Fall einer Auslegung eines Multilateralen Handelsübereinkommens der Anlage 1 üben sie ihre Befugnis auf der Grundlage einer Empfehlung desjenigen Rates aus, der die Wirkungsweise des betreffenden Übereinkommens überwacht. Der Beschluss zur Annahme einer Auslegung wird mit Dreiviertelmehrheit der Mitglieder gefasst. Dieser Absatz wird nicht in einer Weise angewendet, welche die Änderungsbestimmungen in Artikel X unterlaufen würde.

[412] Abbott, "Legal Options for Implementing Paragraph 6 of the Ministerial Declaration on the TRIPS Agreement and Public Health", <www.geneva.quno.info/pdf/Legal%20Options%20Abbott.pdf> (11.11.2002), S. 7

[413] Quaker United Nations Office, Geneva/ Ministry of Foreign Affairs Norway, "The WTO TRIPS Agreement and the Protection of Public Health: Implementing Paragraph 6 of the Doha Declaration", <www.geneva.quno.info/pdf/final%20Utstein%20report.pdf> (11.11.2002), S. 2 und 30.

[414] Verma, IIC 1996, 331 (344).

[415] Abbott, "Compulsory Licensing for Public Health Needs: The TRIPS Agenda at the WTO after the Doha Declaration on Public Health", S. 37; Correa, EIPR 1994, 327 (330).

trächtigen, wobei auch die berechtigten Interessen Dritter zu berücksichtigen sind.

Um das Verhältnis der Artikel 30 und 31 TRIPS-Übereinkommen zueinander zu klären, hat eine Auslegung des Begriffs „begrenzte Ausnahmen" des Artikels 30 zu erfolgen. Es wird gezeigt werden, dass unter diesen Begriff nicht Zwangslizenzen fallen, die wegen fehlender Voraussetzungen nicht gemäß Artikel 31 gerechtfertigt sind.

Die wörtliche Auslegung des Begriffs „begrenzte Ausnahmen" beziehungsweise "limited exceptions" führt zu der Ausgangsposition, dass es sich um einen engen Anwendungsbereich des Artikels handeln muss, dem Grenzen gesetzt sind.[416] Ansonsten wäre nicht das Adjektiv „begrenzt" beziehungsweise "limited" eingefügt worden als zusätzliche Einschränkung der „Ausnahme" beziehungsweise "exception", die ja bereits an sich eine Einschränkung bedeutet.[417]

Die systematische Auslegung befasst sich mit einer Gegenüberstellung der Artikel 30 und 31 TRIPS-Übereinkommen. Artikel 30 befasst sich mit „begrenzten Ausnahmen" ("limited exceptions"), während Artikel 31 die „sonstige Benutzung" ("other use") betrifft. Die Formulierung des Artikels 31 wird erläutert in Fußnote 7, die feststellt, dass es sich bei der „sonstigen Benutzung" um eine andere als die nach Artikel 30 erlaubte Benutzung handelt. Dies bedeutet, dass ausdrücklich im Vertrag festgehalten ist, dass die beiden Regelungen grundsätzlich im Exklusivitätsverhältnis stehen. Handelt es sich um eine Maßnahme des Artikels 31, so liegt keine des Artikels 30 vor. Fraglich ist, ob dies nur die Konstellation betrifft, dass alle Voraussetzungen gemäß Artikel 31 erfüllt werden. *Abbott* betont, Fußnote 7 lege jedenfalls nicht ausdrücklich fest, dass eine Anwendung des Artikels 30 TRIPS-Übereinkommen dann ausgeschlossen sei, wenn keine Zwangslizenz gemäß Artikel 31 TRIPS-Übereinkommen erteilt werden könne.[418] Zuzugeben ist, dass die Fußnote keine derartige ausdrückliche Regelung enthält. *Gervais* jedoch steht auf einem anderen Standpunkt. Er beruft sich auf den Grundsatz, dass das besondere Gesetz dem allgemeinen vorgeht, *lex specialis derogat legi generali*. Danach wäre Artikel 31 vorrangig vor Artikel 30 TRIPS-Übereinkommen anzuwenden. Allerdings überzeugt dieses Argument insofern nicht, als der Einteilung der beiden Normen in das Verhältnis von Speziellem zu Allgemeinen nicht zuzustimmen ist. Eine solche Charakterisierung entspricht nicht dem Wortlaut des Artikels 31 TRIPS-Übereinkommen, der ja gerade die „sonstige Nutzung" ("other use") regelt, und dies erläutert durch Fußnote 7 als „eine andere als die nach Artikel 30 erlaubte Nutzung". Die Menge des Speziellen wäre in der Schnittmenge mit der Menge des Allgemeinen enthalten, die Schnittmenge wäre identisch mit dem Speziellen. Hier aber soll gerade etwas „Sonstiges" vorliegen, das bedeutet, eine andere Menge (Zwangslizenzen) ohne gemeinsamen

[416] Abbott, "Compulsory Licensing for Public Health Needs: The TRIPS Agenda at the WTO after the Doha Declaration on Public Health", S. 35.
[417] WTO Panel Report, Canada – Patent Protection for Pharmaceutical Products, WT/DS114/R, Rn. 7.30.
[418] Abbott, "Compulsory Licensing for Public Health Needs: The TRIPS Agenda at the WTO after the Doha Declaration on Public Health", S. 37.

Durchschnitt mit dem Allgemeinen (begrenzte Ausnahmen). Zwischen den beiden Arten der Ausnahmen von den Rechten aus dem Patent soll nach dem Wortlaut gerade keine gemeinsame Schnittmenge vorliegen.

Sein Argument der Anwendung des Speziellen vor dem Allgemeinen stützt *Gervais* durch Hinweis auf eine ansonsten entstehende Umgehungsgefahr:

> "The general exception may thus be invoked only where no special exception exists, and not to dilute rules applying to such specific exceptions. [...] Otherwise, there would have been no need to list specific conditions to be met in Article 31."[419]

Dieses Umgehungsargument wiederum gilt auch für die Charakterisierung in zwei verschiedene Gruppen ohne gemeinsame Schnittmenge. Es stellt sich nämlich die Frage, wie bei Nichterfüllung der Voraussetzungen der einen Gruppe, in diesem Fall der Zwangslizenzen gemäß Artikel 31 TRIPS-Übereinkommen, vorzugehen ist. Fraglich ist, ob dann Ausnahmen der anderen Gruppe, hier begrenzte Ausnahmen gemäß Artikel 30 TRIPS-Übereinkommen, vorliegen. Wenn dies so wäre, könnte es leicht zu einer Umgehung der Voraussetzungen gemäß Artikel 31 TRIPS-Übereinkommen kommen. Staaten, die gewisse Voraussetzungen gemäß Artikel 31 nicht erfüllen, könnten den Lösungsweg über Artikel 30 wählen, und so die strengen Erfordernisse des Artikels 31 umgehen. Als Beispiele unbequemer Voraussetzungen gemäß Artikel 31 TRIPS-Übereinkommen können die Verpflichtungen zur vorangehenden Verhandlung oder zur Entschädigung genannt werden. Dies führt deshalb zu der Feststellung, dass, wenn Voraussetzungen gemäß Artikel 31 TRIPS-Übereinkommen nicht erfüllt wurden, eine Maßnahme der Zwangslizenzerteilung keine Ausnahme gemäß Artikel 30 darstellen kann.

Darüber hinaus führt ein systematischer Vergleich der Vorschriften der Artikel 30 und Artikel 31 TRIPS-Übereinkommen zu einer strukturellen Unterscheidung. Artikel 30 befasst sich mit Einschränkungen der Wirkungen des Patentrechts, Artikel 31 dient der Rechtfertigung von Eingriffen in das Patentrecht. Das Patentrecht des Patentinhabers reicht nicht so weit, als dass es Maßnahmen, die unter Artikel 30 TRIPS-Übereinkommen fallen, unterbinden könnte. Zwar umfasst das Patentrecht das Recht, es Dritten zu verbieten, das Erzeugnis herzustellen (Artikel 28 Absatz 1 a) TRIPS-Übereinkommen). Es umfasst aber nicht „geringfügige Übertretungen", wie zum Beispiel die private Handlung im nicht gewerblichen Bereich, oder die Einzelzubereitung von Arzneimitteln, die gemäß Artikel 30 TRIPS-Übereinkommen möglich sind. Was die Zwangslizenz gemäß Artikel 31 TRIPS-Übereinkommen betrifft, so ist das Recht auf die entsprechende Produktion beziehungsweise den Import zwar grundsätzlich vom Patentrecht des Inhabers umfasst. Der Eingriff in dieses Recht ist jedoch gemäß Artikel 31 TRIPS-Übereinkommen gerechtfertigt.

Mit Hilfe der historischen Auslegung können verschiedene Fallgruppen der Ausnahmen gemäß Artikel 30 unterschieden werden. Dabei stellt die Zwangslizenzerteilung jedoch keine dieser Fallgruppen dar.

Für die Auslegung des Artikels 30 TRIPS-Übereinkommen können die Regelungen herangezogen werden, die in den Mitgliedstaaten entworfen wurden beziehungswei-

---

[419] Gervais, The TRIPS Agreement: drafting, history and analysis, S. 159, Rn. 2.145.

se gelten, die während der Verhandlungen ihre Vorschläge einbrachten und durchsetzten.[420] Hier werden diese Normen daraufhin untersucht, welche Fallgruppen der Ausnahmen in ihnen geregelt sind. Vor allem die Europäischen Gemeinschaften plädierten für die Aufnahme von Ausnahmen in das TRIPS-Übereinkommen, die Artikel 27 Gemeinschaftspatentübereinkommen entsprechen.[421] Artikel 27 Gemeinschaftspatentübereinkommen lautet:

> Das Recht aus dem Gemeinschaftspatent erstreckt sich nicht auf
> a) Handlungen, die im privaten Bereich zu nichtgewerblichen Zwecken vorgenommen werden;
> b) Handlungen zu Versuchszwecken, die sich auf den Gegenstand der patentierten Erfindung beziehen;
> c) die unmittelbare Einzelzubereitung von Arzneimitteln in Apotheken aufgrund ärztlicher Verordnung sowie auf Handlungen, welche die auf diese Weise zubereiteten Arzneimittel betreffen [...].[422]

Diese Vorschrift, die in den Buchstaben a) bis f) Beschränkungen der Wirkung des Gemeinschaftspatents auflistet, nennt nicht die Zwangslizenzerteilung als einen der Fälle. Die jeweiligen europäischen Patentgesetze enthalten Regelungen, die Artikel 27 Gemeinschaftspatentübereinkommen teilweise entsprechen.[423] *Straus* weist auf

---

[420] Straus, GRUR Int. 1996, 179 (199).

[421] Straus, GRUR Int. 1996, 179 (198, Fußnote 177). Das Gemeinschaftspatentübereinkommen (GPÜ) ist ein Übereinkommen über das europäische Patent für den gemeinsamen Markt. Nach dem Gemeinschaftspatentübereinkommen wird durch eine einzige Patentanmeldung Patentschutz in allen Staaten der Europäischen Gemeinschaften erreicht. Das Gemeinschaftspatentübereinkommen ist ein Sonderabkommen zum Europäischen Patentübereinkommen und ist derzeit noch nicht in Kraft getreten. (Zentrales Patentverwertungsbüro, „Glossar", <www.paton.tu-ilmenau.de/pvb/glossar.html #38> (09.09.2002)).

[422] Die Buchstaben d) bis f) lauten folgendermaßen:
   d) den an Bord von Schiffen der nicht zu den Vertragsstaaten gehörenden Mitgliedstaaten der Pariser Verbandsübereinkunft zum Schutz des gewerblichen Eigentums stattfindenden Gebrauch des Gegenstands der patentierten Erfindung im Schiffskörper, in den Maschinen, im Takelwerk, an den Geräten und sonstigem Zubehör, wenn die Schiffe vorübergehend oder zufällig in die Gewässer der Vertragsstaaten gelangen, vorausgesetzt, da[ss] dieser Gegenstand dort ausschließlich für die Bedürfnisse des Schiffs verwendet wird;
   e) den Gebrauch des Gegenstands der patentierten Erfindung in der Bauausführung oder für den Betrieb der Luft- oder Landfahrzeuge der nicht zu den Vertragsstaaten gehörenden Mitgliedstaaten der Pariser Verbandsübereinkunft zum Schutz des gewerblichen Eigentums oder des Zubehörs solcher Fahrzeuge, wenn diese vorübergehend oder zufällig in das Hoheitsgebiet der Vertragsstaaten gelangen;
   f) die in Artikel 27 des Abkommens vom 7. Dezember 1944 über die internationale Zivilluftfahrt vorgesehenen Handlungen, wenn diese Handlungen ein Luftfahrzeug eines nicht zu den Vertragsstaaten gehörenden Staats betreffen, auf den dieser Artikel anzuwenden ist.

[423] § 11 des deutschen Patentgesetzes regelt ebenfalls die Beschränkung der Wirkung des Patents und listet sechs Beschränkungen auf, die Artikel 27 Gemeinschaftspatentübereinkommen 1989 entsprechen, auf. Artikel 28 des belgischen Patentgesetzes vom 28.03.1984, geändert am 28.01.1997, entspricht Artikel 27 Gemeinschaftspatentübereinkommen, ebenso wie Artikel 47 des Patentgesetzes von Luxemburg vom 20.07.1992, geändert am 24.05.1998. Auch Section 60 Absatz 5 des Patentgesetzes (Patent Act) des Vereinigten Königreichs vom 29.07.1977, geändert am 15.11.1988, entspricht Artikel 27 Gemeinschaftspatentübereinkommen. Artikel L. 613-5 des französischen Gesetzes zum geistigen Eigentum (Loi n° 92-597 du 1er juillet 1992 relative au code de la propriété intellectuelle (partie législative) modifiée en dernier lieu par la loi n° 96-1106 du 18 décembre 1996) regelt dessen

die Probleme bei der Auslegung von § 11 Nr. 2 des deutschen Patentgesetzes hin – die Regelung entspricht Artikel 27 b) Gemeinschaftspatentübereinkommen – zum Beispiel in Bezug auf die Frage der Zulässigkeit von klinischen Untersuchungen. Er stellt fest, dass derartige Unklarheiten Beweggrund dafür waren, keine enumerative Auflistung in Artikel 30 TRIPS-Übereinkommen zu übernehmen.[424]

Im Juni 1988 umfasste ein Vorschlag der Europäischen Kommission zur Formulierung des heutigen Artikels 30 TRIPS-Übereinkommen die Nennung anerkannter Ausnahmen, nämlich Handlungen im privaten Bereich zu nicht gewerblichen Zwecken und Ausnahmen zu Versuchszwecken.[425] Auch im Frühjahr 1990 wurden diese noch als Ausnahmen zu den Patentrechten aufgezählt, zusätzlich die Vorbenutzung.[426] Auch im Entwurf des Vorsitzenden der Verhandlungsgruppe zu handelsbezogenen Aspekten der Rechte am geistigen Eigentum im Juli 1990 waren noch verschiedene Fallgruppen der begrenzten Ausnahmen enthalten.[427] Die Zwangsli-

---

ersten drei Fallgruppen. Artikel 53 Nr. 3 des niederländischen Patentgesetzes (Rijksoctrooiwet) vom 13.12.1994 regelt Handlungen zu Versuchszwecken, Artikel 54 entspricht Artikel 27 d) bis f) Gemeinschaftspatentübereinkommen. § 26 österreichisches Patentgesetz vom 07.07.1970, geändert am 01.04.1994, entspricht Artikel 27 e) Gemeinschaftspatentübereinkommen, dies gilt auch für Artikel 35 Absatz 3 des schweizerischen Bundesgesetzes betreffend die Erfindungspatente vom 25.07.1954, geändert am 24.03.1995.
§ 12 Absatz 1 Satz 1 des deutschen Patentgesetzes regelt das Vorbenutzungsrecht. Artikel 30 des belgischen Patentgesetzes regelt das Vorbenutzungsrecht, Artikel L. 613-7 Absatz 1 des französischen Gesetzes zum geistigen Eigentum, Artikel 50 Absatz 1 des Patentgesetzes von Luxemburg, Artikel 55 Absatz 1 des niederländischen Patentgesetzes und § 23 des österreichischen Patentgesetzes ebenfalls, genauso wie Artikel 35 Absatz 1 des schweizerischen Bundesgesetzes betreffend die Erfindungspatente. Auch Section 64 Absatz 1 des Patentgesetzes des Vereinigten Königreichs regelt das Vorbenutzungsrecht.

[424] Straus, GRUR Int. 1996, 179 (198).

[425] Der Vorschlag der Europäischen Kommission lautete folgendermaßen:
"[...] such acts done privately and for non-commercial purposes and acts done for experimental purposes"
(Draft by Commission of the European Communities, "Guidelines and Objectives Proposed by the European Commission for the Negotiations on Trade Related Aspects of Substantive Standards of Intellectual Property Rights", June 29, 1988, Part D (main provisions), Section A (Patents), I, 6; zitiert nach: Gorlin, An Analysis of the Pharmaceutical-Related Provisions of the WTO TRIPS (Intellectual Property) Agreement, S. 29).

[426] Der Vorschlag lautete folgendermaßen:
"Limited exceptions to the exclusive rights conferred by a patent may be made for certain acts, such as rights based on prior use, acts done privately and for non-commercial purposes and acts done for experimental purposes, provided that they take account of the legitimate interests of the proprietor of the patent and third parties."
(zitiert nach: Gorlin, An Analysis of the Pharmaceutical-Related Provisions of the WTO TRIPS (Intellectual Property) Agreement, S. 29).

[427] In Part III, Section 5, Artikel 2.2 des Entwurfs des Vorsitzenden der Verhandlungsgruppe zu handelsbezogenen Aspekten der Rechte am geistigen Eigentum vom 23.07.1990 lautete die Formulierung folgendermaßen:
"2.2 [Provided that legitimate interests of the proprietor of the patent and of third parties are taken into account,] limited exceptions to the exclusive rights conferred by a patent may be made for certain acts, such as: 2.2.1 Rights based on prior use.
    2.2.2 Acts done privately and for non-commercial purposes.
    2.2.3 Acts done for experimental purposes.
    2.2.4 Preparation in a pharmacy in individual cases of a medicine in accordance with a prescription, or acts carried out with a medicine as prepared."

zenzen wurden jedoch nicht als eine dieser Fallgruppen genannt. Sie wurden in Part III, Section 5, Artikel 5 gesondert behandelt. Die späteren Entwurfsvorschläge des Vorsitzenden der Verhandlungsgruppe enthielten keine derartige Aufzählung mehr, sondern Formulierungen, die dem jetzigen Artikel 30 TRIPS-Übereinkommen ähnelten.[428] Diese damalige Auflistung könnte als Indiz dafür gesehen werden, dass Zwangslizenzen als nicht von Artikel 30 umfasst angesehen werden können.

Als weiteres nationales Beispiel kann Section 271 (e) Absatz 1 des Title 35, Part III, Chapter 28 des United States Code genannt werden. Diese Norm regelt den Fall der frühen Anwendung ("early working", "Bolar exception").[429] Die Ausnahme trägt den Namen der "Bolar exception" nach dem Fall "Roche Products Incorporated v. Bolar Pharmaceutical Company", auf den mit dieser gesetzlichen Regelung reagiert wurde.[430] Diese Ausnahme umfasst Versuche, die noch während des Zeitraums des Patentschutzes ausgeübt werden, um die erforderliche Arzneimittelzulassung in diesem Stadium erhalten zu können, und somit die möglichst rasche Produktion von Generika nach Ablauf des Patentschutzes zu gewährleisten. Eine entsprechende Vorschrift, Section 55.2 (1) des kanadischen Patentgesetzes (Patent Act) war Gegenstand des Panelverfahrens "Canada – Patent Protection of Pharmaceutical Products".[431] Die Vorschrift wurde im Panel Report als mit Artikel 30 TRIPS-Übereinkommen vereinbar gebilligt.[432] Die darüber hinausgehende vorzeitige

---

2.2.5A Acts done in reliance upon them not being prohibited by a valid claim present in a patent as initially granted, but subsequently becoming prohibited by a valid claim of that patent changed in accordance with procedures for effecting changes to patents after grant.
2.2.6B Acts done by government for purposes merely of its own use."
(Chairman of the Negotiating Group on Trade-Related Aspects of Intellectual Property Rights, including Trade in Counterfeit Goods, MTN.GNG/NG11/W/76, S. 18).
[428] Siehe WTO Panel Report, Canada – Patent Protection of Pharmaceutical Products, WT/DS 114/R, Annex 6, S. 211 f.
[429] Section 271 (e) Absatz 1 des Title 35, Part III, Chapter 28 des United States Code lautet folgendermaßen:
It shall not be an act of infringement to make, use, offer to sell, or sell within the United States or import into the United States a patented invention (other than a new animal drug or veterinary biological product (as those terms are used in the Federal Food, Drug, and Cosmetic Act and the Act of March 4, 1913) which is primarily manufactured using recombinant DNA, recombinant RNA, hybridoma technology, or other processes involving site specific genetic manipulation techniques) solely for uses reasonably related to the development and submission of information under a Federal law which regulates the manufacture, use, or sale of drugs or veterinary biological products.
Der Fall der frühen Anwendung wurde 1984 geregelt durch den United States Drug Price Competition and Patent Term Restoration Act (Correa, Integrating Public Health Concerns into Patent Legislation in Developing Countries, VII.2).
[430] 733 F. 2d. 858, Fed. Cir., cert. denied 469 US 856, 1984; Angabe nach Correa, Integrating Public Health Concerns into Patent Legislation in Developing Countries, VII.2, Fn. 126. Siehe hierzu auch WTO Panel Report, Canada – Patent Protection of Pharmaceutical Products, WT/DS114/R, Rn. 7.41, Fn. 395.
[431] Section 55.2 (1) des kanadischen Patentgesetzes lautet:
It is not an infringement of a patent for any person to make, construct, use or sell the patented invention solely for uses reasonably related to the development and submission of information required under any law of Canada, a province or a country other than Canada that regulates the manufacture, construction, use or sale of any product.
[432] WTO Panel Report, Canada – Patent Protection of Pharmaceutical Products, WT/DS114/R, Rn. 7.84.

Produktion und Lagerung der Produkte gemäß Section 55.2 (2) des Patentgesetzes wurde jedoch als nicht von Artikel 30 TRIPS-Übereinkommen umfasst angesehen.[433] Eine Norm, die bei der Abfassung des Artikels 30 TRIPS-Übereinkommen bereits bestand, und dabei bedacht wurde, ist Artikel 9 Absatz 2 der Berner Übereinkunft zum Schutz von Werken der Literatur und Kunst. Artikel 9 Absatz 2 lautet:

> Der Gesetzgebung der Verbandsländer bleibt vorbehalten, die Vervielfältigung in gewissen Sonderfällen unter der Voraussetzung zu gestatten, dass eine solche Vervielfältigung weder die normale Auswertung des Werks beeinträchtigt noch die berechtigten Interessen des Urhebers unzumutbar verletzt.

Die Formulierung des TRIPS-Übereinkommens unterscheidet sich von derjenigen der Berner Übereinkunft insofern, als hier der Begriff „begrenzte Ausnahmen" ("limited exceptions") gewählt, dort jedoch der Begriff „in gewissen Sonderfällen" ("in certain special cases") verwandt wurde. Im Panel Report "Canada – Patent Protection of Pharmaceutical Products" wurde jedoch darauf hingewiesen, dass die Entstehungsgeschichte des TRIPS-Übereinkommens darauf schließen lasse, dass diesen Begriffen die gleiche Bedeutung zukomme.[434] Artikel 9 Absatz 2 Berner Übereinkunft gestattet es den Verbandsländern jedoch nicht, Zwangslizenzen zu erteilen, da diese die normale Auswertung des Werks, so zum Beispiel durch Druck und Verkauf von Romanen, Schulbüchern und ähnlichen Werken, beeinträchtigen.[435] Entsprechende Vorschläge Indiens und Rumäniens, betreffend die Einfügung eines Absatzes über eine allgemeine Zwangslizenz, wurden von den Vertragsstaaten während der Stockholmer Revisionsverhandlungen 1967 zu Artikel 9 Berner Übereinkunft abgelehnt.[436]

Zusammenfassend kann festgestellt werden, dass die historische Auslegung unter Berücksichtigung von Artikel 27 Gemeinschaftspatentübereinkommen und nationalen Regelungen, von Artikel 9 Absatz 2 Berner Übereinkunft sowie Vorentwürfen des Artikels 30 TRIPS-Übereinkommen unter anderem folgende Fallgruppen der Ausnahmen von den Rechten aus dem Patent finden lässt:

- Vorbenutzung
- nicht gewerbliche Nutzung im privaten Bereich
- Handlungen zu Versuchszwecken/ frühe Anwendung
- Einzelzubereitung von Arzneimitteln

---

[433] WTO Panel Report, Canada – Patent Protection of Pharmaceutical Products, WT/DS114/R, Rn. 7.38.
[434] WTO Panel Report, Canada – Patent Protection of Pharmaceutical Products, WT/DS114/R, Rn. 7.29.
[435] Masouyé, Kommentar zur Berner Übereinkunft zum Schutz von Werken der Literatur und Kunst, Artikel 9, Rn. 9.7; Ricketson, The Berne Convention for the Protection of Literary and Artistic Works: 1886-1986, S. 478.
[436] Ricketson, The Berne Convention for the Protection of Literary and Artistic Works: 1886-1986, S. 481. Zwangslizenzen werden in der Berner Übereinkunft wiederum gesondert geregelt in Artikel 11bis Absatz 2 und Artikel 13 Absatz 1.

Die Zwangslizenzerteilung wird dabei nicht in diesen Katalog eingeordnet. Historisch betrachtet fällt die Zwangslizenzerteilung mithin nicht in den Anwendungsbereich der Ausnahmen gemäß Artikel 30 TRIPS-Übereinkommen.

Sinn und Zweck der Regelung des Artikels 30 TRIPS-Übereinkommen ist es, den Patentschutz nicht in einem breiteren Umfang zu gewähren, als dessen Zielsetzung es wiederum erfordert. Im zweiten Teil wurden bereits die verschiedenen Patenttheorien angesprochen. Insbesondere würde damit nicht der Ansporn genommen oder die Belohnung in einem zu großen Ausmaß geschmälert, wenn begrenzte Ausnahmen vom Patentrecht vorgesehen sind, wie zum Beispiel der private Gebrauch zu nicht gewerblichen Zwecken und die unmittelbare Einzelzubereitung von Arzneimitteln. Darüber hinaus ist bezüglich des Zwecks der einzelnen Fallgruppen des Artikels 30 TRIPS-Übereinkommen zu unterscheiden. Was die Fallgruppe der nicht gewerblichen Nutzung im privaten Bereich betrifft, so ist zu beachten, dass Patente Instrumente des Wirtschaftsverkehrs sind und nicht für den Eingriff in die Privatsphäre bestimmt.[437] Zudem würde es dem Ziel der technischen Entwicklung widersprechen, wenn sich die Wirkung von Patenten auf Versuchszwecke erstreckte.[438] Schließlich soll im Interesse der Gesundheitsförderung die Rezepturfreiheit des Arztes nicht eingeschränkt werden.[439] Bei jeder dieser genannten Fallgruppen wird deutlich, dass die Ausnahmen deswegen so grundsätzlich gemacht werden können, weil auf diese Weise schon auf dieser Stufe, bei der Festlegung der Fallgruppen des Artikels 30 TRIPS-Übereinkommen, in Abwägung der Interessen des Patentinhabers und denen der Allgemeinheit ein gerechter Ausgleich gefunden werden kann.
Dies ist anders im Fall der Zwangslizenzerteilung. Grundsätzlich würde eine solch weitgehende Einschränkung wie diejenige durch Erteilung einer Zwanglizenz den Zielsetzungen des Ansporns und der Belohnung widersprechen. Darüber hinaus ist die Beschränkung so tiefgehend, dass sie einer Abwägung im Einzelfall bedarf. Zu bedenken ist, dass bei Ausnahmen gemäß Artikel 30 TRIPS-Übereinkommen eine grundsätzliche „Generalausnahme" erklärt wird. Dem stark eingreifenden Charakter der Zwangslizenzerteilung aber entspricht eher die Einzelfallbegutachtung gemäß Artikel 31 TRIPS-Übereinkommen.

Die Auslegung des Artikels 30 TRIPS-Übereinkommen kommt zu dem Ergebnis, dass unter „begrenzten Ausnahmen von den ausschließlichen Rechten aus einem Patent" jedenfalls nicht die Erteilung von Zwangslizenzen zu verstehen ist. Eine Lösung des Problems über eine dementsprechende Auslegung des Artikels 30 TRIPS-Übereinkommen ist mithin abzulehnen.

---

[437] Busse/ Keukenschrijver/ Schwendy/ Baumgärtner, Patentgesetz, § 11 Rn. 5; Benkard/ Bruchhausen/ Schäfers/ Rogge/ Ullmann, Patentgesetz, Gebrauchsmustergesetz, § 11 Rn. 2. .
[438] Busse/ Keukenschrijver/ Schwendy/ Baumgärtner, Patentgesetz, § 11 Rn. 5; Benkard/ Bruchhausen/ Schäfers/ Rogge/ Ullmann, Patentgesetz, Gebrauchsmustergesetz, § 11 Rn. 2. .
[439] Busse/ Keukenschrijver/ Schwendy/ Baumgärtner, Patentgesetz, § 11 Rn. 5; Benkard/ Bruchhausen/ Schäfers/ Rogge/ Ullmann, Patentgesetz, Gebrauchsmustergesetz, § 11 Rn. 2. .

2. Änderung des Artikels 31 f) TRIPS-Übereinkommen

Bei der Problematik der ungenügenden Produktionsmöglichkeiten in einigen Mitgliedstaaten kommt auf Dauer allein eine Lösung über Artikel 31 TRIPS-Übereinkommen in Betracht. Das bedeutet, das Produktionsland würde eine Zwangslizenz erteilen. Das essentielle Medikament würde in diesem Land produziert, und anschließend in das Land, in dem die Krise der öffentlichen Gesundheit besteht, importiert. Hierzu bedarf es einer Änderung der Voraussetzungen gemäß Artikel 31 f) TRIPS-Übereinkommen. Eine solche Änderung wird auch vom Allgemeinen Rat der Welthandelsorganisation im Beschluss vom 30.08.2003 vorgeschlagen.[440] Einer Änderung des Artikels 31 f) TRIPS-Übereinkommen gegenüber waren in den Diskussionen des TRIPS-Rates im Jahr 2002 alle Mitglieder aufgeschlossen, auch diejenigen, die vorrangig eine entsprechende Auslegung des Artikels 30 befürworten.[441] Unterstützt wurde dieser Vorschlag vor allem von den Europäischen Gemeinschaften, in der Literatur von *Bronckers*.[442]

Bisher muss die Benutzung unter Zwangslizenz gemäß Artikel 31 f) TRIPS-Übereinkommen vorwiegend für die Versorgung des Binnenmarkts des Mitglieds gestattet sein, das die Lizenz erteilt hat. „Vorwiegend" beziehungsweise "predominantly" bedeutet, dass mehr als 50 % der Produktion für den Binnenmarkt bestimmt sind.[443] "Predominant" bedeutet nämlich "more abundant as an element; more frequent; prevailing, prevalent".[444] Sinn und Zweck der Regelung des Artikels 31 f) TRIPS-Übereinkommen ist es, Missbräuchen vorzubeugen. Es soll die Möglichkeit ausgeschlossen werden, dass ein Staat Zwangslizenzen verteilen könnte, und anschließend davon profitieren, dass die preisgünstigen Produkte in das Ausland exportiert und dort mit Gewinn verkauft werden können. In dem Fall, dass die Produkte in ein Land exportiert werden, in dem selbst keine Produktionsmöglichkeit im Fall einer gesundheitlichen Krise besteht, würde kein solcher Missbrauch betrieben. Im Gegenteil: Eine solche Lösung würde der Zielsetzung des Gesundheitsschutzes gemäß Artikel 8 Absatz 1 TRIPS-Übereinkommen gerecht. Dem entspricht es, dass Artikel 31 f) TRIPS-Übereinkommen ebenfalls keine Anwendung findet im Fall der wettbewerbswidrigen Praktik gemäß Artikel 31 k) TRIPS-Übereinkommen. In jenem Fall besteht die Möglichkeit, dass die wettbewerbswidrige Praktik gerade erst durch die Nichtanwendung des Artikels 31 f) aufgehoben werden kann, das heißt, durch Verkauf im Ausland.

Änderungen eines multilateralen Abkommens, also auch des TRIPS-Übereinkommens, werden im Verfahren gemäß Artikel X WTO-Übereinkommen vorgenommen. Vorschläge können in der Ministerkonferenz entweder von einem

---

[440] World Trade Organization, General Council, WT/L/540, Rn. 11.

[441] Permanent Mission of Brazil, IP/C/W/355, Rn. 16.

[442] Permanent Mission of the European Communities and their Member States, IP/C/W/352, Rn. 4; Bronckers, "Legal Options for Implementing Paragraph 6 of the Ministerial Declaration on the TRIPS Agreement and Public Health", <www.geneva.quno.info/pdf/Legal%20Options%20Bronckers.pdf> (11.11.2002), S. 1.

[443] Abbott, Journal of International Economic Law 2002, 469 (499).

[444] Simpson/ Weiner, The Oxford English Dictionary, Volume XII, S. 337.

Mitglied (Artikel X Absatz 1 Satz 1 WTO-Übereinkommen) oder von einem der drei Bereichsräte (Satz 2), in diesem Fall dem TRIPS-Rat, eingereicht werden. Innerhalb von 90 Tagen kommt es zu einer Entscheidung durch die Ministerkonferenz, grundsätzlich im Konsensus-Verfahren (Artikel X Absatz 1 Satz 3). Falls dies jedoch nicht möglich ist, ist eine Entscheidung mit Zweitdrittelmehrheit erforderlich (Artikel X Absatz 1 Satz 6). Es folgt die Vorlegung zu Annahme. Zumeist wird es bei dem Vorschlag der Änderung des Übereinkommens auch zu einer Änderung der Rechte und Pflichten der Mitglieder kommen, und somit zur Anwendung des Absatzes 3. Die Ministerkonferenz kann jedoch auch mit Dreiviertelmehrheit beschließen, dass es nicht zu einer solchen Änderung der Rechte und Pflichten kommen würde. Dann findet Absatz 4 Anwendung (Artikel X Absatz 1 Satz 7). Im Verfahren gemäß Artikel X Absatz 3 tritt die Änderung nur für die Mitglieder in Kraft, die die Änderung angenommen haben. Voraussetzung hierfür wiederum ist, dass dies zumindest zwei Drittel der Mitglieder sind (Artikel X Absatz 3 Satz 1). Im Verfahren gemäß Artikel X Absatz 4 tritt die Änderung des Übereinkommens umfassend für alle Mitglieder in Kraft, sofern zwei Drittel der Mitglieder sie angenommen haben. Eine Annahmeurkunde ist gemäß Artikel X Absatz 7 beim Generaldirektor der Welthandelsorganisation zu hinterlegen. Bezogen auf den konkreten Fall müsste ein Vorschlag zur Änderung von Artikel 31 f) TRIPS-Übereinkommen in der fünften oder einer folgenden Ministerkonferenz eingebracht werden.

Nachteilhaft an diesem Verfahren ist, dass es mit Blick auf die innerstaatliche Ratifikation recht zeitintensiv ist. Der Ratifikationsprozess könnte umso mehr ein Hindernis darstellen, da er unter anderem entsprechendem Lobbying von Interessengruppen unterliegt.[445] Trotzdem stellt die Änderung des Artikels 31 f) TRIPS-Übereinkommen auf Dauer die überzeugenste Lösung dar. Da in diesem Verfahren die Mitgliedstaaten selbst entscheiden, und nicht lediglich ein Organ der internationalen Organisation Welthandelsorganisation, wird eine Änderung Bestandteil des Übereinkommens.

II. Lösung für eine Übergangszeit

Da die Änderung des Artikels 31 f) TRIPS-Übereinkommen einen längeren Zeitraum in Anspruch nimmt, ist ein Lösungsansatz für eine Übergangszeit vonnöten.
In Betracht kommt ein Ausschluss der Klagbarkeit.
Vom TRIPS-Rat vorgeschlagen und letztendlich auch vom Allgemeinen Rat der Welthandelsorganisation beschlossen wurde aber die umfassendere Erteilung einer Ausnahmegenehmigung.[446]

---

[445] Quaker United Nations Office, Geneva/ Ministry of Foreign Affairs Norway, "The WTO TRIPS Agreement and the Protection of Public Health: Implementing Paragraph 6 of the Doha Declaration", <www.geneva.quno.info/pdf/final%20Utstein%20report.pdf> (11.11.2002), S. 4.
[446] World Trade Organization, Council for TRIPS, IP/C/W/405, Rn. 2; World Trade Organization, General Council, WT/L/540, Rn. 2.

1. Ausschluss der Klagbarkeit ("moratorium")

Ein Ausschluss der Klagbarkeit ("moratorium"), der sich auf die Streitbeilegung im Panelverfahren der Welthandelsorganisation bezieht, wurde von den Vereinigten Staaten und der Afrikanischen Gruppe der Welthandelsorganisation vorgeschlagen, aber auch von den Europäischen Gemeinschaften in Betracht gezogen.[447]
Das Instrument des Ausschlusses der Klagbarkeit ist nicht im WTO-Übereinkommen vorgesehen. Dennoch finden sich Beispielsfälle für solche Vereinbarungen im Bereich der Welthandelsorganisation. Vorgesehen ist zum einen der zeitlich begrenzte Ausschluss der Klagbarkeit in Artikel 64 Absatz 2 TRIPS-Übereinkommen, bezogen auf Artikel XXIII Absatz 1 b) und c) GATT 1947. Dieser Aufschub wurde von der Ministerkonferenz von Doha verlängert.[448] Zum anderen lautet Absatz 11.1 des Beschlusses der Ministerkonferenz von Doha zu Fragen der Durchführung ("Decision on Implementation-Related Issues and Concerns"):

> The TRIPS Council is directed to continue its examination of the scope and modalities for complaints of the types provided for under subparagraphs 1(b) and 1(c) of Article XXIII of GATT 1994 and make recommendations to the Fifth Session of the Ministerial Conference. *It is agreed that, in the meantime, members will not initiate such complaints under the TRIPS Agreement.*[449]

Ein weiterer Klagbarkeitsausschluss wurde schließlich im Bereich der Telekommunikation vereinbart.[450]
Selbst wenn man auf ein im WTO-Übereinkommen nicht geregeltes Verfahren zurückgreifen wollte, so ist ein gewichtiger Nachteil dieses Lösungsansatzes zu beachten. Fälle der Zwangslizenzerteilung werden vor allem auch vor nationalen Gerichten verhandelt, wie dies zum Beispiel im Südafrika-Fall geschah.[451] Nationale Gerichte aber wären nicht an einen Ausschluss der Klagbarkeit gebunden, da er sich nur auf das Panel-Verfahren der Welthandelsorganisation bezieht.
Aus diesem Grund ist der Ausschluss der Klagbarkeit als Lösungsansatz abzulehnen.

---

[447] Permanent Mission of the United States, IP/C/W/358, Rn. 29; Permanent Mission of Kenya, IP/C/W/351, Rn. 29; Permanent Mission of the European Communities and their Member States, IP/C/W/352, Rn. 7.
[448] World Trade Organization, Secretariat, IP/C/W/363/Add.1, Rn. 23.
[449] World Trade Organization, Ministerial Conference, WT/MIN(01)/17; eigene Hervorhebung.
[450] Beispiel genannt vom Sekretariat der Welthandelsorganisation (World Trade Organization, Secretariat, IP/C/W/363/Add.1, Rn. 25). Absatz 7 Satz 2 des Berichts der Gruppe Basis-Telekommunikation lautet am Ende:
"[I]t is the understanding of the Group that:
- *the application of such accounting rates would not give rise to action by Members under dispute settlement under the WTO*; and
- that this understanding will be reviewed not later than the commencement of the further Round of negotiations on Services Commitments due to begin not later than 1 January 2000."
(World Trade Organization, Group on Basic Telecommunications, S/GBT/4; eigene Hervorhebung).
[451] Abbott, "Legal Options for Implementing Paragraph 6 of the Ministerial Declaration on the TRIPS Agreement and Public Health", <www.geneva.quno.info/pdf/Legal%20Options%20Abbott.pdf> (11.11.2002), S. 2.

2. Ausnahmegenehmigung ("waiver")

Der Allgemeine Rat der Welthandelsorganisation gewährte am 30.08.2003 eine Ausnahmegenehmigung bezüglich Artikel 31 f) TRIPS-Übereinkommen.[452]

In den vorangehenden Diskussionen des TRIPS-Rates wurde eine Ausnahmegenehmigung als endgültige Lösung von den Vereinigten Staaten vorgeschlagen.[453] Von den Europäischen Gemeinschaften wurde eine Ausnahmegenehmigung lediglich als Übergangslösung in Betracht gezogen, ebenso von *Abbott* und *Bronckers*.[454] Ausnahmegenehmigungen stellen ein recht häufig gewähltes Instrument dar. Bis zum Oktober 2002 wurden 138 Ausnahmegenehmigungen gemäß Artikel IX Absatz 3 WTO-Übereinkommen erlassen.[455] Nur eine davon betraf das TRIPS-Übereinkommen, nämlich die Verpflichtungen der am wenigsten entwickelten Länder gemäß Artikel 70 Absatz 9 TRIPS-Übereinkommen.[456]

Dargestellt werden soll im Folgenden kurz das Verfahren der Erteilung einer Ausnahmegenehmigung gemäß Artikel IX Absätze 3 und 4 WTO-Übereinkommen.[457] Zuständig für die Erteilung einer Ausnahmegenehmigung ist die Ministerkonferenz

---

[452] World Trade Organization, General Council, WT/L/540.

[453] Permanent Mission of the United States, IP/C/W/358, Rn. 29.

[454] Permanent Mission of the European Communities and their Member States, IP/C/W/352, Rn. 7; Abbott, "Legal Options for Implementing Paragraph 6 of the Ministerial Declaration on the TRIPS Agreement and Public Health", <www.geneva.quno.info/pdf/Legal%20Options%20Abbott.pdf> (11.11.2002), S. 4 und 8; Bronckers, "Legal Options for Implementing Paragraph 6 of the Ministerial Declaration on the TRIPS Agreement and Public Health", <www.geneva.quno.info/pdf/Legal%20Options%20Bronckers.pdf> (11.11.2002), S. 2. Ebenso Quaker United Nations Office, Geneva/ Ministry of Foreign Affairs Norway, "The WTO TRIPS Agreement and the Protection of Public Health: Implementing Paragraph 6 of the Doha Declaration", <www.geneva.quno.info/pdf/final%20Utstein%20report.pdf> (11.11.2002), S. 4.

[455] World Trade Organization, Secretariat, IP/C/W/387, Rn. 3.

[456] World Trade Organization, General Council, WT/L/478.

[457] Artikel IX Absatz 3 WTO-Übereinkommen lautet:
> Unter außergewöhnlichen Umständen kann die Ministerkonferenz beschließen, ein Mitglied von einer Verpflichtung aus diesem Übereinkommen oder einem der Multilateralen Handelsübereinkommen zu entbinden; jedoch muss ein derartiger Beschluss von drei Vierteln [...] der Mitglieder gefasst werden, sofern in diesem Absatz nichts anderes vorgesehen ist. [...]
> b) Ein Antrag auf Ausnahmegenehmigung betreffend der Multilateralen Handelsübereinkommen der Anlagen 1A, 1B oder 1C und deren Anlagen wird zunächst dem Rat für den Handel mit Waren, dem Rat für den Handel mit Dienstleistungen beziehungsweise dem Rat für TRIPS zur Prüfung innerhalb einer Frist von längstens 90 Tagen vorgelegt. Mit Ablauf dieser Frist legt der zuständige Rat der Ministerkonferenz einen Bericht vor.

Absatz 4 lautet:
> Ein Beschluss der Ministerkonferenz zur Gewährung einer Ausnahmegenehmigung nennt die den Beschluss rechtfertigenden außergewöhnlichen Umstände, die Bedingungen für die Anwendung der Ausnahmegenehmigung sowie das Ablaufdatum der Ausnahmegenehmigung. Jede Ausnahmegenehmigung, die für einen längeren Zeitraum als ein Jahr gewährt wird, wird von der Ministerkonferenz spätestens ein Jahr nach der Gewährung und in der Folge alljährlich bis zum Ablauf der Ausnahmegenehmigung überprüft. Bei jeder Überprüfung untersucht die Ministerkonferenz, ob die die Ausnahmegenehmigung rechtfertigenden außergewöhnlichen Umstände weiterhin bestehen und ob die mit der Ausnahmegenehmigung verbundenen Bedingungen eingehalten wurden. Auf der Grundlage der jährlichen Überprüfung kann die Ministerkonferenz die Ausnahmegenehmigung verlängern, abändern oder aufheben.

gemäß Artikel IX Absatz 3 Satz 1 WTO-Übereinkommen. Zwischen den Tagungen der Ministerkonferenz ist gemäß Artikel IV Absatz 2 Satz 2 WTO-Übereinkommen auch der Allgemeine Rat zuständig.[458] Zunächst muss ein Antrag auf Ausnahmegenehmigung dem zuständigen Bereichsrat, hier dem TRIPS-Rat, vorgelegt werden (Artikel IX Absatz 3 b) WTO-Übereinkommen). Dieser prüft den Antrag innerhalb einer Frist von 90 Tagen, und legt im Anschluss der Ministerkonferenz beziehungsweise dem Allgemeinen Rat einen Bericht vor (Artikel IX Absatz 3 b) WTO-Übereinkommen, unter Umständen in Verbindung mit Artikel IV Absatz 2 Satz 2). In der Praxis geschieht dies durch einen kurzen mündlichen Bericht während der Sitzung des Allgemeinen Rates.[459] Kann ein Entschluss der Ministerkonferenz oder des Allgemeinen Rates nicht im vorzugsweise anzuwendenden Konsens-Verfahren erlangt werden, so muss er gemäß Artikel IX Absatz 3 Satz 1 WTO-Übereinkommen mit Dreiviertelmehrheit gefasst werden.[460] Die Bedeutung der vorangehenden Entscheidung des TRIPS-Rates lässt sich folgender Feststellung des Sekretariats der Welthandelsorganisation entnehmen:

"The usual practice is that once the relevant sectoral Council has approved a draft waiver by consensus, the General Council adopts it by consensus without further substantive discussion."[461]

Im Beschluss zur Gewährung der Ausnahmegenehmigung müssen die rechtfertigenden außergewöhnlichen Umstände, zu erfüllende Bedingungen und das Ablaufdatum genannt werden (Artikel IX Absatz 4 Satz 1 WTO-Übereinkommen). Im Einjahresabstand wird die Genehmigung überprüft (Artikel IX Absatz 4 Sätze 2, 3 und 4 WTO-Übereinkommen). Diese Überprüfung bedeutet aber nicht, dass eine erneute positive Abstimmung erfolgen muss.[462]

Vorteilhaft an diesem Verfahren ist vor allem, dass es recht zügig durchgeführt werden kann, dadurch, dass keine innerstaatliche Ratifikation vonnöten ist.[463] Für eine Übergangszeit bis zum Inkrafttreten einer entsprechenden Änderung des Artikels 31 f) TRIPS-Übereinkommen sorgt dieses Verfahren für Rechtssicherheit.[464] Als Dauerlösung ist eine solche Ausnahmegenehmigung jedoch nicht zu betrachten. Dies lässt sich aus den Voraussetzungen gemäß Artikel IX Absatz 4 WTO-

---

[458] World Trade Organization, Secretariat, IP/C/W/387, Rn. 7.

[459] World Trade Organization, Secretariat, IP/C/W/363/Add.1, Rn. 13 Fn. 9.

[460] World Trade Organization, General Council, WT/L/93.

[461] World Trade Organization, Secretariat, IP/C/W/363/Add.1, Rn. 13.

[462] Abbott, "Legal Options for Implementing Paragraph 6 of the Ministerial Declaration on the TRIPS Agreement and Public Health", <www.geneva.quno.info/pdf/Legal%20Options%20Abbott.pdf> (11.11.2002), S. 4.

[463] Abbott, "Legal Options for Implementing Paragraph 6 of the Ministerial Declaration on the TRIPS Agreement and Public Health", <www.geneva.quno.info/pdf/Legal%20Options%20Abbott.pdf> (11.11.2002), S. 5.

[464] Bronckers, "Legal Options for Implementing Paragraph 6 of the Ministerial Declaration on the TRIPS Agreement and Public Health", <www.geneva.quno.info/pdf/Legal%20Options%20Bronckers.pdf> (11.11.2002), S. 2.

Übereinkommen schlussfolgern.[465] Zudem würde eine Ausnahmegenehmigung als Dauerlösung wiederum nicht dem Erfordernis der Rechtssicherheit genügen.[466]

Die Erteilung einer Ausnahmegenehmigung gemäß Artikel IX Absatz 3 b) WTO-Übereinkommen ist ein sinnvoller Lösungsansatz für eine Übergangszeit. Hierdurch kann die Herstellung von patentierten Produkten ermöglicht werden, die zum Schutz der öffentlichen Gesundheit in Ländern benötigt werden, welche selbst nicht über ausreichende Produktionsmöglichkeiten verfügen. Da die Ausnahmegenehmigung von einem Organ der Welthandelsorganisation erteilt wird, und nicht von den Mitgliedstaaten selber, kommt ihr jedoch nicht die gleiche Durchschlagskraft zu wie die oben erläuterte Änderung.

III. Inhalt der Ausnahmegenehmigung und der Änderung

Im Folgenden wird der Inhalt der Ausnahmegenehmigung erläutert. Gleichzeitig werden aber auch Vorschläge unterbreitet bezüglich der Änderung von Artikel 31 f) TRIPS-Übereinkommen.

Die Ausnahmegenehmigung lautet im Kern folgendermaßen:

"The obligations of an exporting Member under Article 31 (f) TRIPS Agreement shall be waived with respect to the grant by it of a compulsory licence to the extent necessary for the purposes of production of a pharmaceutical product(s) and its export to an eligible importing Member(s) [...]."[467]

Drei Themenbereiche sind hinsichtlich des Inhalts der Ausnahmegenehmigung und der Änderung von besonderem Interesse. Zum einen ist auf die berechtigten Importstaaten einzugehen, zum anderen auf die umfassten Krankheiten, schließlich auf den Produktanwendungsbereich.

1. Importstaaten

Der Beschluss des Allgemeinen Rats der Welthandelsorganisation vom 30.08.2003 legt die berechtigten Importstaaten folgendermaßen fest:

" "[E]ligible importing Member" means any least-developed country Member, and any other Member that has made a notification [...] to the Council for TRIPS of its intention to use the system as an importer [...]."[468]

---

[465] Abbott, "Legal Options for Implementing Paragraph 6 of the Ministerial Declaration on the TRIPS Agreement and Public Health", <www.geneva.quno.info/pdf/Legal%20Options%20Abbott.pdf> (11.11.2002), S. 4.
[466] Abbott, "Legal Options for Implementing Paragraph 6 of the Ministerial Declaration on the TRIPS Agreement and Public Health", <www.geneva.quno.info/pdf/Legal%20Options%20Abbott.pdf> (11.11.2002), S. 8.
[467] World Trade Organization, General Council, WT/L/540, Rn. 2.
[468] World Trade Organization, General Council, WT/L/540, Rn. 1.

23 Mitgliedstaaten versicherten, dass sie nicht von der Ausnahmegenehmigung Gebrauch machen werden.[469] In den Diskussionen des TRIPS-Rats war anfangs im Gespräch, allein Entwicklungsländer in den persönlichen Schutzbereich einer Ausnahmegenehmigung beziehungsweise Änderung fallen zu lassen.[470] Zwar bezieht sich Absatz 1 der Erklärung von Doha zum TRIPS-Übereinkommen und zur öffentlichen Gesundheit auf Entwicklungsländer und die am wenigsten entwickelten Länder.[471] Aber Absatz 4 betrifft alle Mitgliedstaaten der Welthandelsorganisation.[472] Ihnen allen ist das Recht gewährleistet, die öffentliche Gesundheit zu schützen, welches auch durch eine entsprechende Auslegung und Anwendung des TRIPS-Übereinkommen unterstützt werden sollte. Auch Absatz 6, in dem die Problematik der nicht vorhandenen beziehungsweise nicht ausreichenden Produktionsmöglichkeiten explizit behandelt wird, differenziert nicht zwischen Entwicklungs- und Industriestaaten.[473] Eine solche Unterscheidung findet mithin weder eine Grundlage in der Erklärung von Doha, noch ließe sie sich rechtfertigen mit Blick auf den völkergewohnheitsrechtlichen Schutz des Rechts auf Gesundheit. Hiernach sind alle Staaten verpflichtet, Zugang zu essentiellen Medikamenten zu gewährleisten. Ihnen allen muss mithin eine zusätzliche Möglichkeit eröffnet werden, sofern sie über keine oder nicht ausreichende Produktionsmöglichkeiten im pharmazeutischen Sektor verfügen.

Berechtigte Importländer unter der Ausnahmegenehmigung sind mithin alle Mitgliedstaaten der Welthandelsorganisation.

Dies sollte auch für die vorzunehmende Änderung von Artikel 31 f) TRIPS-Übereinkommen gelten.

2. Krankheiten

Bezüglich der Krankheiten, auf die mit Hilfe einer Ausnahmegenehmigung und einer Änderung reagiert werden soll, ist Absatz 1 der Erklärung von Doha zu beachten. Hier wird Bezug genommen auf Krisen der öffentlichen Gesundheit, insbesondere diejenigen, die durch AIDS, Tuberkulose, Malaria und andere Epidemien entstehen.[474] Dadurch findet keine Beschränkung auf die aufgezählten Krankheiten statt, sondern es wird lediglich eine beispielhafte Aufzählung vorgenommen, wie durch die Verwendung des „insbesondere", "especially", deutlich wird. Auch Absatz 4 der Erklärung geht generell auf den Schutz der öffentlichen Gesundheit, und auf den Zugang zu

---

[469] Dies sind Australien, Österreich, Belgien, Kanada, Dänemark, Finnland, Frankreich, Deutschland, Griechenland, Island, Irland, Italien, Japan, Luxemburg, die Niederlande, Neuseeland, Norwegen, Portugal, Spanien, Schweden, die Schweiz, das Vereinigte Königreich und die Vereinigten Staaten von Amerika (World Trade Organization, General Council, WT/L/540, Rn. 1, Fn. 3).

[470] Permanent Mission of the European Communities and their Member States, IP/C/W/352, Rn. 12; Permanent Mission of the United States, IP/C/W/358, Rn. 16.

[471] World Trade Organization, Ministerial Conference, WT/MIN(01)/DEC/2, Rn. 1.

[472] World Trade Organization, Ministerial Conference, WT/MIN(01)/DEC/2, Rn. 4.

[473] World Trade Organization, Ministerial Conference, WT/MIN(01)/DEC/2, Rn. 6.

[474] World Trade Organization, Ministerial Conference, WT/MIN(01)/DEC/2, Rn. 1.

Medikamenten im Allgemeinen ein.[475] Durch den Beschluss, der gerade den Auftrag zur Lösung des Problems erteilt hat, wird also ein weiter Rahmen vorgegeben. Die Vereinigten Staaten von Amerika forderten, den Anwendungsbereich einer Ausnahmegenehmigung auf diese Krankheiten zu beschränken.[476] Ihr Vorschlag umfasste eine Auflistung von 23 Krankheiten.[477] Dies führte zum vorläufigen Scheitern der Verhandlungen im TRIPS-Rat Ende 2002.[478]

Dieser Forderung muss mit Blick auf die bisherigen Ausführungen entgegengehalten werden: In Hinblick auf den völkergewohnheitsrechtlichen Schutz des Rechts auf Gesundheit im Allgemeinen und des Rechts auf Zugang zu essentiellen Medikamenten im Besonderen müssen *alle* Krankheiten in den sachlichen Anwendungsbereich einer Ausnahmegenehmigung und Änderung miteingeschlossen sein. Das Recht auf Gesundheit gewährleistet umfassenden Schutz der körperlichen Integrität und erlaubt keine Differenzierung nach Krankheiten. In Erinnerung gerufen werden soll an dieser Stelle nochmals die Definition von Gesundheit, die Bezug nimmt auf einen Zustand des *vollständigen* körperlichen, geistigen und sozialen Wohlergehens. Eine Beschränkung des sachlichen Anwendungsbereichs durch Abstellen auf zuvor festgelegte Krankheiten ist nicht zu vereinbaren mit der umfassenden Verpflichtung aller Mitgliedstaaten der Welthandelsorganisation aus dem völkergewohnheitsrechtlich bestehenden Recht auf Gesundheit.

Die Ausnahmegenehmigung vom August 2003 bezieht sich auf alle Krankheiten. Auch für eine Änderung des Artikels 31 f) TRIPS-Übereinkommen sollte dies gelten.

3. Pharmazeutische Produkte

Die Ausnahmegenehmigung findet Anwendung auf pharmazeutische Produkte, auch eine Änderung des Artikels 31 f) TRIPS-Übereinkommen sollte diese betreffen.

Die Ausnahmegenehmigung vom 30.08.2003 definiert den Begriff „pharmazeutische Produkte" folgendermaßen:

" "[P]harmaceutical product" means any patented product, or product manufactured through a patented process, of the pharmaceutical sector needed to address the public health problems as recognized in paragraph 1 of the Declaration.[479] It is understood that active ingredients necessary for its manufacture and diagnostic kits needed for its use would be included."[480]

---

[475] World Trade Organization, Ministerial Conference, WT/MIN(01)/DEC/2, Rn. 4.

[476] Raghavan, "TRIPS consultations on implementing Doha recessed", <www.twnside.org. sg/title/5246a.htm> (09.12.2002).

[477] International Centre for Trade and Sustainable Development, "WTO Fails to Meet TRIPS & Health Deadline Due to US Opposition", Bridges Update, 2 January 2003.

[478] International Centre for Trade and Sustainable Development, "WTO Fails to Meet TRIPS & Health Deadline Due to US Opposition", Bridges Update, 2 January 2003.

[479] Gemeint ist die "Declaration on the TRIPS Agreement and Public Health" der Ministerkonferenz der Welthandelsorganisation, WT/MIN(01)/DEC/2.

[480] World Trade Organization, General Council, WT/L/540, Rn. 1.

Von pharmazeutischen Produkten sind also zum einen Wirkstoffe umfasst, zum anderen auch Nachweisverfahren.

Umstritten war in den Diskussionen des TRIPS-Rates, ob auch Impfstoffe inbegriffen sein sollten.[481] Mit Blick auf die Verpflichtung der Mitgliedstaaten, das Recht auf Gesundheit zu gewährleisten, ist ein breiter Anwendungsbereich zu bejahen. Gemäß Artikel 12 Internationaler Pakt über wirtschaftliche, soziale und kulturelle Rechte ist es eine der wichtigsten Pflichten, deren Vorrang mit demjenigen der Hauptpflichten vergleichbar ist, auch Zugang zu Impfstoffen gegen die am häufigsten vorkommenden Infektionskrankheiten in einer Gemeinschaft zu gewährleisten.[482] Entsprechend muss auch im Rahmen des Gewohnheitsrechts auf Schutz der Gesundheit Zugang zu Impfstoffen gewährt werden. Nur auf diese Weise kann ein umfassender und sinnvoller Gesundheitsschutz gewährleistet werden. Diese durch Gewohnheitsrecht bestehende Verpflichtung sollte bei der Bestimmung des sachlichen Anwendungsbereichs der Ausnahmegenehmigung und einer Änderung berücksichtigt werden, Impfstoffe sollten folglich mitumfasst sein.

IV. Fallgruppe der Notstandshilfe

Im Produktionsland müssen die restlichen Voraussetzungen einer Zwangslizenzerteilung erfüllt sein. Insbesondere muss im Produktionsland ein Grund für die Zwangslizenzerteilung bestehen.

Es besteht zwar die Möglichkeit, dass, genauso wie im Importland, im Produktionsland eine Krise der öffentlichen Gesundheit im Ausmaß eines nationalen Notstands besteht. Dies ist aber nicht zwangsläufig der Fall.

Auch ein entsprechendes öffentliches Interesse bestände dann nicht, wenn die Produktion überwiegend für den Export bestimmt ist. Das Vorliegen des öffentlichen Interesses ist nämlich zu beurteilen mit Blick auf das Land selbst, in dem die Zwangslizenz erteilt wird.

In Betracht kommt aber der Grund der Notstandshilfe. Die Ausnahmegenehmigung vom August 2003 nimmt auf diese Fallgruppe Bezug.[483] Die Mitgliedstaaten können gemäß Absatz 5 b) der Erklärung von Doha zum TRIPS-Übereinkommen und der öffentlichen Gesundheit die Gründe festlegen, aus denen Zwangslizenzen erteilt werden. Notstandshilfe kommt als ein solcher Grund in Betracht, wenn die Voraussetzungen des Notstands in einem anderen Land, dem Importland, erfüllt werden. Zu prüfen ist dann, ob die zuvor vorgeschlagenen vier Bedingungen für das Vorliegen eines Notstands im Importland erfüllt sind: akutes Bestehen oder unmittelbares Bevorstehen des Notstands, Betroffensein der gesamten Nation, Bedrohung des Fortbestehens des organisierten Lebens der Gemein-

---

[481] Dies wurde von Japan abgelehnt (Raghavan, "TRIPS consultations on implementing Doha recessed", <www.twnside.org.sg/title/5246a.htm> (09.12.2002)).

[482] United Nations Committee on Economic, Social and Cultural Rights, E/C.12/2000/4, Rn. 44.

[483] World Trade Organization, General Council, WT/L/540, Rn. 1.

schaft, Bestehen einer Ausnahmesituation insofern, als dass übliche Maßnahmen zum Aufrechterhalten der öffentlichen Gesundheit nicht adäquat sind. Die Privilegierung der Fallgruppe des nationalen Notstands gemäß Artikel 31 b) Satz 2 TRIPS-Übereinkommen findet jedoch bisher nicht auf diese Fallgruppe Anwendung. Das bedeutet, dass das Produktionsland sich zuvor bemüht haben muss, die Zustimmung des Rechtsinhabers zu angemessenen geschäftsüblichen Bedingungen zu erhalten. Die Europäischen Gemeinschaften schlugen allerdings vor, die Privilegierung des Artikels 31 b) Satz 2 auch für die Fallgruppe der Notstandshilfe einzuführen.[484] Mit dem Sinn und Zweck der Notstands- und Notstandshilferegelung ließe sich dies vereinbaren. Sie bezweckt, dem „Notstandsstaat" schnelles Handeln zu ermöglichen, um die Notstandslage zu bekämpfen. Wenn das eigene Land keine oder nicht ausreichende Produktionsmöglichkeiten besitzt, so ist doch immer noch rasche Hilfe vonnöten, in diesem Fall dadurch, dass in einem anderen Land Zwangslizenzen erteilt werden. Zu solch umgehender Zwangslizenzerteilung kann es aber nur dann kommen, wenn das Privileg des Artikels 31 b) Satz 2 TRIPS-Übereinkommen, der Verzicht auf Verhandlungen, auch auf die Fallgruppe der Notstandshilfe ausgedehnt würde. Dagegen würde sprechen, dass es in diesem Fall für den Patentrechtsinhaber zu einer Zwangslizenzerteilung käme, ohne dass mit ihm verhandelt hätte werden müssen, und ohne dass er mit einer solchen Maßnahme hätte rechnen können. Die Notstandslage besteht schließlich in einem anderen Mitgliedstaat. Andererseits entspricht dies auch der Interessenlage in der Fallgruppe des nationalen Notstands. Auch dort ist der Patentrechtsinhaber nicht für das Entstehen der Notstandslage verantwortlich und es wird dennoch in seine Rechte eingegriffen, um der Lage Herr zu werden. In beiden Fällen hat er unter Umständen nicht mit einer Zwangslizenzerteilung gerechnet. Dieser einschneidende Eingriff lässt sich allein rechtfertigen durch das Überschreiten der hohen Hürde, die der Notstandsbegriff und damit auch derjenige der Notstandshilfe aufstellen. Hinzu kommt, dass die Zwangslizenzerteilung sich ansonsten an den strengen Voraussetzungen des Artikels 31 TRIPS-Übereinkommen orientieren muss. Es ist zu schlussfolgern, dass die Forderung, die Privilegierung gemäß Artikel 31 b) Satz 2 TRIPS-Übereinkommen auf die Fallgruppe der Notstandshilfe auszudehnen, zu unterstützen ist. Auch im Fall der Erteilung einer Zwangslizenz in einem Produktionsland, um einem anderen Staat, in dem ein nationaler Notstand herrscht, den Import der benötigten pharmazeutischen Produkte zu ermöglichen, muss es dann nicht zu vorangehenden Verhandlungen mit dem Patentrechtsinhaber gekommen sein.

Als Ergebnis ist festzuhalten, dass eine sechste Fallgruppe der Zwangslizenzerteilung besteht, die dem Schutz des Rechts auf Gesundheit dienen kann: die Fallgruppe der Notstandshilfe. Bei der Änderung des Artikels 31 f) TRIPS-Übereinkommen sollte eine sich auf diese Fallgruppe beziehende Erweiterung der Privilegierung gemäß Artikel 31 b) Satz 2 TRIPS-Übereinkommen stattfinden.

Zu beachten ist allerdings grundsätzlich, dass ein großes praktisches Hindernis darin bestehen wird, dass ein potentielles Produktionsland in vielen Fällen nicht bereit sein

---

[484] Permanent Mission of the European Communities and their member States, IP/C/W/352, Rn. 17.

wird, eine entsprechende Zwangslizenz im fremden Interesse zu erteilen.[485] Selbst wenn das Produktionsland Vertragspartei des Internationalen Pakts über wirtschaftliche, soziale und kulturelle Rechte sein sollte, und deshalb gemäß Artikel 2 Absatz 1 und Artikel 12 des Pakts verpflichtet ist, andere Mitgliedstaaten bei der Gewährleistung des Rechts auf Gesundheit zu unterstützen, so lässt sich aufgrund des bestehenden breiten außenpolitischen Ermessensspielraums keine Verpflichtung zur Zwangslizenzerteilung konstruieren.[486]

Es muss außerdem berücksichtigt werden, dass die Fallgruppe der Notstandshilfe nicht die einzig denkbare Grundlage einer Zwangslizenzerteilung im Produktionsland darstellt.

Dies gilt vor allem deshalb, weil die Problematik der ungenügenden oder nicht vorhandenen Produktionsmöglichkeit nicht zu einer Beschränkung im Importland auf die Fallgruppe des nationalen Notstands führt.[487] Die Fallgruppe der Notstandshilfe stellt somit einen von weiteren möglichen Lösungswegen dar.

V. Ergebnis

Als Ergebnis bleibt festzustellen, dass es zur dauerhaften Lösung des Problems, dass einige Mitgliedstaaten der Welthandelsorganisation wegen fehlender Produktionsmöglichkeiten im eigenen Land auf Importe aus anderen Ländern angewiesen sind, zu einer Änderung des Artikels 31 f) TRIPS-Übereinkommen gemäß Artikel X WTO-Übereinkommen kommen sollte.

Eine solche Änderung wird dazu führen, dass im Produktionsland Zwangslizenzen erteilt werden können, um Hilfe, zum Beispiel im Falle eines nationalen Notstands (Fallgruppe der Notstandshilfe), zum Schutz der öffentlichen Gesundheit zu leisten. Zur Überbrückung bis zum Inkrafttreten einer solchen Änderung wurde eine Ausnahmegenehmigung gemäß Artikel IX Absatz 3 b) WTO-Übereinkommen erteilt.

Gezweifelt werden muss aber an der praktischen Relevanz dieser Ausnahmegenehmigung und der anzustrebenden Änderung. Äußerst fraglich ist nämlich, ob ein Mitgliedstaat bereit sein wird, Zwangslizenzen zu erteilen, um einen anderen Staat mit den dort zum Gesundheitsschutz benötigten Produkten zu versorgen.

---

[485] Attaran, "Paragraph 6 of the Doha Declaration on the TRIPS Agreement and Public Health: Options for TRIPS Council", S. 6.

[486] Vergleiche die Ausführungen im ersten Teil, B. V.

[487] Gleichwohl sicherten Hong Kong, Israel, Korea, Kuwait, Macau, Mexiko, Katar, Singapur, Taipeh, die Türkei und die Vereinigten Arabischen Emirate zu, die Ausnahmegenehmigung nur in Fällen des nationalen Notstands oder sonstiger Umstände äußerster Dringlichkeit als Importland in Anspruch zu nehmen (World Trade Organization, "Decision removes final patent obstacle to cheap drug imports", <www.wto.org/english/news_e/pres03_e/pr350_e.htm> (17.09.2003)).

Vierter Teil: Verhältnismäßigkeit

Die Beschränkung des Patentrechts durch die Erteilung einer Zwangslizenz findet ihrerseits eine Beschränkung in Hinblick auf die Anwendung des Verhältnismäßigkeitsprinzips. Abzuwägen ist in den Fällen der Zwangslizenzerteilung zum Schutz der öffentlichen Gesundheit zwischen dem Recht auf Gesundheit einerseits und dem Patentrecht andererseits. Trotz der zahlreichen Diskussionen über die Zwangslizenzerteilung vor, während und nach der WTO-Ministerkonferenz von Doha wurde in diesen nicht auf das Prinzip der Verhältnismäßigkeit Bezug genommen.[488] Im folgenden Teil ist darum zuerst darzustellen, dass bei einer Zwangslizenzerteilung gemäß Artikel 31 TRIPS-Übereinkommen der Grundsatz der Verhältnismäßigkeit Anwendung findet. Im Anschluss wird die konkrete Anwendung erläutert.

I. Anwendbarkeit des Verhältnismäßigkeitsprinzips

Im Folgenden wird dargelegt, dass bei der Erteilung einer Zwangslizenz gemäß Artikel 31 TRIPS-Übereinkommen zu prüfen ist, ob diese verhältnismäßig ist. Zwar kann kein Vergleich mit menschenrechtlichen Bestimmungen herangezogen werden. Das Verhältnismäßigkeitsgebot findet aber seine Grundlage in den Regelungen der Welthandelsorganisation selbst.

Das Verhältnismäßigkeitsgebot ist im Völkerrecht grundsätzlich anerkannt.[489] Es fand dort zunächst Anwendung im humanitären Völkerrecht sowie im Recht auf Selbstverteidigung und bei der Beschränkung von Repressalien.[490] Anerkannt ist es darüber hinaus unter anderem bei der Anwendung der Menschenrechte.[491] In Europa wird das Patentrecht als Menschenrecht geschützt gemäß Artikel 1 des 1. Zusatzprotokolls zur Europäischen Menschenrechtskonvention. Auch in dieser Norm ist das Verhältnismäßigkeitsprinzip nicht ausdrücklich niedergelegt, findet aber dennoch Anwendung. Die Europäische Menschenrechtskommission stellte im Fall "SmithKline and French Laboratories Ltd. v. The Netherlands" im Rahmen der Überprüfung einer Zwangslizenzerteilung fest:

> "The Commission however recalls that a patent initially confers on its owner the sole right of exploitation. The subsequent grant of rights to others under that patent is not an inevitable or automatic consequence. The Commission finds therefore that the decision of the Patent Office, conferring on Centrafarm a right of compulsory licence in respect of the applicant's patent, constituted a control of the use of property. The Commission must therefore consider

---

[488] Erwähnt wurde es hingegen von Otero García-Castrillón, Journal of International Economic Law 2002, 212 (215).

[489] Delbrück, "Proportionality", in: Bernhardt (Hrsg.), Encyclopedia of Public International Law, Volume III, S. 1144; Stern, Das Staatsrecht der Bundesrepublik Deutschland, Band III, 2. Halbband, Allgemeine Lehren der Grundrechte, S. 768.

[490] Delbrück, "Proportionality", in: Bernhardt (Hrsg.), Encyclopedia of Public International Law, Volume III, S. 1141 und 1142; Ipsen, Völkerrecht, § 59 Rn. 39 und 45.

[491] Delbrück, "Proportionality", in: Bernhardt (Hrsg.), Encyclopedia of Public International Law, Volume III, S. 1143.

whether this control is lawful, in accordance with the general interest and *pursues a legitimate aim in a proportionate manner* [...]."[492]

Dass der Grundsatz der Verhältnismäßigkeit im europäischen Menschenrechtsschutz und in weiteren internationalen Regelungen der Menschenrechte fest verankert ist, und damit auch im Rahmen von Artikel 15 Absatz 1 c) Internationaler Pakt über wirtschaftliche, soziale und kulturelle Rechte Anwendung findet, lässt sich jedoch hier nicht als stützendes Argument verwerten. Zu einer entsprechenden Beachtung der Schranken-Schranken dieses Menschenrechts auch im Rahmen von Artikel 31 TRIPS-Übereinkommen kann es deshalb nicht kommen, weil der Internationale Pakt über wirtschaftliche, soziale und kulturelle Recht nicht zu den zwischen den Mitgliedstaaten der Welthandelsorganisation anwendbaren Rechtssätzen gemäß Artikel 31 Absatz 3 c) Wiener Vertragsrechtskonvention gehört. Da der menschenrechtliche Schutz des Patentrechts nicht gewohnheitsrechtlich anerkannt ist, kann auch auf keine entsprechende Anwendung seiner Schranken-Schranken im Kontext des TRIPS-Übereinkommen geschlossen werden.

Die Anwendbarkeit des Verhältnismäßigkeitsprinzips im Rahmen der Zwangslizenzerteilung findet aber ihre Grundlage in den Regelungen der Welthandelsorganisation, zum einen im TRIPS-Übereinkommen selbst. Zum anderen kann ein systematischer Vergleich mit Artikel XX b) GATT 1947 herangezogen werden.

Das TRIPS-Übereinkommen selbst enthält in seinen Regelungen Begrenzungen durch den Grundsatz der Verhältnismäßigkeit. Der Grundsatz der Verhältnismäßigkeit findet Anwendung auf die Beurteilung des Ausmaßes der Zwangslizenzerteilung. Gemäß Artikel 31 c) TRIPS-Übereinkommen sind Umfang und Dauer einer Benutzung unter Zwangslizenz auf den Zweck zu begrenzen, für den sie gestattet wurde. Wenn der Grundsatz der Verhältnismäßigkeit Anwendung findet auf Ausmaß von Umfang und Dauer, so muss er erst recht Beachtung finden in Bezug auf die Erteilung der Zwangslizenz an sich (*argumentum a minori ad maius*). Auch Artikel 8 Absatz 1 TRIPS-Übereinkommen enthält den Grundsatz der Verhältnismäßigkeit ("die Maßnahmen [...], die zum Schutz der öffentlichen Gesundheit [...] sowie des öffentlichen Interesses [...] notwendig sind", beziehungsweise "measures necessary to protect public health [...], and to promote the public interest"). Auch hier kann wiederum ein Erst-recht-Schluss gezogen werden. Ist das Verhältnismäßigkeitsgebot zu beachten bei der Abfassung und Änderung der Gesetze, die den Schutz der öffentlichen Gesundheit betreffen, so muss es erst recht bei ihrer Anwendung berücksichtigt werden.

Ein systematischer Vergleich mit den sonstigen im TRIPS-Übereinkommen vorgesehenen Ausnahmen zu den Rechten aus dem Patent, nämlich denjenigen gemäß Artikel 30, zeigt, dass auch dort der Grundsatz der Verhältnismäßigkeit anzuwenden ist bei der grundsätzlichen Beurteilung der Ausnahme an sich. Artikel 30 TRIPS-Übereinkommen nennt in seiner dritten Voraussetzung die berechtigten Interessen des Inhabers des Patents, und legt fest, dass sie nicht unangemessen beeinträchtigt

---

[492] European Commission of Human Rights, Smith Kline and French Laboratories Ltd. v. The Netherlands, Decisions and Reports 66 (1990), S. 79; eigene Hervorhebung.

werden sollen, wobei auch die berechtigten Interessen Dritter zu berücksichtigen sind. Im dritten Teil wurde bereits erläutert, dass im Rahmen der systematischen Auslegung auch auf das GATT 1947 Bezug genommen werden kann. Im GATT 1947 beschränkt der Grundsatz der Verhältnismäßigkeit ebenfalls die Anwendung von Ausnahmen zu vertraglichen Regelungen. Artikel XX b) GATT 1947 lautet folgendermaßen:

> Subject to the requirement that such measures are not applied in a manner which would constitute a means of arbitrary or unjustifiable discrimination between countries where the same conditions prevail, or a disguised restriction on international trade, nothing in this Agreement shall be construed to prevent the adoption or enforcement by any contracting party of measures: [...]
> (b) *necessary* to protect human [...] life or health [...].[493]

Die deutsche Übersetzung, „b) Maßnahmen zum Schutze des Lebens und der Gesundheit von Menschen [...]", gibt die Bedeutung des "necessary" indes nicht wieder. An dieser Stelle bleibt festzuhalten, dass, wenn das Verhältnismäßigkeitsprinzip sowohl bei der Beurteilung der Rechtmäßigkeit von Ausnahmen gemäß Artikel 30 TRIPS-Übereinkommen als auch von Ausnahmen zum GATT 1947 Anwendung findet, eine Anwendung auf die Ausnahme gemäß Artikel 31 TRIPS-Übereinkommen ebenfalls nahe liegt.

Als Zwischenergebnis bleibt festzustellen, dass der Grundsatz der Verhältnismäßigkeit bei der Erteilung einer Zwangslizenz gemäß Artikel 31 TRIPS-Übereinkommen Anwendung findet. Er findet seine Grundlage in den Regelungen des TRIPS-Übereinkommens und des GATT 1947 und ist, so das Hauptargument, nach einem Erst-recht-Schluss auch bei der Beurteilung einer Zwangslizenzerteilung zu beachten. Wenn bei der Abfassung von Gesetzen, die den Schutz der öffentlichen Gesundheit betreffen, verhältnismäßig vorzugehen ist, so erst recht bei der Anwendung dieser Gesetze; und wenn Umfang und Dauer einer Benutzung unter Zwangslizenz verhältnismäßig sein müssen, so muss erst recht die Erteilung an sich diesem Prinzip Rechnung tragen.

II. Anwendung des Grundsatzes der Verhältnismäßigkeit

Darzustellen ist weiterhin die Anwendung des Verhältnismäßigkeitsprinzips bei der Zwangslizenzerteilung zum Schutz der öffentlichen Gesundheit. Staaten dürfen einen legitimen Zweck nur dann mit dem Mittel der Zwangslizenz verfolgen, und dadurch in ein Patentrecht eingreifen, wenn dieses Mittel geeignet, erforderlich und angemessen ist, dem Zweck zu dienen.

---

[493] Eigene Hervorhebung.

1. Legitimes Ziel

Die Prüfung der Verhältnismäßigkeit setzt ein legitimes Ziel voraus, es muss ein rechtlicher Schutzauftrag bestehen.[494] Dieses Erfordernis ist in Hinblick auf den Zugang zu essentiellen Medikamenten zum Schutz der öffentlichen Gesundheit erfüllt, sei es im Fall der Zwangslizenzerteilung bei nationalem Notstand, bei sonstigen Umständen äußerster Dringlichkeit, im Fall der öffentlichen nicht gewerblichen Nutzung, bei unterlassener Ausübung und auch bei Umsetzen des öffentlichen Interesses. Für das TRIPS-Übereinkommen wird der Schutz der öffentlichen Gesundheit als legitimes Ziel gestützt auf Artikel 27 Absatz 2 und Artikel 8 Absatz 1 TRIPS-Übereinkommen, sowie auf Artikel XX b) GATT 1947.[495] Darüber hinaus können sich die Mitgliedstaaten der Welthandelsorganisation auf ihre gewohnheitsrechtliche Verpflichtung zum Schutz des Rechts auf Gesundheit berufen. Jeder hat danach ein Recht auf Zugang zu essentiellen Medikamenten. Ob darüber hinaus weitere Zwecke verfolgt werden, müsste im konkreten Einzelfall geprüft werden.

2. Geeignetheit

Die Maßnahme muss im Hinblick auf das erstrebte Ziel geeignet sein, diesen Zweck zu erreichen. Eine Maßnahme ist dann zur Zweckerreichung geeignet, wenn mit ihrer Hilfe der gewünschte Erfolg näher rückt.[496] Es erscheint geeignet, durch Zwangslizenzerteilung die Produktion von essentiellen Medikamenten kostengünstig zu ermöglichen, und hierdurch Zugang zu diesen Medikamenten zu gewährleisten. Auf diese Weise könnte der Schutz der öffentlichen Gesundheit gestützt werden.

3. Erforderlichkeit

Die Einschränkungen müssen erforderlich sein, um das angestrebte Ziel zu erreichen.[497] Grundsätzlich wird der Begriff der Erforderlichkeit folgendermaßen definiert: Es darf kein milderes Mittel zur Verfügung stehen, um den gleichen Erfolg im Hinblick auf das angestrebte Ziel zu erreichen.[498] Diese Definition wurde auch vom World Trade Organization Panel bei der Auslegung des Begriffs des „necessary" des Artikels XX b) GATT 1947 angewandt. Die in Buchstaben a) bis j) aufgezählten Ausnahmemaßnahmen spalten sich jeweils auf in zwei Elemente, zum einen das Schutzgut (wie zum Beispiel die menschliche Gesundheit, Artikel XX b) GATT 1947), zum anderen das Verknüpfungsglied "necessary" beziehungsweise "relating to". Das Element der "necessity" war unter anderem Gegenstand des Panel Reports der Welthandelsorganisation "Thai Cigarettes". Der Panel stellte fest:

> "The Panel concluded from the above that the import restrictions imposed by Thailand could be considered to be "necessary" in terms of Article XX (b) only if there were no alternative measure consistent with the General Agreement,

---

[494] Higgins, Problems and Process – International Law and How We Use It, S. 234.
[495] Siehe die Ausführungen im dritten Teil, C. II. und III.
[496] Schnapp, JuS 1983, 850 (852).
[497] Higgins, Problems and Process – International Law and How We Use It, S. 234.
[498] Schnapp, JuS 1983, 850 (854).

or less inconsistent with it, which Thailand could reasonably be expected to employ to achieve its health policy objectives."[499]

Damit führte der Panel einen Test der "least trade restrictive measure" ein, einen Test, der auf die Maßnahme abzielt, die den Handel am wenigsten beschränkt.[500] Das bedeutet, dass unter dem GATT 1947 die Erforderlichkeit von Ausnahmemaßnahmen geprüft wird, um die grundsätzlich durch das Abkommen gewährten Rechte so wenig wie möglich einzuschränken. Überträgt man diesen Prüfungsmaßstab auf das TRIPS-Übereinkommen, so müsste die Maßnahme gemäß Artikel 31 die "least patents restrictive measure" sein, diejenige, die die Patentrechte am wenigsten einschränkt.

Im Hinblick auf die Zwangslizenzerteilung bei nicht privilegierten Fallgruppen, so bei unterlassener beziehungsweise nicht ausreichender Ausübung oder im öffentlichen Interesse, stellt die freiwillige Lizenzerteilung ein milderes Mittel dar. Der Staat muss, bevor er zu dem härteren Mittel der Zwangslizenzerteilung greift, zuvor in ernsthafte Verhandlungen mit dem Patentrechtsinhaber getreten sein, und die Erteilung von freiwilligen Lizenzen zu erreichen gesucht haben. Hier ist zu verweisen auf die Erfüllung der Voraussetzung gemäß Artikel 31 b) Satz 1 TRIPS-Übereinkommen, wonach derjenige, der die Benutzung plant, sich bemüht haben muss, die Zustimmung des Rechtsinhabers zu angemessenen geschäftsüblichen Bedingungen zu erhalten.

Bei privilegierten Fallgruppen, so der Zwangslizenzerteilung bei nationalem Notstand und bei sonstigen Umständen von äußerster Dringlichkeit sowie bei öffentlicher nicht gewerblicher Benutzung, findet sich eigentlich eine Ausnahme zu dem soeben genannte Grundsatz gemäß Artikel 31 b) Satz 1 TRIPS-Übereinkommen. Der Staat, der die Benutzung plant, muss sich dann nicht zuvor um die Zustimmung des Patentrechtsinhabers zu angemessenen geschäftsüblichen Bedingungen bemüht haben (Artikel 31 b) Satz 2 TRIPS-Übereinkommen). Aber das Verhältnismäßigkeitsgebot ist auch und gerade in diesen Situationen zu beachten. In Notstandsfällen zum Beispiel droht die Gefahr einer unverhältnismäßigen Beschränkung besonders, mithin ist die Anwendung des Grundsatzes der Verhältnismäßigkeit besonders wichtig.[501]
Bei der Prüfung der Erforderlichkeit der Zwangslizenzerteilung im nationalen Notstand, sonstiger Umstände von äußerster Dringlichkeit und öffentlicher nicht gewerblicher Nutzung kommt es deshalb zu einer wichtigen Ergänzung der Prüfung der Voraussetzungen gemäß Artikel 31 TRIPS-Übereinkommen. In Fällen der Zwangslizenzerteilung bei privilegierten Fallgruppen ist die gleiche Überlegung anzustellen

---

[499] WTO Panel Report, Thailand – Restrictions on Importations of and Internal Taxes on Cigarettes, DS/10/R, Rn. 75.

[500] Im Gegensatz hierzu legte der Appellate Body im Fall "Reformulated Gasoline" das Element "relating to" (Artikel XX g) GATT 1947) als ein schwächeres Erfordernis der Verbindung aus, nämlich, indem er forderte, es müsse eine Maßnahme vorliegen, die "primarily aimed at", „in erster Linie gezielt" ist auf die Erhaltung erschöpflicher Naturschätze. WTO Appellate Body Report, United States – Standards for Reformulated and Conventional Gasoline, WT/DS2/AB/R, 29.04.1996, Abschnitt III. B.

[501] Delbrück, "Proportionality", in: Bernhardt (Hrsg.), Encyclopedia of Public International Law, Volume III, S. 1143.

wie bei nicht privilegierten. Es ist also zu prüfen, ob sich der Mitgliedstaat eines milderen Mittels hätte bedienen können. In Betracht kommt auch hierbei insbesondere der Rückgriff auf essentielle Medikamente, die unter freiwilligen Lizenzen produziert wurden. Die privilegierende Ausnahme findet also nur dann Anwendung, wenn dies auch erforderlich ist. Ansonsten kommt es zu einer Ausnahme von der Ausnahme, und es müssten wiederum Lizenzierungsverhandlungen geführt werden. Es ist also zu differenzieren. Denkbar sind zum einen Notstandsfälle, die ein schnelles Vorgehen verlangen, und in denen Vertragsverhandlungen deswegen nicht erforderlich sind, weil sich dann nicht derselbe Erfolg einstellen würde. Das könnte zum Beispiel durch Zeitablauf verursacht sein. Dann ist es erforderlich, auf Verhandlungen zu verzichten. In Betracht kommen zum anderen Notstandfälle, in denen ein sofortiges Handeln nicht erwogen wird. Problematisch ist nämlich zum Beispiel, dass die oben dargelegte Auslegung des Begriffs des nationalen Notstands zur Einbeziehung auch lang andauernder Situationen führt. Dies kann Situationen einschließen, die zu dem Zeitpunkt, in dem ein Staat eine Zwangslizenzerteilung in Betracht zieht, bereits über einen längeren Zeitraum andauern, und bei denen vorher abzusehen war, dass sie sich kontinuierlich verschlechtern würden. In solchen Fällen ist es fraglich, ob ein vollständiger Verzicht auf Verhandlungen gerechtfertigt ist. Abzulehnen wäre des Weiteren ein solcher Verzicht beispielsweise dann, wenn ein Staat sowieso erst zu einem späteren Zeitpunkt die Nutzung der Zwangslizenz plant, etwa nach Beschaffung der finanziellen Mittel. Besonders in diesen Fällen könnte es zu Einwendungen seitens der Mitgliedstaaten kommen, die sich auf die privilegierte Fallgruppe berufen. Schließlich führt hier die Anwendung des Verhältnismäßigkeitsprinzips zu einer augenfälligen Einschränkung ihrer inneren Souveränität. Doch ein solcher Einwand ist zurückzuweisen unter Berufung auf die oben dargestellten Gründe der Anwendbarkeit des Verhältnismäßigkeitsprinzips, die vor allem im TRIPS-Übereinkommen selbst beruhen. Wie bereits festgestellt, so ist, wenn bei der Abfassung von Gesetzen, die den Schutz der öffentlichen Gesundheit betreffen, verhältnismäßig vorzugehen ist, dies erst recht bei der Anwendung dieser Gesetze der Fall. Und wenn Umfang und Dauer einer Benutzung unter Zwangslizenz verhältnismäßig sein müssen, so muss erst recht die Erteilung an sich diesem Prinzip Rechnung tragen.

Es bleibt zusammenzufassen, dass sich die Prüfung der Erforderlichkeit nur geringfügig danach unterscheidet, ob die Zwangslizenz auf Grundlage einer nicht privilegierten oder einer privilegierten Fallgruppe erteilt wird. Im ersten Fall muss der Staat zuvor Verhandlungen mit dem Patentrechtsinhaber geführt haben, die Inanspruchnahme von freiwilligen Lizenzen stellt ein milderes Mittel dar als die Zwangslizenzerteilung. Im zweiten Fall ist zu prüfen, ob das Bemühen um die Gewährung einer freiwilligen Lizenz der Situation, die zu der Privilegierung geführt hat, zuwiderlaufen würde, also, ob ein Verzicht auf Verhandlungen tatsächlich erforderlich ist. Falls nicht, muss auf das mildere Mittel der Verhandlungen und der freiwilligen Lizenzerteilung zurückgegriffen werden.

4. Angemessenheit

Schließlich muss die Maßnahme angemessen, das heißt die Einschränkung verhältnismäßig zum angestrebten legitimen Ziel sein.[502] Die Nachteile, denen der einzelne begegnet, müssen verhältnismäßig gegenüber den Vorteilen für die Gemeinschaft sein. Dies bedeutet, dass zunächst eine abstrakte Bewertung der Rechtsgüter vorzunehmen ist, und anschließend die konkrete Beeinträchtigung der kollidierenden Rechtsgüter und Interessen abzuwägen ist.[503]

Zunächst ist das abstrakte Wertverhältnis der Rechtsgüter zu vergleichen. Hier stehen sich das Recht auf Gesundheit unter dem Aspekt des Zugangs zu essentiellen Medikamenten und das Patentrecht gegenüber. Ersteres ist als völkergewohnheitsrechtliches Menschenrecht zu schützen. Letzteres genießt in allen Fällen zumindest einfachrechtlichen Schutz. In den Fällen, in denen Rechtsinhaber der Erfinder selbst ist, kommt ihm auch menschenrechtlicher Schutz gemäß Artikel 15 Absatz 1 c) des Pakts zu. Dieser menschenrechtliche Schutz besteht jedoch nicht in allen Mitgliedstaaten der Welthandelsorganisation, da er nicht gewohnheitsrechtlich gilt. Für ein Überwiegen der abstrakten Position des Rechts auf Gesundheit bei einer Beurteilung nach Maßstäben des in der Welthandelsorganisation anwendbaren Rechts spricht dies jedoch nicht. Nur zwingende Normen *(ius cogens)* überwiegen andere Regelungen des Völkerrechts, ansonsten sind die Normen des Völkerrechts von gleichem Rang.[504]

Hinzu kommt aber, dass für das Patentrecht gemäß Artikel 27 und 28 TRIPS-Übereinkommen Schranken vorgesehen sind, so gemäß Artikel 31 TRIPS-Übereinkommen durch die Möglichkeit der Zwangslizenzerteilung. Eine entsprechende Schranke wird dem Recht auf Gesundheit allein dadurch gesetzt, dass es gemäß Artikel 12 Absatz 1 Internationaler Pakt über bürgerliche und politische Rechte zu dem für den Berechtigten erreichbaren Höchstmaß gewährt wird, und die Staaten gemäß Artikel 2 Absatz 1 zur Verwirklichung „nach und nach" verpflichtet sind. Damit besteht grundsätzlich eine Begrenzung auf den Bereich des Möglichen. Das gilt entsprechend für das Völkergewohnheitsrecht. Aber hier ist die Sonderposition des Rechts auf Zugang zu essentiellen Medikamenten zu beachten. Durch eine Hauptverpflichtung sind die Staaten gehalten, den Zugang zu essentiellen Medikamenten zu ermöglichen. Wichtig ist, dass diese Hauptpflicht nicht einschränkbar ist und unmittelbar erfüllt werden muss.[505] Das Recht auf Zugang zu essentiellen Medikamenten ist mithin schrankenlos gewährleistet. Dies deutet auf ein Überwiegen seiner abstrakten Rechtsposition hin.

Schließlich ist auf die unterschiedliche Bedeutung der Rechtsgüter einzugehen. Auch wenn beim Patentrecht als Menschenrecht persönlichkeitsrechtliche Aspekte geschützt werden, so steht im Vordergrund der Gewährleistung des Patentrechts sicherlich der Nutzen für die Gesellschaft. Immer wieder wird die Bedeutung des Patentschutzes für die Förderung weiterer Erfindungen betont. Es ist bereits erwähnt

---

[502] Higgins, Problems and Process – International Law and How We Use It, S. 234.

[503] Degenhart, Staatsrecht I, Staatsorganisationsrecht, Rn. 398.

[504] Cottier, Journal of International Economic Law 2002, 111 (114).

[505] United Nations Committee on Economic, Social and Cultural Rights, E/C.12/2000/4, Rn. 47.

worden, dass die Ansporntheorie die am meisten verbreitete Patenttheorie ist.[506] Die Förderung des Gemeinwohls steht also auf der einen Seite.
Auf der anderen Seite stellt das Recht auf Gesundheit unter anderem eine elementare Grundlage dar für die Ausübung weiterer Rechte. Das Berufungsgremium der Welthandelsorganisation betonte im Fall "European Communities – Measures Affecting Asbestos and Asbestos-Containing Products" bei der Prüfung der Verhältnismäßigkeit die gewichtige Bedeutung des Gesundheitsschutzes:

"We indicated in *Korea – Beef* that one aspect of the "weighing and balancing process ... comprehended in the determination of whether a WTO-consistent alternative measure" is reasonably available is the extent to which the alternative measure "contributes to the realization of the end pursued".[WTO Appellate Body Report, Korea – Measures Affecting Imports of Fresh, Chilled and Frozen Beef, WT/DS161, 169/AB/R, Rn. 166 and 163] In addition, we observed, in that case, that "[t]he more vital or important [the] common interest or values" pursued, the easier it would be to accept as "necessary" measures designed to achieve those ends.[WTO Appellate Body Report, Korea – Measures Affecting Imports of Fresh, Chilled and Frozen Beef, WT/DS161, 169/AB/R, Rn. 162] In this case, the objective pursued by the measure is the preservation of human life and health through the elimination, or reduction, of the well-known, and life-threatening, health risks posed by asbestos fibres. *The value pursued is both vital and important in the highest degree.* The remaining question, then, is whether there is an alternative measure that would achieve the same end and that is less restrictive of trade than a prohibition."[507]

In diesem Fall wurde der zu erreichende Zweck, Schutz des menschlichen Lebens und der Gesundheit, also als besonders schutzwürdig bezeichnet. Die abstrakte Bewertung in einem ersten Schritt führt somit zu der Feststellung, dass das Recht auf Gesundheit schwerer wiegt als das Patentrecht.

In einem zweiten Schritt ist dann eine Abwägung im konkreten Fall vorzunehmen. An dieser Stelle werden verschiedene Kriterien umrissen, die im Einzelfall zu einer Überprüfung herangezogen werden können.
Auf der Seite des Rechts auf Zugang zu essentiellen Medikamenten ist von Belang, welche Krankheit mit dem essentiellen Medikament behandelt werden soll. Die Abgrenzung zwischen akuten und chronischen Krankheiten kann dabei nicht als Kriterium dienen. Entscheidend ist hingegen, ob es im Verlauf der Krankheit zu irreversiblen Schäden kommen kann, und ob es sich um eine Erkrankung mit hoher Letalität handelt. Wenn das der Fall ist, so gilt: Je größer die bleibende Gesundheitsbeeinträchtigung ist und je wahrscheinlicher sie oder eine Letalität sind, desto eher ist auch die Zwangslizenzerteilung angemessen. 17 Millionen Menschen sind in den vergangenen Jahren an AIDS gestorben, jährlich sterben weltweit 6 Millionen

---

[506] Beier, GRUR Int. 1970, 1 (3); siehe zu den verschiedenen Patenttheorien oben zweiter Teil, B. I. 2. c).
[507] WTO Appellate Body Report, European Communities – Measures Affecting Asbestos and Asbestos-Containing Products, WT/DS135/AB/R, Rn. 120; eigene Hervorhebung.

Menschen an Malaria, Tuberkulose oder AIDS.[508] Bei diesen Krankheiten fällt das Recht auf Zugang zu Medikamenten also sehr schwer ins Gewicht.

Auf der Seite des Patentrechts wiederum ist zu beleuchten, wie schwer, wie lange und intensiv in dieses Recht eingegriffen wird. Umfang und Dauer sind auf den Zweck zu begrenzen, für den die Zwangslizenz erteilt wurde. Dies ist bereits zuvor als eine Voraussetzung gemäß Artikel 31 c) TRIPS-Übereinkommen zu prüfen. Hier geht es nun um die Beurteilung der Zwangslizenzerteilung an sich. Durch eine Zwangslizenzerteilung wird der Kernbereich des Patentrechts getroffen. Der Kern des Patentrechts wird gebildet durch seine materiellen Aspekte, durch die Möglichkeit zu bestimmen, ob, an wen und zu welchem Preis Lizenzen vergeben werden. Wird eine Zwangslizenz erteilt, so wird dem Patentrechtsinhaber gerade diese Möglichkeit genommen, von seinem Recht bleibt insofern nur eine Hülle. Dem ist allerdings entgegenzuhalten, dass eine der Voraussetzungen der Zwangslizenzerteilung schließlich die Leistung einer angemessenen Vergütung ist (Artikel 31 h) TRIPS-Übereinkommen). Von Bedeutung ist dann wiederum die Höhe der zu zahlenden Entschädigung. Je näher die Höhe der Entschädigung an dem im Normalfall einer Lizenzierung zu erzielenden Preis liegt, desto geringer ist die Beeinträchtigung der materiellen Interessen des Patentrechtsinhabers. Zu berücksichtigen sind auch Begleitumstände. In der öffentlichen Diskussion um die Preise für Medikamente unter normalen Umständen und im Fall der Zwangslizenzerteilung könnten Kosten für Forschung und Entwicklung nicht berücksichtigt werden. Zu denken ist hier vor allem an die Praxis der Pharmaindustrie, Kosten für die Forschung und Entwicklung auf andere Gebiete umzuverteilen. In der Öffentlichkeit könnte dann der Eindruck entstehen, dass der Patentrechtsinhaber zu übersteuerten Preisen Lizenzen vergibt oder die Produkte selbst verkauft. Dies wiederum würde zu einem Imageverlust führen, der wiederum materielle Konsequenzen nach sich führt. Diese Begleitumstände fallen für das Patentrecht, gegen eine Zwangslizenzerteilung, ins Gewicht.

Schließlich ist zu berücksichtigen, ob es ohne die Zwangslizenzerteilung zu einer Lizenzierung oder dem direkten Verkauf von Produkten in dem entsprechenden Land gekommen wäre. Ist dies zu verneinen, zum Beispiel in Hinblick auf unzureichende finanzielle Mittel eines Staates, so steht dem Nichtverkauf zumindest die Entschädigung nach der Zwangslizenzerteilung gegenüber. Der Patentrechtsinhaber ist in einem solchen Fall, relativ gesehen, besser gestellt als er es wäre, wenn es in dem betreffenden Land, zum Beispiel einem Industriestaat, sowieso zu einer Lizenzierung beziehungsweise dem Verkauf gekommen wäre, und zwar zu besseren Konditionen. Auf Beispiele bezogen, ohne diese ohne weitere Informationen tatsächlich überprüfen zu können, bedeutet dies, dass im Fall einer Zwangslizenzerteilung für AIDS-Medikamente in einem Entwicklungsland eher eine Angemessenheit zu bejahen sein könnte als bei einer Zwangslizenzerteilung für Milzbrandmedikamente in den Vereinigten Staaten von Amerika oder Kanada.

Zusammenzufassen bleibt damit, dass, je größer die Wahrscheinlichkeit irreversibler Gesundheitsschäden oder der Letalität einer zu behandelnde Krankheit ist, desto schwerer das Recht auf Zugang zu essentiellen Medikamenten wiegt. Als Beispielsfall ist hier AIDS zu nennen. Dies gilt wiederum noch mehr, wenn es in dem Land

---

[508] Sartorius, Süddeutsche Zeitung vom 13./14.06.2001, S. 3; WTO, "WTO members to press on, following 'rich debate' on medicines", <www.wto.org/english/news_e/pres01_e/pr233_e.htm> (25.06.2001).

ohne die Zwangslizenzerteilung nicht zu einer Lizenzierung oder zum Verkauf des essentiellen Medikaments in diesem Umfang gekommen wäre. In einem solchen Fall ist die Zwangslizenzerteilung angemessen.

III. Ergebnis

Eine Zwangslizenzerteilung gemäß Artikel 31 TRIPS-Übereinkommen muss verhältnismäßig sein. Gesundheitsschutz stellt dabei ein legitimes Ziel dar. Die Zwangslizenzerteilung muss geeignet, erforderlich und angemessen sein, dieses Ziel zu erreichen. Dies kann zu einer Einschränkung der Privilegierung der Mitgliedstaaten in den Fällen des nationalen Notstands und sonstiger Umstände von äußerster Dringlichkeit führen. Könnte ein betroffener Staat in einer dieser Situationen auf ernsthafte Verhandlungen bezüglich einer freiwilligen Lizenzerteilung zurückgreifen, so greift die Privilegierung nicht auf dieser Stufe der Überprüfung der Zwangslizenz durch. Das bedeutet, dass die Privilegierung des Artikels 31 b) Satz 2 TRIPS-Übereinkommen nur dann Anwendung findet, wenn ein Verzicht auf Verhandlungen das mildeste Mittel darstellt und somit erforderlich ist. Bei der Überprüfung der Angemessenheit der Zwangslizenzerteilung ist ein Überwiegen der abstrakten Wertposition des Rechts auf Gesundheit gegenüber derjenigen des Patentrechts festzustellen. Von besonderer Bedeutung ist die Abwägung im konkreten Fall zwischen dem Gewicht des Rechts auf Gesundheit und des Patentrechts. Hier sind vor allem die Art der Krankheit und die Marktsituation bezüglich des Gegenstands des Patents zu berücksichtigen.

Zusammenfassung und Ergebnis

Das Recht auf Zugang zu essentiellen Medikamenten kann sich in Verfahren der Zwangslizenzerteilung, bei denen ein Konflikt zwischen dem Patentrecht und dem Recht auf Gesundheit besteht, durchsetzen. Ein solches Überwiegen der Position des Rechts auf Zugang zu essentiellen Medikamenten ist grundsätzlich deshalb möglich, weil das TRIPS-Übereinkommen in Artikel 31 die Möglichkeit des Zurücktretens des Patentrechts eröffnet. Das TRIPS-Übereinkommen steht einer Auslegung offen, die dem Schutz der öffentlichen Gesundheit dient. Werden die entsprechenden Voraussetzungen der Zwangslizenzerteilung erfüllt und überwiegen die Interessen des Gesundheitsschutzes konkret im Rahmen der Verhältnismäßigkeitsprüfung, so kann eine Zwangslizenz erteilt werden. Das Erfüllen strenger Kriterien und eine auf jeder Stufe der Prüfung kontinuierlich stattfindende vorsichtige Interessenabwägung ist im Hinblick auf den bestehenden Konflikt von großer Bedeutung.

Erstmals im internationalen Recht wird durch das TRIPS-Übereinkommen umfassender Schutz durch Patentrechte zugesprochen, indem die Mitgliedstaaten der Welthandelsorganisation zur Gewährleistung eines entsprechenden Standards an Patentrechten für Produkte und Verfahren verpflichtet werden. Dem steht das Recht auf Gesundheit gegenüber, das inzwischen völkergewohnheitsrechtlich als Menschenrecht geschützt ist, wie gezeigt wurde. Der Inhalt dieses Rechts wurde in der Völkerrechtspraxis mittlerweile anschaulich ausgeformt. Es handelt sich nicht um einen bloßen Programmsatz, sondern vielmehr um einen konkreten Handlungsauftrag an die Staaten. Aus diesem Grund ist an die Staaten die Forderung zu stellen, aufrichtige und konsequente Handlungen zur Verwirklichung des Rechts auf Gesundheit vorzunehmen. Eine abwartende Haltung der Staaten ist damit nicht mehr zu vereinbaren. Gefordert sind aufrichtige und konsequente Handlungen. Eine der unmittelbar zu erfüllenden Hauptpflichten stellt hierbei die Ermöglichung des Zugangs zu essentiellen Medikamenten dar. Diesem Recht auf Zugang zu essentiellen Medikamenten kann durch das Mittel der Zwangslizenzerteilung nur dann Gewährleistung verschafft werden, wenn hohe Hürden überwunden werden. Zum einen sind die in Artikel 31 TRIPS-Übereinkommen genannten Voraussetzungen zu beachten, wichtig sind hier vor allem die vorangehenden ernsthaften Verhandlungen mit dem Patentrechtsinhaber und die Zahlung einer angemessenen Entschädigung. Zum anderen führt der Konflikt dazu, hohe Standards auch bei der Auslegung der Begriffe der einzelnen Fallgruppen der Zwangslizenzerteilung anzulegen. Dies gilt insbesondere dann, wenn sie zu einer Privilegierung führen, wie zum Beispiel in den Fällen des nationalen Notstands und der sonstigen Umstände von äußerster Dringlichkeit. Für den nationalen Notstand beispielsweise wird deshalb die Erfüllung von vier Kriterien vorgeschlagen, ebenso in sonstigen Fällen von äußerster Dringlichkeit. Andererseits gewährt das TRIPS-Übereinkommen Flexibilität dadurch, dass auch ungeschriebene Fallgruppen der Zwangslizenzen ermöglicht werden, so die Zwangslizenzerteilung im öffentlichen Interesse. Insgesamt wurden sechs Fallgruppen der Zwangslizenzerteilung dargestellt, die im Hinblick auf das Recht auf Gesundheit Anwendung finden können: nationaler Notstand, sonstige Umstände von äußerster Dringlichkeit, öffentliche nicht gewerbliche Nutzung, unterlassene oder ungenügende Ausübung, öffentliches Interesse und Notstandshilfe. Bereits das TRIPS-Übereinkommen an sich steht einer Auslegung in Richtung des Schutzes der öffentlichen Gesundheit offen. Gestützt wird dies dadurch, dass das gewohnheitsrechtlich bestehende Recht auf Gesundheit als Rechtssatz bei der Auslegung des TRIPS-Übereinkommens zu berücksichtigen ist. Dieser Menschenrechtskontext, die rechtlich bindende Verpflichtung durch das Recht auf Zugang zu essentiellen Medikamenten, sollte bei zukünftigen Entwicklungen im Bereich der Zwangslizenzerteilung beachtet werden. Dies gilt zum Beispiel bei der Festlegung des Anwendungsbereichs der Ausnahmegenehmigung zu beziehungsweise der Änderung von Artikel 31 f) TRIPS-Übereinkommen. Die Forderung, die Prüfung der Verhältnismäßigkeit bei der Zwangslizenzerteilung durchzuführen, beruht ebenfalls auf den Bemühungen, einen gerechten Interessenausgleich zwischen dem Patentrecht und dem Recht auf Gesundheit herbeizuführen. Eine Grundlage findet das Prinzip der Verhältnismäßigkeit im TRIPS-Übereinkommen, so bezogen auf die Gesetzgebung zum Schutz der öffentlichen Gesundheit und auf die Festlegung von Umfang und Dauer der Benutzung unter Zwangslizenz. Durch einen Erst-Recht-Schluss wird es auch bei der Beurteilung der Zwangslizenzerteilung an sich anwendbar. Mit dieser Abwägung wird eine abschließende Entscheidung im Interessenkonflikt zwischen dem Patentrecht und dem Recht auf Zugang zu essentiellen Medikamenten ermöglicht.

Zu beachten sind aber nicht nur rechtliche, sondern auch wirtschaftliche Aspekte. Wenn man im Ergebnis feststellt, dass die Staaten völkergewohnheitsrechtlich dazu verpflichtet sind, Zugang zu essentiellen Medikamenten zu ermöglichen, so führt dies durch eine Erweiterung der Absatzmöglichkeiten positive wirtschaftliche Konsequenzen für die Pharmaindustrie mit sich. Erneut zu betonen ist, dass die Mitgliedstaaten grundsätzlich zunächst verpflichtet sind, die Zustimmung des Rechtsinhabers zu angemessenen geschäftsüblichen Bedingungen zu erhalten. Dass muss ernst genommen werden. Es darf nicht zu einer Erfüllung der staatlichen Pflichten zum Schutz der Gesundheit auf Kosten der Pharmaindustrie kommen. Das bedeutet, dass von den Staaten verlangt wird, entsprechende Prioritäten zu setzen. Dem Gesundheitsschutz muss der ihm zustehende Vorrang gewährt werden, und folglich müssen die dem Staat zur Verfügung stehenden finanziellen Mittel entsprechend bereitgestellt werden. In der Vergangenheit ist die Möglichkeit zur Erteilung von Zwangslizenzen in vielen nationalen Rechtsordnungen relativ wenig genutzt worden.[509] Eine der Aufgaben der Zwangslizenzerteilung besteht nämlich darin, bereits durch das Bestehen dieser Möglichkeit die Bereitschaft zu steigern, freiwillige Lizenzen zu erteilen, deshalb, weil private Verhandlungen von Lizenzgebühren und –bedingungen für die Pharmaindustrie vorteilhafter sind.[510]

Damit ist aber der Sinn und Zweck der Regelungen der Zwangslizenzerteilung nicht erschöpft. Ist eine solche Erteilung vonnöten, so ist dann darüber hinaus zu fordern, dass dies auch politisch ermöglicht wird. Abschließend ist nämlich zu betonen, dass rechtliche und politische Probleme zu unterscheiden sind. Diese Arbeit untersuchte die Problematik der Zwangslizenzen im Hinblick auf den Schutz der öffentlichen Gesundheit unter rechtlichen Gesichtspunkten. Im Gegensatz hierzu wurden die Konflikte zwischen dem Verband der südafrikanischen Pharmahersteller und der südafrikanischen Regierung vor dem Pretoria High Court oder derjenige zwischen den Vereinigten Staaten und Brasilien, für den bereits ein Panel der Welthandelsorganisation eingerichtet worden war, im Jahr 2001 auf der politischen Ebene gelöst. Der Generaldirektor der Welthandelsorganisation *Supachai* betont, dass Entwicklungsländer informiert werden müssen über ihre Möglichkeiten, das TRIPS-Übereinkommen zu ihrem Vorteil zu nutzen.[511] Es bleibt zu beobachten, ob die Erklärung von Doha zum TRIPS-Übereinkommen und zur öffentlichen Gesundheit zu einer anderen Herangehensweise an diese Fälle führt.

Rechtlich ist also zu fordern, die Verpflichtung aus dem Recht auf Zugang zu essentiellen Medikamenten umzusetzen. Andererseits sind aber die strengen Voraussetzungen der Zwangslizenzerteilung einzuhalten. Die Belange des Rechts auf Gesundheit und des Patentrechts sind ausgewogen zu berücksichtigen. Politisch ist auf der anderen Seite zu verlangen, dass den Staaten diese Handlungsmöglichkeit überhaupt gestattet wird. Im Bereich der Zwangslizenzerteilung zum Schutz der öffentlichen Gesundheit findet, zusammenfassend festgestellt, eine Verknüpfung der beiden Bereiche des internationalen Handelsrechts und der Menschenrechte statt. Diese Chance sollte genutzt werden, um einer Zersplitterung des Völkerrechts entgegenzuwirken. Staaten können auf diese Weise sowohl ihren Verpflichtungen aus dem TRIPS-Übereinkommen nachkommen, als auch denjenigen gemäß des völkergewohnheitsrechtlich gewährleisteten Menschenrechts auf Gesundheit.

---

[509] Pacón, GRUR Int. 1995, 875 (879); Correa, EIPR 1994, 327 (331); Correa, Integrating Public Health Concerns into Patent Legislation in Developing Countries, X.1; Bronckers, Common Market Law Review 1994, 1245 (1271, Fn. 104); Statistik bei Greif, GRUR Int. 1981, 731 (733).

[510] Beier, IIC 1999, 252 (260).

[511] Giebels, NRC Handelsblad vom 24.01.2002, S. 12.

Annex

A. Artikel 31 TRIPS-Übereinkommen

Sonstige Benutzung ohne Zustimmung des Rechtsinhabers

Lässt das Recht eines Mitglieds die sonstige Benutzung[7] des Gegenstands eines Patents ohne die Zustimmung des Rechtsinhabers zu, einschließlich der Benutzung durch die Regierung oder von der Regierung ermächtigte Dritte, so sind folgende Bestimmungen zu beachten:
a) die Erlaubnis zu einer solchen Benutzung wird aufgrund der Umstände des Einzelfalls geprüft;
b) eine solche Benutzung darf nur gestattet werden, wenn vor der Benutzung derjenige, der die Benutzung plant, sich bemüht hat, die Zustimmung des Rechtsinhabers zu angemessenen geschäftsüblichen Bedingungen zu erhalten, und wenn diese Bemühungen innerhalb einer angemessenen Frist erfolglos geblieben sind. Auf dieses Erfordernis kann ein Mitglied verzichten, wenn ein nationaler Notstand oder sonstige Umstände von äußerster Dringlichkeit vorliegen oder wenn es sich um eine öffentliche, nicht gewerbliche Benutzung handelt. Bei Vorliegen eines nationalen Notstands oder sonstiger Umstände von äußerster Dringlichkeit ist der Rechtsinhaber gleichwohl so bald wie zumutbar und durchführbar zu verständigen. Wenn im Fall öffentlicher, nicht gewerblicher Benutzung die Regierung oder der Unternehmer, ohne eine Patentrecherche vorzunehmen, weiß oder nachweisbaren Grund hat zu wissen, dass ein gültiges Patent von der oder für die Regierung benutzt wird oder werden wird, ist der Rechtsinhaber umgehend zu unterrichten;
c) Umfang und Dauer einer solchen Benutzung sind auf den Zweck zu begrenzen, für den sie gestattet wurde, und im Fall der Halbleitertechnik kann sie nur für den öffentlichen, nicht gewerblichen Gebrauch oder zur Beseitigung einer in einem Gerichts- oder Verwaltungsverfahren festgestellten wettbewerbswidrigen Praktik vorgenommen werden;
d) eine solche Benutzung muss nicht ausschließlich sein;
e) eine solche Benutzung kann nur zusammen mit dem Teil des Unternehmens oder des Goodwill, dem diese Benutzung zusteht, übertragen werden;
f) eine solche Benutzung ist vorwiegend für die Versorgung des Binnenmarkts des Mitglieds zu gestatten, das diese Benutzung gestattet;
g) die Gestattung einer solchen Benutzung ist vorbehaltlich eines angemessenen Schutzes der berechtigten Interessen der zu ihr ermächtigten Personen zu beenden, sofern und sobald die Umstände, die zu ihr geführt haben, nicht mehr vorliegen und wahrscheinlich nicht wieder eintreten werden. Die zuständige Stelle muss die Befugnis haben, auf begründeten Antrag hin die Fortdauer dieser Umstände zu überprüfen;
h) dem Rechtsinhaber ist eine nach den Umständen des Falles angemessene Vergütung zu leisten, wobei der wirtschaftliche Wert der Erlaubnis in Betracht zu ziehen ist;

---

[7] Mit „sonstiger Benutzung" ist eine andere als die nach Artikel 30 erlaubte Benutzung gemeint.

i) die Rechtsgültigkeit einer Entscheidung im Zusammenhang mit der Erlaubnis zu einer solchen Benutzung unterliegt der Nachprüfung durch ein Gericht oder einer sonstigen unabhängigen Nachprüfung durch eine gesonderte übergeordnete Behörde in dem betreffenden Mitglied;

j) jede Entscheidung betreffend die in bezug auf eine solche Benutzung vorgesehene Vergütung unterliegt der Nachprüfung durch ein Gericht oder einer sonstigen unabhängigen Nachprüfung durch eine gesonderte übergeordnete Behörde in dem betreffenden Mitglied;

k) die Mitglieder sind nicht verpflichtet, die unter den Buchstaben b und f festgelegten Bedingungen anzuwenden, wenn eine solche Benutzung gestattet ist, um eine in einem Gerichts- oder Verwaltungsverfahren festgestellte wettbewerbswidrige Praktik abzustellen. Die Notwendigkeit, eine wettbewerbswidrige Praktik abzustellen, kann in solchen Fällen bei der Festsetzung des Betrags der Vergütung berücksichtigt werden. Die zuständigen Stellen sind befugt, eine Beendigung der Erlaubnis abzulehnen, sofern und sobald die Umstände, die zur Gewährung der Erlaubnis geführt haben, wahrscheinlich wieder eintreten werden;

l) wenn eine solche Benutzung gestattet ist, um die Verwertung eines Patents („zweites Patent") zu ermöglichen, das nicht verwertet werden kann, ohne ein anderes Patent („erstes Patent") zu verletzen, kommen die folgenden zusätzlichen Bedingungen zur Anwendung:

i) die im zweiten Patent beanspruchte Erfindung muss gegenüber der im ersten Patent beanspruchten Erfindung einen wichtigen technischen Fortschritt von erheblicher wirtschaftlicher Bedeutung aufweisen;

ii) der Inhaber des ersten Patents muss das Recht auf eine Gegenlizenz zu angemessenen Bedingungen für die Benutzung der im zweiten Patent beanspruchten Erfindung haben, und

iii) die Benutzungserlaubnis in bezug auf das erste Patent kann nur zusammen mit dem zweiten Patent übertragen werden.

B. Declaration on the TRIPS Agreement and Public Health[512]

1. We recognize the gravity of the public health problems afflicting many developing and least-developed countries, especially those resulting from HIV/AIDS, tuberculosis, malaria and other epidemics.

2. We stress the need for the WTO Agreement on Trade-Related Aspects of Intellectual Property Rights (TRIPS Agreement) to be part of the wider national and international action to address these problems.

3. We recognize that intellectual property protection is important for the development of new medicines. We also recognize the concerns about its effects on prices.

4. We agree that the TRIPS Agreement does not and should not prevent Members from taking measures to protect public health. Accordingly, while reiterating our commitment to the TRIPS Agreement, we affirm that the Agreement can and should be interpreted and implemented in a manner supportive of WTO Members' right to protect public health and, in particular, to promote access to medicines for all.

In this connection, we reaffirm the right of WTO Members to use, to the full, the provisions in the TRIPS Agreement, which provide flexibility for this purpose.

---

[512] World Trade Organization, Ministerial Conference, WT/MIN(01)/DEC/W/2.

5. Accordingly and in the light of paragraph 4 above, while maintaining our commitments in the TRIPS Agreement, we recognize that these flexibilities include:
(a) In applying the customary rules of interpretation of public international law, each provision of the TRIPS Agreement shall be read in the light of the object and purpose of the Agreement as expressed, in particular, in its objectives and principles.
(b) Each Member has the right to grant compulsory licences and the freedom to determine the grounds upon which such licences are granted.
(c) Each Member has the right to determine what constitutes a national emergency or other circumstances of extreme urgency, it being understood that public health crises, including those relating to HIV/AIDS, tuberculosis, malaria and other epidemics, can represent a national emergency or other circumstances of extreme urgency.
(d) The effect of the provisions in the TRIPS Agreement that are relevant to the exhaustion of intellectual property rights is to leave each Member free to establish its own regime for such exhaustion without challenge, subject to the MFN and national treatment provisions of Articles 3 and 4.
6. We recognize that WTO Members with insufficient or no manufacturing capacities in the pharmaceutical sector could face difficulties in making effective use of compulsory licensing under the TRIPS Agreement. We instruct the Council for TRIPS to find an expeditious solution to this problem and to report to the General Council before the end of 2002.
7. We reaffirm the commitment of developed-country Members to provide incentives to their enterprises and institutions to promote and encourage technology transfer to least-developed country Members pursuant to Article 66.2. We also agree that the least-developed country Members will not be obliged, with respect to pharmaceutical products, to implement or apply Sections 5 and 7 of Part II of the TRIPS Agreement or to enforce rights provided for under these Sections until 1 January 2016, without prejudice to the right of least-developed country Members to seek other extensions of the transition periods as provided for in Article 66.1 of the TRIPS Agreement. We instruct the Council for TRIPS to take the necessary action to give effect to this pursuant to Article 66.1 of the TRIPS Agreement.

Literaturverzeichnis

Abbott, Federick M.	"The Doha Declaration on the TRIPS Agreement and Public Health: Lighting a Dark Corner at the WTO", Journal of International Economic Law 2002, S. 469-505.
Abbott, Frederick M.	"Legal Options for Implementing Paragraph 6 of the Ministerial Declaration on the TRIPS Agreement and Public Health", Summary of Oral Presentation at Quaker United Nations Office (QUNO) – Norway Ministry of Foreign Affairs Meeting at Utstein Monastery, Norway, July 20-23, 2002, <www.geneva.quno.info/pdf/Legal%20Options%20Abbott.p df> (11.11.2002).
Abbott, Frederick M.	"Compulsory Licensing for Public Health Needs: The TRIPS Agenda at the WTO after the Doha Declaration on Public Health", Quaker United Nations Office Occasional Paper 9, Genf 2002, <www.quno.org> (27.08.2002).
Abbott, Frederick M.	"First Report (Final) to the Committee on International Trade Law of the International Law Association on the Subject of Parallel Importation", Genf 1997, <www.ballchair. org/downloads.html> (31.01.2002).
Abbott, Frederick M.	"Discussion Paper for Conference on Exhaustion of Intellectual Property Rights and Parallel Importation in World Trade", in: Abbott, Frederick/ Cottier, Thomas/ Gurry, Francis (Hrsg.), The International Intellectual Property System: Commentary and Materials, Part Two, Den Haag, London 1999, S. 1780-1796.
Abbott, Frederick M./ Cottier, Thomas/ Gurry, Francis (Hrsg.)	The International Intellectual Property System: Commentary and Materials, Part Two, Den Haag, London 1999.
AFP/ dpa	„USA lehnen Bayer-Medikament ab – Konkurrenz-Produkt erhält unerwartet den Zuschlag", Süddeutsche Zeitung vom 29.10.2001, S. 1.
Alston, Philip	"International Law and the Human Right to Food", in: Alston, Philip/ Tomaševski, Katarina (Hrsg.), The Right to Food, Utrecht 1984, S. 9-68.
Alston, Philip/ Quinn, Gerard	"The Nature and Scope of States Parties' Obligations under the International Covenant on Economic, Social and Cultural Rights", Human Rights Quarterly 1987, S. 156-229.
Attaran, Amir	"Paragraph 6 of the Doha Declaration on the TRIPS Agreement and Public Health: Options for TRIPS Council", CID Working Paper No. 87, Working Draft, Cambridge 2002.
Ballreich, Hans	"Treaties, Effect on Third States", in: Bernhardt, Rudolf (Hrsg.), Encyclopedia of Public International Law, Volume IV (Quirin, Ex Parte to Zones of Peace), Amsterdam, London, New York u.a. 2000, S. 945-949.

Baur, Jürgen F./ Hopt, Klaus J./ Mailänder, K. Peter (Hrsg.)	Festschrift für Ernst Steindorff zum 70. Geburtstag am 13. März 1990, Berlin, New York 1990.
Béguin, G.	"La Déclaration universelle des droits de l'homme (du 10 décembre 1948) et la protection de la propriété intellectuelle", Le Droit d' Auteur 1963, S. 317-321.
Beier, Friedrich-Karl	„Die herkömmlichen Patentrechtstheorien und die sozialistische Konzeption des Erfinderrechts", GRUR Int. 1970, S. 1-6.
Beier, Friedrich-Karl	„Die Bedeutung des Patentsystems für den technischen, wirtschaftlichen und sozialen Fortschritt", GRUR Int. 1979, S. 227-235.
Beier, Friedrich-Karl	"Exclusive Rights, Statutory Licenses and Compulsory Licenses in Patent and Utility Model Law", IIC 1999, S. 251-274.
Beier, Friedrich-Karl/ Schricker, Gerhard (Hrsg.)	From GATT to TRIPs – The Agreement on Trade-Related Aspects of Intellectual Property Rights, Weinheim 1996.
Beise, Marc	„Preiswerte Medikamente für die Armen", Süddeutsche Zeitung vom 13.11.2001, S. 27.
Benkard, Georg	Patentgesetz, Gebrauchsmustergesetz, 9. Auflage, München 1993.
Bercovitz, Alberto	"El derecho de autor en el acuerdo TRIPS", in: II Congreso Ibero-Americano de Direito de Autor ex Direitos Conexos (Hrsg.), Num Novo Mundo Do Direito de Autor?, Volume II, Lissabon 1994, S. 877-905.
Bernhardt, Rudolf	"Interpretation in International Law", in: Bernhardt, Rudolf (Hrsg.), Encyclopedia of Public International Law, Volume II (E-I), Amsterdam u.a. 1995, S. 1416-1426.
Bernhardt, Wolfgang/ Krasser, Rudolf	Lehrbuch des Patentrechts – Recht der Bundesrepublik Deutschland, Europäisches und Internationales Patentrecht, 4. Auflage, München 1986.
Blakeney, Michael	Trade Related Aspects of Intellectual Property Rights: A Concise Guide to the TRIPS Agreement, London 1996.
Bodenhausen, Georg Hendrik Christiaan	Pariser Verbandsübereinkunft zum Schutz des gewerblichen Eigentums, Köln, Berlin, Bonn, München 1971.
Bossuyt, Marc	"La distinction juridique entre les droits civils et politiques et les droits economics, sociaux et culturels", Revue des droits de l'homme 1975, S. 783-820.
Boulet, P./ Perriens, J./ Renaud-Théry, F.	Patent situation of HIV/AIDS-related drugs in 80 countries, Genf 2000, <www.unaids.org/acc_access/_drugs/index.html> (17.08.2001).

Brockhaus	Brockhaus – Die Enzyklopädie in vierundzwanzig Bänden, Achter Band, FRIT-GOTI, Studienausgabe, 20. Auflage, Leipzig, Mannheim 2001.
Bronckers, Marco C. E. J.	"Legal Options for Implementing Paragraph 6 of the Ministerial Declaration on the TRIPS Agreement and Public Health", Summary of Oral Presentation at Quaker United Nations Office (QUNO) – Norway Ministry of Foreign Affairs Meeting at Utstein Monastery, Norway, July 20-23, 2002, <www.geneva.quno.info/pdf/ Legal%20Options%20 Bronckers.pdf> (11.11.2002).
Bronckers, Marco C. E. J.	"The Exhaustion of Patent Rights under WTO Law", Journal of World Trade 1998, S. 137-159.
Bronckers, Marco C. E. J.	"The Impact of TRIPS: Intellectual Property Protection in Developing Countries", Common Market Law Review 1994, S. 1245-1281.
Bryde, Brun-Otto	„Menschenrechte und Entwicklung", in: Stein, Ekkehart/ Faber, Heiko (Hrsg.), Auf einem Dritten Weg, Festschrift für Helmut Ridder zum siebzigsten Geburtstag, Neuwied, Frankfurt am Main 1989, S. 73-83.
Buck, Petra	Geistiges Eigentum und Völkerrecht, Beiträge des Völkerrechts zur Fortentwicklung des Schutzes von geistigem Eigentum, Berlin 1994.
Buergenthal, Thomas	"International Human Rights Law and Institutions", in: Fuenzalida-Puelma, Hernán L./ Scholle Connor, Susan (Hrsg.), The Right to Health in the Americas, A Comparative Constutional Study (Pan American Health Organization), Washington, D. C. 1989.
Buergenthal, Thomas	"To Respect and to Ensure: State Obligations and Permissible Derogations", in: Louis Henkin (Hrsg.), The International Bill of Rights – The Covenant on Civil and Political Rights, New York 1981, S. 72-91.
Bunte, Hermann-Josef (Hrsg.)	Lexikon des Rechts – Wettbewerbsrecht (UWG / GWB) und gewerblicher Rechtsschutz, Neuwied, Kriftel, Berlin 1997.
Busse, Rudolf/ Keukenschrijver, Alfred/ Schwendy, Klaus/ Baumgärtner, Thomas	Patentgesetz, 5. Auflage, Berlin, New York 1999.
Chairman of the Negotiating Group on Trade-Related Aspects of Intellectual Property Rights, including Trade in Counterfeit Goods	"Status of Work in the Negotiating Group – Chairman's Report to the GNG", MTN.GNG/NG11/W/76, 23.07.1990.
Chapman, Audrey R.	"Approaching Intellectual Property as a Human Right: Obligations Related to Article 15 (1) (c)", discussion paper submitted to the Committee on Economic, Social and Cultural Rights, E/C.12/2000/12, 03.10.2000.

Charnovitz, Steve	"The Legal Status of the Doha Declarations", Journal of International Economic Law 2002, S. 207-211.
Cornish, William Rudolph	Intellectual Property: Patents, Copyright, Trade Marks and Allied Rights, 4. Auflage, London 1999.
Correa, Carlos M.	Implications of the Doha Declaration on the TRIPS Agreement and Public Health, Genf 2002, <www.who.int/medicines/library/par/who-edm-par-2002-3/doha-implications.doc> (06.11.2002).
Correa, Carlos M.	"The GATT Agreement on Trade-related Aspects of Intellectual Property Rights: New Standards for Patent Protection", EIPR 1994, S. 327-335.
Correa, Carlos M.	Integrating Public Health Concerns into Patent Legislation in Developing Countries, Genf 2000, <www.southcentre.org/publications/publichealth/toc.htm> (17.08.2001).
Correa, Carlos M.	"Patent Rights", in: Correa, Carlos M./ Yusuf, Abdulqawi A. (Hrsg.), Intellectual Property and International Trade (London, The Hague, Boston 1998).
Correa, Carlos M.	Intellectual Property Rights, the WTO and Developing Countries – The TRIPS Agreement and Policy Options, London, New York, Penang 2000.
Correa, Carlos M./ Yusuf, Abdulqawi A. (Hrsg.)	Intellectual Property and International Trade (London, The Hague, Boston 1998).
Cottier, Thomas	"Trade and Human Rights: A Relationship to Discover", Journal of International Economic Law 2002, S. 111-132.
Craven, Matthew C. R.	The International Covenant on Economic, Social, and Cultural Rights – A Perspective on its Development, Oxford 1995.
Degenhart, Christoph	Staatsrecht I, Staatsorganisationsrecht, 18. Auflage, Heidelberg 2002.
Delbrück, Jost	"Proportionality", in: Rudolf Bernhardt (Hrsg.), Encyclopedia of Public International Law, Volume III (Jan Mayen to Pueblo Incident), Amsterdam, Lausanne, New York 1997, S. 1140-1144.
Demaret, Paul	"Industrial Property Rights, Compulsory Licences and the Free Movement of Goods under Community Law", IIC 1987, S. 161-191.
Dolzer, Rudolf	Eigentum, Enteignung und Entschädigung im geltenden Völkerrecht, Berlin, Heidelberg, New York, Tokio 1985.
Dörmer, Sigrid	„Streitbeilegung und neue Entwicklungen im Rahmen von TRIPS: eine Zwischenbilanz nach vier Jahren", GRUR Int. 1998, S. 918-934.

144

Drahos, Peter — "The Universality of Intellectual Property Rights: Origins and Development", WIPO, Panel discussion on Intellectual Property and Human Rights, Genf, 09.11.1998, <www.wipo.org/globalissues/events/1998/humanrights/pap ers/index.html.> (07.07.2002).

Drechsler, Wolfgang/ Reich, Ingo — „Streit um Aids-Medikamente geht zu Ende", Handelsblatt vom 19.04.2001, S. 17.

Drexl, Josef — „Dienstleistungen und geistiges Eigentum: Die Bedeutung der neuen Welthandelsorganisation für Entwicklungsländer", in: Gesellschaft für internationale Entwicklung München e.V. (Hrsg.), GATT und die Folgen, München 1994, S. 25-61.

Eide, Asbjørn — "Realization of Social and Economic Rights and the Minimum Threshold Approach", Human Rights Law Journal 1989, Volume 10, Numbers 1-2, S. 35-51.

Eide, Asbjørn/ Krause, Catarina/ Rosas, Allan — Economic, Social and Cultural Rights – A Textbook, Dordrecht, Boston, London 1995.

European Commission — "Concept Paper Relating to Paragraph 6 of the Doha Declaration on the TRIPS Agreement and Public Health", IP/C/W/339, 04.03.2002.

European Communities — "Draft Agreement on Trade-Related Aspects of Intellectual Property Rights", MTN.GNG/NG11/W/68, 29.03.1990.

European Court of Human Rights — "Dates of Ratification", <www.echr.coe.int/Eng/EDocs/ DatesOfRatifications.html> (08.08.2003).

Faupel, Rainer — „Gatt und geistiges Eigentum – Ein Zwischenbericht zu Beginn der entscheidenden Verhandlungsrunde", GRUR Int. 1990, S. 255-266.

Fechner, Frank — Geistiges Eigentum und Verfassung – Schöpferische Leistungen unter dem Schutz des Grundgesetzes, Tübingen 1999.

Fedtke, Jörg — „Das Recht auf Leben und Gesundheit, Patentschutz und das Verfahren des High Court of South Africa zur Verfassungsmäßigkeit des südafrikanischen Medicines and Related Substances Control Amendment Act", Verfassung und Recht in Übersee 2001, S. 489-519.

Fikentscher, Wolfgang — Wirtschaftsrecht, Band I, Weltwirtschaftsrecht, Europäisches Wirtschaftsrecht, München 1983.

Ford, Sara M. — "Compulsory Licensing Provisions under the TRIPs Agreement: Balancing Pills and Patents", Volume 15 The American University International Law Review 2000, S. 941-974.

Frowein, Jochen Abr./ Peukert, Wolfgang — Europäische Menschenrechtskonvention, 2. Auflage, Kehl u.a. 1996.

Fuenzalida-Puelma, Hernán L./ Scholle Connor, Susan (Hrsg.)	The Right to Health in the Americas, A Comparative Constutional Study (Pan American Health Organization), Washington, D. C. 1989.
Gervais, Daniel	The TRIPS Agreement: drafting, history and analysis, London 1998.
Gesellschaft für internationale Entwicklung München e.V. (Hrsg.)	GATT und die Folgen, München 1994.
Giebels, Robert	"Nu is de beurt aan de arme landen", NRC Handelsblad vom 24.01.2002, S. 12.
Gorlin, Jaques J.	An Analysis of the Pharmaceutical-Related Provisions of the WTO TRIPS (Intellectual Property) Agreement, London 1999.
Green, Maria	"Drafting History of the Article 15 (1) (c) of the International Covenant on Economic, Social and Cultural Rights", E/C.12/2000/15, 09.10.2000.
Greif, Siegfried	„Ausübungszwang für Patente", GRUR Int. 1981, S. 731-745.
Gruskin, Sofia/ Tarantola, Daniel	"Health and Human Rights", François-Xavier Bagnoud Center Working Paper No. 10, 2000, <www.hsph.harvard.edu/fxcenter/working_papers.htm> (07.08.2002).
Hauser, Heinz/ Schanz, Kai-Uwe	Das neue GATT – Die Welthandelsordnung nach Abschluss der Uruguay-Runde, 2. Auflage, München, Wien 1995.
Hawkins, Joyce M./ Allen, Robert (Hrsg.)	The Oxford Encyclopedic English Dictionary, Oxford 1991.
Helfer, Laurence R.	"A European Human Rights Analogy for Adjudicating Copyright Claims under TRIPs", EIPR 1999, S. 8-16.
Hendriks, Aart/ Toebes, Brigit C. A.	"Towards a Universal Definition of the Right to Health?", Medicine and Law 1998, S. 319-332.
Henkin, Louis (Hrsg.)	The International Bill of Rights – The Covenant on Civil and Political Rights, New York 1981.
Herold, Gerd	Innere Medizin, Köln 2001.
Higgins, Rosalyn	Problems and Process – International Law and How We Use It, Oxford 1994.
Hilf, Meinhard	„Zum Recht auf Nahrung im Staats- und Völkerrecht", in: Brandt, Willy/ Gollwitzer, Helmut/ Henschel, Johann Friedrich, Ein Richter, ein Bürger, ein Christ, Festschrift für Helmut Simon, Baden-Baden 1987.
Hogerzeil	"The definition and selection process for an EDL", <http://www.who.int/medicines/organization/par/edl/infedltechbrief.htm> (17.08.2001).

146

Holyoak, Jon/ Torremans, Paul	Intellectual Property Law, London, Dublin, Edinburgh 1995.
Hubmann, Heinrich/ Götting, Horst-Peter	Gewerblicher Rechtsschutz (Patent-, Gebrauchsmuster-, Geschmacksmuster-, Marken- und Wettbewerbsrecht), 6. Auflage, München 1998.
Hummer, Waldemar/ Weiss, Friedl	Vom GATT '47 zur WTO '94, Dokumente zur alten und zur neuen Welthandelsordnung, Wien 1997.
Hunt, Paul	Reclaiming Social Rights – International and Comparative Perspectives, Aldershot, Brookshield USA, Singapur, Sydney 1996.
International Centre for Trade and Sustainable Development	"Inching Towards Compromise on Medicines after Sydney Mini-Ministerial", Bridges Weekly Trade News Digest 2002, Number 40, <www.ictsd.org/weekly02-11-20/story1.htm> (02.12.2002).
International Centre for Trade and Sustainable Development	"TRIPs Council: Still no Solution on Medicines in Sight", Bridges Weekly Trade News Digest 2002, Number 41, <www.ictsd.org/weekly02-11-20/story1.htm> (02.12.2002).
International Centre for Trade and Sustainable Development	"WTO Members Still Battling over TRIPS and Health", Bridges Weekly Trade News Digest 2002, Number 43, <www.ictsd.org/weekly/02-12-20/story1.htm> (01.03.2003).
International Centre for Trade and Sustainable Development	"WTO Fails to Meet TRIPS & Health Deadline Due to US Opposition", Bridges Update, 2 January 2003, <www.ictsd.org/ministerial/cancun/TRIPS_update.htm> (30.01.2003).
International Conference on Primary Health Care	"Declaration of Alma-Ata", 6.-12.09.1978, <www.who.int/ hpr/archive/docs/almaata.html> 31.07.2002).
Ipsen, Knut	Völkerrecht, 4. Auflage, München 1999.
ire/ Reuters	„Pharmaindustrie zieht Klage gegen Südafrika zurück", Handelsblatt vom 20.04.2001, S. 17.
Jennings, Robert/ Watts, Arthur (Hrsg.),	Oppenheim's International Law, Volume I – Peace, Introduction and Part I, 9. Auflage, Harlow, Essex 1992.
Jennings, Robert/ Watts, Arthur (Hrsg.),	Oppenheim's International Law, Volume I – Peace, Parts II to IV, 9. Auflage, Harlow, Essex 1992.
Kaltenborn, Markus	Entwicklungsvölkerrecht und Neugestaltung der internationalen Ordnung, Berlin 1998.
Köhler, Peter A.	Sozialpolitische und sozialrechtliche Aktivitäten in den Vereinten Nationen, Baden-Baden 1987.
Krause, Catarina	"The Right to Property", in: Eide, Asbjørn/ Krause, Catarina/ Rosas, Allan, Economic, Social and Cultural Rights – A Textbook, 2. Auflage, Dordrecht, Boston, London 2001, S. 191-209.

Kunz-Hallstein, Hans Peter	„Revision der Pariser Verbandsübereinkunft zugunsten der Entwicklungsländer – neuere Entwicklungen und Vorschläge", GRUR Int. 1976, S. 64-75.
Lanjouw, Jean O.	"The Introduction of Pharmaceutical Product Patents in India: 'Heartless Exploitation of the Poor and Suffering'?", Economic Growth Center Discussion Paper No. 775, Yale University, New Haven 1997.
Leary, Virginia A.	"Implications of a Right to Health", in: Mahoney, Kathleen E./ Mahoney, Paul, Human Rights In The Twenty-First Century: A Global Challenge, Dordrecht, Boston, London 1993, S. 481-493.
Leary, Virginia A.	"The Right to Health in International Human Rights Law", Health and Human Rights 1994 (Vol. 1 No.1), S. 25-56.
Lim, Hoe	"Trade and human rights: what's at issue?", E/C.12/2001/WP.2, 10.04.2001.
Machlup, Fritz	„Die wirtschaftlichen Grundlagen des Patentrechts – 1. Teil", GRUR Int. 1961, S. 373-390.
Mager, Knut	„Zur Zulässigkeit von Parallelimporten patentgeschützter Waren", GRUR 1999, S. 637-644.
Mahoney, Kathleen E./ Mahoney, Paul	Human Rights In The Twenty-First Century: A Global Challenge, Dordrecht, Boston, London 1993.
Makins, Marian (Hrsg.)	Collins Concise English Dictionary, 3. Auflage, Glasgow 1992.
Malanczuk, Peter	Akehurst's Modern Introduction to International Law, 7. Auflage, London, New York 1997.
Marceau, Gabrielle	"WTO Dispute Settlement and Human Rights", European Journal of International Law 2002, S. 753-814.
Maskus, Keith E.	„Intellectual Property Issues for the New Round", in: Schott, Jeffrey J. (Hrsg.), The WTO after Seattle, Washington 2000, S. 137-158.
Masouyé, Claude	Kommentar zur Berner Übereinkunft zum Schutz von Werken der Literatur und Kunst (Pariser Fassung vom 24.Juli 1971), München, Köln 1981.
Matscher, Franz/ Petzold, Herbert	Protecting Human Rights: The European Dimension, Köln u.a. 1990.
Maunz, Theodor/ Dürig, Günter	Grundgesetz, Band II, Artikel 12-20, Lieferungen 1 bis 39, München, Stand: Juli 2001.
Meng, Werner	"GATT and Intellectual Property Rights – The International Framework", in: Sacerdoti, Giorgio (Hrsg.), Liberalization of Services and Intellectual Property in the Uruguay Round of GATT, Proceeding of the Conference on "The Uruguay Round of GATT and the Improvement of the Legal

	Framework of Trade in Services", Bergamo, 21.-23.09.1989, Freiburg (Schweiz) 1990, S. 57-73.
Mota, Sue Ann	"TRIPS – Five Years of Disputes at the WTO", Volume 17 Arizona Journal of International and Comparative Law 2000, S. 533-553.
Newman, Frank/ Weissbrodt, David	International Human Rights: Law, Policy, and Process, 2. Auflage, Cincinnati 1996.
Nogués, Julio J.	"Social Costs and Benefits of Introducing Patent Protection for Pharmaceutical Drugs in Developing Countries", The Developing Economies, Vol. 31 (1993), S. 24-53.
Nowak, Manfred	U.N. Covenant on Civil and Political Rights – CCPR Commentary, Kehl, Straßburg 1993.
Office of the United Nations High Commissioner for Human Rights	Status of Ratifications of the Principal International Human Rights Treaties, <www.unhchr.ch/pdf/report.pdf> (04.08. 2003).
Oppermann, Thomas	„Geistiges Eigentum – Ein 'Basic Human Right' des Allgemeinen Völkerrechts", in: Weber, Albrecht (Hrsg.), Währung und Wirtschaft: Das Geld im Recht, Baden-Baden 1997, S. 447-464.
Otero García-Castrillón, Carmen	"An Approach to the WTO Ministerial Declaration on the TRIPS Agreement and Public Health", Journal of International Economic Law 2002, S. 212-219.
Otten, Adrian	"Symposium on issues confronting the world trading system – Summary reports by the moderators – Session II: TRIPS – Access to essential medicines", <www.wto.org/english/ forums_e/ngo_e/ngo_symp2001_retrips_e.htm> (12.07. 2001).
Pacón, Ana María	"Was bringt TRIPS den Entwicklungsländern?", GRUR Int. 1995, S. 875-886.
Pauwelyn, Joost	"The Role of Public International Law in the WTO: How Far Can We Go?", The American Journal of International Law 2002, S. 535-578.
Permanent Mission of Brazil	"Paragraph 6 of the Ministerial Declaration on the TRIPS Agreement and Public Health", IP/C/W/355, 24.06.2002.
Permanent Mission of Kenya	"Elements of a Paragraph 6 Solution", IP/C/W/389, 14.11.2002.
Permanent Mission of Kenya	"Proposal on Paragraph 6 of the Doha Declaration on the TRIPS Agreement and Public Health", IP/C/W/351, 24.06.2002.
Permanent Mission of the European Communities and their Member States	"Paragraph 6 of the Doha Declaration of the TRIPS Agreement and Public Health", IP/C/W/352, 20.06.2002.
Permanent Mission of the United Arab Emirates	"Paragraph 6 of the Doha Declaration of the TRIPS Agreement and Public Health", IP/C/W/354, 24.06.2002.

Permanent Mission of the United States	"Paragraph 6 of the Doha Declaration on the TRIPS Agreement and Public Health", IP/C/W/358, 09.07.2002.
Pfanner, Klaus	„Die Zwangslizenzierung von Patenten: Überblick und neuere Entwicklungen", GRUR Int. 1985, S. 357-372.
Pharmaceutical Research and Manufacturers of America (Hrsg.)	Pharmaceutical Industry Profile 2000, Washington 2000.
Pilling, David/ Williams, Frances/ Dyer, Geoff	"US climbs down over Brazil's drugs patent law", Financial Times vom 25.06.2001.
Quaker United Nations Office, Geneva/ Ministry of Foreign Affairs Norway	"The WTO TRIPS Agreement and the Protection of Public Health: Implementing Paragraph 6 of the Doha Declaration", Report on a Workshop, <www.geneva.quno.info/pdf/final%20Utstein%20report.pdf> (11.11.2002).
Radke, Klaus	Der Staatsnotstand im modernen Friedensvölkerrecht, Baden-Baden 1988.
Raghavan, Chakravarthi	"TRIPS consultations on implementing Doha recessed", <www.twnside.org.sg/title/5246a.htm> (09.12.2002).
Reinbothe, Jörg/ Howard, Anthony	"The State of Play in the Negotiations on Trips (GATT/Uruguay Round)", EIPR 1991, S. 157-164.
Remarque, Philippe	„Bayer profiteert van miltvuurpaniek", de Volkskrant vom 30.10.2001, S. 15.
Ricketson, Sam	The Berne Convention for the Protection of Literary and Artistic Works: 1886-1986, London 1987.
Roth, Wulf-Henning	„Patentrecht", in: Bunte, Hermann-Josef (Hrsg.), Lexikon des Rechts – Wettbewerbsrecht (UWG / GWB) und gewerblicher Rechtsschutz, Neuwied, Kriftel, Berlin 1997, S. 255-267.
Roth, Wulf-Henning	„Urheberrecht", in: Bunte, Hermann-Josef (Hrsg.), Lexikon des Rechts – Wettbewerbsrecht (UWG / GWB) und gewerblicher Rechtsschutz, Neuwied, Kriftel, Berlin 1997, S. 313-335.
Sacerdoti, Giorgio (Hrsg.)	Liberalization of Services and Intellectual Property in the Uruguay Round of GATT, Proceeding of the Conference on "The Uruguay Round of GATT and the Improvement of the Legal Framework of Trade in Services", Bergamo, 21.-23.09.1989, Freiburg (Schweiz) 1990.
Salamolard, Jean-Marc	La licence obligatoire en matière de brevets d'invention – Etude de droit comparé, Genf 1978.
Sartorius, Peter	"Die Ankunft des schwarzen Reiters", Süddeutsche Zeitung vom 13./14.06.2001, S. 3.
Sartorius, Peter	„Eine Bühne für die unendliche Tragödie", Süddeutsche Zeitung vom 23./24.06.2001, S. 3.

Schack, Haimo	Urheber- und Urhebervertragsrecht, 2. Auflage, Tübingen 2001.
Schäfers, Alfons	„Normsetzung zum geistigen Eigentum in internationalen Organisationen: WIPO und WTO – ein Vergleich", GRUR Int. 1996, S. 763-778.
Schermers, Henry G.	"The international protection of the right of property", in: Matscher, Franz/ Petzold, Herbert, Protecting Human Rights: The European Dimension, Köln u.a. 1990, S. 565-580.
Schmidt-Szalewski, Joanna/ Pierre, Jean-Luc	Droit de la Propriété Industrielle, Paris 1996.
Schnapp, Friedrich E.	„Die Verhältnismäßigkeit des Grundrechtseingriffs", JuS 1983, S. 850-855.
Senti, Richard	GATT-WTO – Die neue Welthandelsordnung nach der Uruguay-Runde, Zürich 1994.
Simma, Bruno	„Der Ausschuss für wirtschaftliche, soziale und kulturelle Rechte (CESCR)", Vereinte Nationen 1989, S. 191-196.
Simma, Bruno	„Der Schutz wirtschaftlicher und sozialer Rechte durch die Vereinten Nationen", Verfassung und Recht aus Übersee 1992, S. 382-393.
Simma, Bruno/ Bennigsen, Sabine	„Wirtschaftliche, soziale und kulturelle Rechte im Völkerrecht – Der Internationale Pakt von 1966 und sein Kontrollverfahren", in: Baur, Jürgen F./ Hopt, Klaus J./ Mailänder, K. Peter (Hrsg.), Festschrift für Ernst Steindorff zum 70. Geburtstag am 13. März 1990, Berlin, New York 1990, S. 1477-1502.
Simpson, John A./ Weiner, Edmund S. C. (Hrsg.)	The Oxford English Dictionary, Volume I, A-Bazouki, 2. Auflage, Oxford 1989.
Simpson, John A./ Weiner, Edmund S. C. (Hrsg.)	The Oxford English Dictionary, Volume V, dvandva-follis, 2. Auflage, Oxford 1989.
Simpson, John A./ Weiner, Edmund S. C. (Hrsg.)	The Oxford English Dictionary, Volume X, Moul-Ovum, 2. Auflage, Oxford 1989.
Simpson, John A./ Weiner, Edmund S. C. (Hrsg.)	The Oxford English Dictionary, Volume XII, Poise – Quelt, 2. Auflage, Oxford 1989.
Simpson, John A./ Weiner, Edmund S. C. (Hrsg.)	The Oxford English Dictionary, Volume XIV, Rob-Sequyle, 2. Auflage, Oxford 1989.
Staehelin, Alesch	Das TRIPs-Abkommen – Immaterialgüterrechte im Licht der globalisierten Handelspolitik, Bern 1997.
Stein, Ekkehart/ Faber, Heiko (Hrsg.)	Auf einem Dritten Weg, Festschrift für Helmut Ridder zum siebzigsten Geburtstag, Neuwied, Frankfurt am Main 1989.
Steiner, Henry J./ Alston, Philip	International Human Rights in Context – Law, Politics, Morals, Oxford 1996.

Stern, Klaus	Das Staatsrecht der Bundesrepublik Deutschland, Band III, 2. Halbband, Allgemeine Lehren der Grundrechte, München 1994.
Stewart, Terence P. (Hrsg.)	The GATT Uruguay Round, A Negotiating History (1986-1992), Volume II: Commentary, Deventer, Boston 1993.
Straus, Joseph	„Bedeutung des TRIPS für das Patentrecht", GRUR Int. 1996, S. 179-205.
Thompson, Dick	"Coordinates 2002, Charting Progress against AIDS, TB and Malaria", Genf 2002, <www.unaids.org/publications/documents/care/acc_access/Coordinates2002.pdf> (08.03.2003).
Tietje, Christian	„Einführung", in: Deutscher Taschenbuch Verlag (Hrsg.), Welthandelsorganisation, München 2000.
Toebes, Brigit C. A.	„Towards an Improved Understanding of the International Human Right to Health", Human Rights Quarterly 21 (1999), S. 661-679.
Toebes, Brigit C. A.	The Right to Health as a Human Right in International Law, Antwerpen, Groningen, Oxford 1999.
UNAIDS	"Statement of the Joint United Nations Programme on HIV/AIDS (UNAIDS) at the Third WTO Ministerial Conference", Genf 1999.
UNAIDS/ World Health Organization	Patent situation of HIV/AIDS-related drugs in 80 countries, Genf 2000.
United Nations Commission on Human Rights	"Draft International Covenant on Human Rigths and Measures of Implementation – Suggestions submitted by the Director-General of the World Health Organization", E/CN.4/544, 18.04.1951.
United Nations Commission on Human Rights	"Access to medication in the context of pandemics such as HIV/ AIDS", Resolution 2001/33, 23.04.2001, <www.unhchr.ch> (06.08.2002).
United Nations Committee on Economic, Social and Cultural Rights	"General Comment 1 - Reporting by State parties", E/1989/22, 24.02.1989.
United Nations Committee on Economic, Social and Cultural Rights	"General Comment 2 - International technical assistance (Article 22)", E/1990/23, 02.02.1990.
United Nations Committee on Economic, Social and Cultural Rights	"General Comment No. 3 – The nature of States parties obligations (Article 2, paragraph 1 of the Covenant)", E/1991/23, Annex III, 14.12.1990.
United Nations Committee on Economic, Social and Cultural Rights	"General Comment 4 - The right to adequate housing (Article 11, paragraph 1)", E/1992/23, 13.12.1991.

United Nations Committee on Economic, Social and Cultural Rights	"General Comment 5 - Persons with disabilities", E/1995/22, 09.12.1994.
United Nations Committee on Economic, Social and Cultural Rights	"General Comment 6 - The economic, social and cultural rights of older persons", E/1996/22, 08.12.1995.
United Nations Committee on Economic, Social and Cultural Rights	"General Comment 7 - The right to adequate housing (Article 11, paragraph 1): forced evictions", E/1998/22, annex IV, 20.05.1997.
United Nations Committee on Economic, Social and Cultural Rights	"General Comment 8 - The relationship between economic sanctions and respect for economic, social and cultural rights", E/C.12/1997/8, 12.12.1997.
United Nations Committee on Economic, Social and Cultural Rights	"General Comment 9 - The domestic application of the Covenant", E/C.12/1998/24, 03.12.1998.
United Nations Committee on Economic, Social and Cultural Rights	"General Comment 10 -The role of national human rights institutions in the protection of economic, social and cultural rights", E/C.12/1998/25, 14.12.1998.
United Nations Committee on Economic, Social and Cultural Rights	"General Comment 11 - Plans of action for primary education (Article 14)", E/C.12/1999/4, 10.05.1999.
United Nations Committee on Economic, Social and Cultural Rights	"General Comment 12 - The right to adequate food (Article 11)", E/C.12/1999/5, 12.05.1999.
United Nations Committee on Economic, Social and Cultural Rights	"General Comment 13 – The right to education (Article 13 of the Covenant)", E/C.12/1999/10, 08.12.1999.
United Nations Committee on Economic, Social and Cultural Rights	"General Comment 14 (2000) – The right to the highest attainable standard of health (article 12 of the International Covenant on Economic, Social and Cultural Rights)", E/C.12/2000/4, 04.07.2000.
United Nations Committee on Economic, Social and Cultural Rights	"General Comment 15 (2002) – The right to water (articles 11 and 12 of the International Covenant on Economic, Social and Cultural Rights)", E/C.12/2002/11, 20.01.2003.
United Nations Committee on Economic, Social and Cultural Rights	"Human Rights and Intellectual Property", Statement by the Committee on Economic, Social and Cultural Rights", E/C.12/2001/15, 14.12.2001.
United Nations Development Programme	Human Development Report 1999, Globalization with a Human Face, New York, Oxford u.a. 1999.
United Nations Development Programme	Human Development Report 2001, Making New Technology Work For Human Development, New York, Oxford u.a. 2001.

United Nations Development Programme	Human Development Report 2003, Millenium Development Goals: A compact among nations to end human poverty, New York, Oxford u.a. 2003.
United Nations Foundation	"HIV/AIDS: Brazil, US Disagree over Costly AIDS Drugs", UN Wire vom 06.02.2001, Section: Health.
United Nations High Commissioner for Human Rights	"The impact of the Agreement on Trade-Related Aspects of Intellectual Property Rights on human rights", E/CN.4/Sub.2/2001/13, 27.06.2001.
United Nations Human Rights Committee	General Comment 5/13 – Public Emergency (28.07.1981), in: Manfred Nowak, U.N. Covenant on Civil and Political Rights – CCPR Commentary, Kehl, Straßburg 1993, S. 850.
United Nations Sub-Commission on the Promotion and Protection of Human Rights	"Intellectual property rights and human rights – Sub-Commission on Human Rights resolution 2000/7", E/CN.4/SUB.2/RES/2000/7, 17.08.2000.
United Nations Sub-Commission on the Promotion and Protection of Human Rights	"Intellectual property and human rights – Sub-Commission on Human Rights resolution 2001/21", E/CN.4/SUB.2/RES/2001/21, 16.08.2001.
Verma, S. K.	"TRIPs – Development and Transfer of Technology", IIC 1996, S. 331-364.
Verma, S. K.	"Exhaustion of Intellectual Property Rights and Free Trade – Article 6 of the TRIPS Agreement", IIC 1998, S. 534-567.
Wahrig, Gerhard/ Krämer, Hildegard/ Zimmermann, Harald (Hrsg.)	Brockhaus Wahrig – Deutsches Wörterbuch in sechs Bänden, Sechster Band, STE-ZZ, Wiesbaden, Stuttgart 1984.
Weber, Albrecht (Hrsg.)	Währung und Wirtschaft: Das Geld im Recht, Baden-Baden 1997.
Weltbank	Weltentwicklungbericht 1998/99, Entwicklung durch Wissen, Frankfurt 1999.
World Health Organization	"Essential Medicines – WHO Model List (revised April 2003)", <http://www.who.int/medicines/organization/par/edl/expcom13/eml13_en.doc> (04.08.2003).
World Health Organization	"Countries", <www.who.int/country/en/> (04.08.2003).
World Health Organization	"Essential Drugs and Medicines Policy", <www.who.int/medicines/organization/par/edl/expertcomm.shtml> (29.07.2002).
World Health Organization and World Trade Organization Secretariats	Report of the Workshop on Differential Pricing and Financing of Essential Drugs, Hosbjor 2001.
World Intellectual Property Organization	"Paris Convention for the Protection of Industrial Property", <www.wipo.org/treaties/documents/english/word/d-paris.doc> (04.10.2003).

World Intellectual Property Organization	WIPO Intellectual Property Handbook: Policy, Law and Use, WIPO Publication No. 489 (E), Genf 2001.
World Intellectual Property Organization	"Patent Cooperation Treaty", <www.wipo.org/treaties/documents/english/word/m-pct.doc> (04.10.2003).
World Intellectual Property Organization	„Existance, Scope and Form of Generally Accepted and Applied Standards/Norms for the Protection of Intellectual Property", erstellt für die GATT Negotiating Group on Trade Related Aspects of Intellectual Property Rights, Including Trade in Counterfeit Goods, GATT-Dokument MTN.GNG/NG11/W/24/Rev.1, 15.09.1988.
World Trade Organization	Trading into the Future, 2. Auflage, Genf 2001.
World Trade Organization	"List of applicants to become WTO members", <www.wto.org/english/thewto_e/acc_e/workingpart_e.htm > (13.08.2002).
World Trade Organization	"Overview of the state-of-play of WTO disputes", <www.wto.org/english/tratop_e/dispu_e/dispu_e.htm> (16.07.2001).
World Trade Organization	"Brazil – Measures Affecting Patent Protection, Notification of Mutually Agreed Solution", IP/D/23/Add.1, 19.07.2001.
World Trade Organization	"WTO members to press on, following 'rich debate' on medicines", <www.wto.org/english/news_e/pres01_e/pr233_e.htm> (25.06.2001).
World Trade Organization	"Decision removes final patent obstacle to cheap drug imports", <www.wto.org/english/news_e/pres03_e/pr350_e.htm> (17.09.2003).
World Trade Organization	"Members and Observers", <www.wto.org/english/thewto_e/whatis_e/tif_e/org6_e.htm> (04.08.2003).
World Trade Organization	"Overview of the state-of-play of WTO disputes", <www.wto.org/english/tratop_e/dispu_e/dispu_e.htm> (16.07.2001).
World Trade Organization	"A Historic Moment: 'May I take it that this is agreeable?' Gavel, applause, congratulations...", <www.wto.org/english/thewto_e/minist_e/min01_e/min01_chair_speaking_e.htm> (06.11.2002).
World Trade Organization, Council for TRIPS	"Extension of the Transition Period under Article 66.1 of the TRIPS Agreement of Least-Developed Country Members for Certain Obligations with respect to Pharmaceutical Products", IP/C/25, 01.07.2002.
World Trade Organization, Council for TRIPS	"Implementation of Paragraph 6 of the Doha Declaration on the TRIPS Agreement and Public Health", IP/C/W/2005, 28.08.2003.
World Trade Organization, General Council	"Decision-Making Procedures under Articles IX and XII of the WTO Agreement", WT/L/93, 24.11.1995.

World Trade Organization, General Council	"Least-Developed Country Members – Obligations under Article 70.9 of the TRIPS Agreement with respect to Pharmaceutical Products", WT/L/478, 12.07.2002.
World Trade Organization, General Council	"Implementation of Paragraph 6 of the Doha Declaration on the TRIPS Agreement and Public Health", WT/L/540, 02.09.2003.
World Trade Organization, Group on Basic Telecommunications	"Report of the Group on Basis Telecommunications", S/GBT/4, 15.02.1997.
World Trade Organization, Ministerial Conference	"Ministerial Declaration", WT/MIN(01)/DEC/W/1, 14.11.2001.
World Trade Organization, Ministerial Conference	"Declaration on the TRIPS Agreement and Public Health", WT/MIN(01)/DEC/W/2, 14.11.2001.
World Trade Organization, Ministerial Conference	"Implementation-Related Issues and Concerns", WT/MIN(01)/17, 20.11.2001.
World Trade Organization, Secretariat	"Available Information on Manufacturing Capacity for Medicines", IP/C/W/345, 24.05.2002.
World Trade Organization, Secretariat	"Protection of Intellectual Property under the TRIPS Agreement", E/C.12/2000/18, 29.11.2000.
World Trade Organization, Secretariat	"Proposals on Paragraph 6 of the Doha Declaration on the TRIPS Agreement and Public Health: Thematic Compilation", Note by the Secretariat, Addendum, IP/C/W/363/Add.1, 23.07.2002.
Zentrales Patentverwertungsbüro	„Glossar", <www.paton.tu-ilmenau.de/pvb/glossar.html#28> (09.09.2002).
Zippelius, Reinhold	Rechtsphilosophie, 4. Auflage, München 2003.

Gerichtsurteile

Bundesgerichtshof	Polyferon, 05.12.1995, GRUR Int. 1996, S. 948-954.
Bundesverfassungsgericht	Hochschulurteil, 29.05.1973, BVerfGE 35, S. 79-148.
European Commission of Human Rights	Denmark, Norway, Sweden and Netherlands v. Greece, 18.11.1969, 12a Y.B. Eur. Convention Human Rights 1969.
European Commission of Human Rights	Smith Kline and French Laboratories Ltd. v. The Netherlands, 04.10.1990, Decisions and Reports 66 (1990), S. 70-81.
European Court of Human Rights	Lawless v. Ireland, 01.07.1961, <www.echr.coe.int/> (04.02.2002).
High Court	Allen and Hanburys Ltd and Glaxo Group Ltd. v. Controller Of Patents, Designs and Trademarks and Clonmel Healthcare Ltd., 26.07.1996, <www.irlii.org/> (04.02.2002).

Panel Report	United States – Restrictions on Imports of Tuna, DS29/R, 16.06.1994, <www.worldtradelaw.net/reports/gattpanels/tunadolphinII.pdf> (09.12.2002).
WTO Appellate Body Report	India – Patent Protection for Pharmaceutical and Agricultural Chemical Products, WT/DS 50/AB/R, 16.01.1998, <www.wto.org> (14.01.2002).
WTO Appellate Body Report	United States - Import Prohibition of Certain Shrimp and Shrimp Products, WT/DS58/AB/R, 12.10.1998, <www.wto.org> (05.12.2002).
WTO Appellate Body Report	United States – Standards for Reformulated and Conventional Gasoline, WT/DS2/AB/R, 29.04.1996, <www.wto.org> (14.08.2002).
WTO Appellate Body Report	European Communities – Measures Affecting Asbestos and Asbestos-Containing Products, WT/DS135/AB/R, 12.03.2001, <www.wto.org> (01.05.2002).
WTO Panel Report	India – Patent Protection for Pharmaceutical and Agricultural Chemical Products, WT/DS50/R, 05.09.1997, <www.wto.org> (14.01.2002).
WTO Panel Report	Canada – Term of Patent Protection, WT/DS/170/R, 05.05.2000, <www.wto.org> (14.01.2002).
WTO Panel Report	United States – Section 110 (5) of the U.S. Copyright Act, WT/DS 160/R, 15.06.2000, <www.wto.org> (14.01.2002).
WTO Panel Report	India – Patent Protection for Pharmaceutical and Agricultural Chemical Products, WT/DS 79/R, 24.08.1998, <www.wto.org> (14.01.2002).
WTO Panel Report	Canada – Patent Protection for Pharmaceutical Products, WT/DS 114/R, 20.03.2000, <www.wto.org> (14.01.2002).
WTO Panel Report	Thailand – Restrictions on Importations of and Internal Taxes on Cigarettes, DS/10/R, 07.11.1990, <www.wto.org> (24.04.2002).

Abkürzungsverzeichnis

AFP	Agence France-Presse
AIDS	Acquired Immune Deficiency Syndrome
BverfGE	Entscheidungen des Bundesverfassungsgerichts
CID	Center for International Development at Harvard University
DNA	Deoxyribonucleic acid (Desoxyribonukleinsäure)
dpa	Deutsche Presse-Agentur GmbH
DSB	Dispute Settlement Body
DSU	Understanding on Rules and Procedures Governing the Settlement of Disputes
EDL	World Health Organization Model List of Essential Drugs
EGV	Vertrag zur Gründung der Europäischen Gemeinschaft
EIPR	European Intellectual Property Review
EJIL	European Journal of International Law
epd	Evangelischer Pressedienst
EWG	Europäische Wirtschaftsgemeinschaft
FAO	Food and Agricultural Organization
GATS	General Agreement on Trade in Services
GATT	General Agreement on Tariffs and Trade
GNG	Group of Negotiations on Goods
GPÜ	Gemeinschaftspatentübereinkommen
GRUR	Gewerblicher Rechtsschutz und Urheberrecht
GRUR Int.	Gewerblicher Rechtsschutz und Urheberrecht – Internationaler Teil
HIV	Human Immunodeficiency Virus
IIC	International Review of Industrial Property and Copyright Law
ILM	International Legal Materials
ire	Investigative Reporters and Editors
IWF	Internationaler Währungsfonds
JZ	Juristenzeitung
OECD	Organization for Economic Co-operation and Development
PVÜ	Pariser Verbandsübereinkunft zum Schutz des gewerblichen Eigentums
RNA	ribonucleic acid (Nukleinsäure)
TRIPS	Trade-Related Aspects of Intellectual Property Rights
UN	United Nations
UNIDO	United Nations Industrial Development Organization
v.	versus
WIPO	World Intellectual Property Organization
WTO	World Trade Organization

Peter Lang · Europäischer Verlag der Wissenschaften

Peter Heiter

Der internationale Lizenzvertrag als Produktabnahmevertrag

Eine Untersuchung unter besonderer Berücksichtigung der Vertragspraxis sowie des deutschen und des südkoreanischen Rechts

Frankfurt am Main, Berlin, Bern, Bruxelles, New York, Oxford, Wien, 2003. 248 S.
Europäische Hochschulschriften: Reihe 2, Rechtswissenschaft. Bd. 3591
ISBN 3-631-50650-3 · br. € 42.50*

Die Republik Korea gilt als bevorzugter Wirtschaftsraum der Zukunft. Gleichzeitig ist diese Region durch eine krisengeschüttelte Finanzwirtschaft sowie durch einen hohen Technologiebedarf gekennzeichnet. In diesem Klima wächst die Bedeutung an durch Gegenhandel geprägte Wirtschaftsbeziehungen insbesondere mit Bezug auf Technologietransferpartnerschaften. Diese Monographie untersucht in diesem Zusammenhang Technologielizenzverträge zwischen deutschen und südkoreanischen Geschäftspartnern, die in Produktabnahmeverträge eingebettet sind, die also durch die Verpflichtung eines Technologiegebers gekennzeichnet sind, als Vergütung für die von ihm erbrachte Technologie anstelle einer Lizenzgebühr Erzeugnisse abzunehmen, die mittels seiner Technologie hergestellt worden sind. Daher werden die gewerblichen Schutzrechte, insbesondere das Patentrecht, das Markenrecht und das Urheberrecht in Deutschland und Südkorea dargestellt. Ferner wird das relevante private und öffentliche Wirtschaftsrecht beider Länder aufgezeigt, in das die Vertragsgestaltung eingebettet ist. Schließlich wird ausführlich die Gestaltung des Lizenzproduktabnahmevertrages in unterschiedlichen Bedürfniskonstellationen erörtert.

Aus dem Inhalt: (Süd-)Koreanisches Patentrecht · Markenrecht · Urheberrecht · Geschmacksmusterrecht · Gewerblicher Rechtsschutz · Gebrauchsmusterrecht · Computerprogrammschutzrecht · Kompensationsvertrag · Halbleiter · Produktabnahmegeschäft · Gegenhandel · Lizenzrecht · Rechtssprechungsorgane Korea · Staatsverträge Korea · Rechtsgeschichte Korea · Patentamt

Frankfurt am Main · Berlin · Bern · Bruxelles · New York · Oxford · Wien
Auslieferung: Verlag Peter Lang AG
Moosstr. 1, CH-2542 Pieterlen
Telefax 00 41 (0) 32 / 376 17 27

*inklusive der in Deutschland gültigen Mehrwertsteuer
Preisänderungen vorbehalten

Homepage http://www.peterlang.de